法华经

中国佛学经典宝藏

51

董　群　释译

星云大师总监修

人民东方出版传媒

东方出版社

总序

星云

自读首楞严，从此不尝人间糟糠味；

认识华严经，方知已是佛法富贵人。

诚然，佛教三藏十二部经有如暗夜之灯炬、苦海之宝筏，为人生带来光明与幸福，古德这首诗偈可说一语道尽行者阅藏慕道、顶戴感恩的心情！可惜佛教经典因为卷帙浩瀚、古文艰涩，常使忙碌的现代人有义理远隔、望而生畏之憾，因此多少年来，我一直想编纂一套白话佛典，以使法雨均沾，普利十方。

一九九一年，这个心愿总算有了眉目。是年，佛光山在中国大陆广州市召开"白话佛经编纂会议"，将该套丛书定名为《中国佛教经典宝藏》①。后来几经集思广

① 编者注：《中国佛教经典宝藏》丛书，大陆出版时改为《中国佛学经典宝藏》丛书。

益，大家决定其所呈现的风格应该具备下列四项要点：

一、启发思想：全套《中国佛教经典宝藏》共计百余册，依大乘、小乘、禅、净、密等性质编号排序，所选经典均具三点特色：

1. 历史意义的深远性
2. 中国文化的影响性
3. 人间佛教的理念性

二、通顺易懂：每册书均设有原典、注释、译文等单元，其中文句铺排力求流畅通顺，遣词用字力求深入浅出，期使读者能一目了然，契入妙谛。

三、文简意赅：以专章解析每部经的全貌，并且搜罗重要的章句，介绍该经的精神所在，俾使读者对每部经义都能透彻了解，并且免于以偏概全之谬误。

四、雅俗共赏：《中国佛教经典宝藏》虽是白话佛典，但亦兼具通俗文艺与学术价值，以达到雅俗共赏、三根普被的效果，所以每册书均以题解、源流、解说等章节，阐述经文的时代背景、影响价值及在佛教历史和思想演变上的地位角色。

兹值佛光山开山三十周年，诸方贤圣齐来庆祝，历经五载、集二百余人心血结晶的百余册《中国佛教经典宝藏》也于此时隆重推出，可谓意义非凡，论其成就，则有四点可与大家共同分享：

一、**佛教史上的开创之举**：民国以来的白话佛经翻译虽然很多，但都是法师或居士个人的开示讲稿或零星的研究心得，由于缺乏整体性的计划，读者也不易窥探佛法之堂奥。有鉴于此，《中国佛教经典宝藏》丛书突破窠臼，将古来经律论中之重要著作，做有系统的整理，为佛典翻译史写下新页！

二、**杰出学者的集体创作**：《中国佛教经典宝藏》丛书结合中国大陆北京、南京各地名校的百位教授、学者通力撰稿，其中博士学位者占百分之八十，其他均拥有硕士学位，在当今出版界各种读物中难得一见。

三、**两岸佛学的交流互动**：《中国佛教经典宝藏》撰述大部分由大陆饱学能文之教授负责，并搜录台湾教界大德和居士们的论著，借此衔接两岸佛学，使有互动的因缘。编审部分则由台湾和大陆学有专精之学者从事，不仅对中国大陆研究佛学风气具有带动启发之作用，对于台海两岸佛学交流更是帮助良多。

四、**白话佛典的精华集萃**：《中国佛教经典宝藏》将佛典里具有思想性、启发性、教育性、人间性的章节做重点式的集萃整理，有别于坊间一般"照本翻译"的白话佛典，使读者能充分享受"深入经藏，智慧如海"的法喜。

今《中国佛教经典宝藏》付梓在即，吾欣然为之作序，并借此感谢慈惠、依空等人百忙之中，指导编修；吉广舆等人奔走两岸，穿针引线；以及王志远、赖永海等大陆教授的辛勤撰述；刘国香、陈慧剑等台湾学者的周详审核；满济、永应等"宝藏小组"人员的汇编印行。由于他们的同心协力，使得这项伟大的事业得以不负众望，功竟圆成！

《中国佛教经典宝藏》虽说是大家精心擘划、全力以赴的巨作，但经义深邃，实难尽备；法海浩瀚，亦恐有遗珠之憾；加以时代之动乱，文化之激荡，学者教授于契合佛心，或有差距之处。凡此失漏必然甚多，星云谨以愚诚，祈求诸方大德不吝指正，是所至祷。

一九九六年五月十六日于佛光山

原版序
敲门处处有人应

慈惠

《中国佛教经典宝藏》是佛光山继《佛光大藏经》之后，推展人间佛教的百册丛书，以将传统《大藏经》精华化、白话化、现代化为宗旨，力求佛经宝藏再现今世，以通俗亲切的面貌，温渥现代人的心灵。

佛光山开山三十年以来，家师星云上人致力推展人间佛教，不遗余力，各种文化、教育事业蓬勃创办，全世界弘法度化之道场应机兴建，蔚为中国现代佛教之新气象。这一套白话精华大藏经，亦是大师弘教传法的深心悲愿之一。从开始构想、擘划到广州会议落实，无不出自大师高瞻远瞩之眼光，从逐年组稿到编辑出版，幸赖大师无限关注支持，乃有这一套现代白话之大藏经问世。

这是一套多层次、多角度、全方位反映传统佛教文化的丛书，取其精华，舍其艰涩，希望既能将《大藏经》

深睿的奥义妙法再现今世，也能为现代人提供学佛求法的方便舟筏。我们祈望《中国佛教经典宝藏》具有四种功用：

一、是传统佛典的精华书

中国佛教典籍汗牛充栋，一套《大藏经》就有九千余卷，穷年皓首都研读不完，无从赈济现代人的枯槁心灵。《宝藏》希望是一滴浓缩的法水，既不失《大藏经》的法味，又能有稍浸即润的方便，所以选择了取精用弘的摘引方式，以舍弃庞杂的枝节。由于执笔学者各有不同的取舍角度，其间难免有所缺失，谨请十方仁者鉴谅。

二、是深入浅出的工具书

现代人离古愈远，愈缺乏解读古籍的能力，往往视《大藏经》为艰涩难懂之天书，明知其中有汪洋浩瀚之生命智慧，亦只能望洋兴叹，欲渡无舟。《宝藏》希望是一艘现代化的舟筏，以通俗浅显的白话文字，提供读者遨游佛法义海的工具。应邀执笔的学者虽然多具佛学素养，但大陆对白话写作之领会角度不同，表达方式与台湾有相当差距，造成编写过程中对深厚佛学素养与流畅白话语言不易兼顾的困扰，两全为难。

三、是学佛入门的指引书

佛教经典有八万四千法门，门门可以深入，门门是无限宽广的证悟途径，可惜缺乏大众化的入门导览，不易寻觅捷径。《宝藏》希望是一支指引方向的路标，协助十方大众深入经藏，从先贤的智慧中汲取养分，成就无上的人生福泽。

四、是解深入密的参考书

佛陀遗教不仅是亚洲人民的精神归依，也是世界众生的心灵宝藏。可惜经文古奥，缺乏现代化传播，一旦庞大经藏沦为学术研究之训诂工具，佛教如何能扎根于民间？如何普济僧俗两众？我们希望《宝藏》是百粒芥子，稍稍显现一些须弥山的法相，使读者由浅入深，略窥三昧法要。各书对经藏之解读诠释角度或有不足，我们开拓白话经藏的心意却是虔诚的，若能引领读者进一步深研三藏教理，则是我们的衷心微愿。

大陆版序一

　　《中国佛教经典宝藏》是一套对主要佛教经典进行精选、注译、经义阐释、源流梳理、学术价值分析，并把它们翻译成现代白话文的大型佛学丛书，成书于二十世纪九十年代，由台湾佛光文化事业有限公司出版，星云大师担任总监修，由大陆的杜继文、方立天以及台湾的星云大师、圣严法师等两岸百余位知名学者、法师共同编撰完成。十几年来，这套丛书在两岸的学术界和佛教界产生了巨大的影响，对研究、弘扬作为中国传统文化重要组成部分的佛教文化，推动两岸的文化学术交流发挥了十分重要的作用。

　　《中国佛学经典宝藏》则是《中国佛教经典宝藏》的简体字修订版。之所以要出版这套丛书，主要基于以下的考虑：

　　首先，佛教有三藏十二部经、八万四千法门，典籍浩瀚，博大精深，即便是专业研究者，穷其一生之精力，恐也难阅尽所有经典，因此之故，有"精选"之举。

其次，佛教源于印度，汉传佛教的经论多译自梵语；加之，代有译人，版本众多，或随音，或意译，同一经文，往往表述各异。究竟哪一种版本更契合读者根机？哪一个注疏对读者理解经论大意更有助益？编撰者除了标明所依据版本外，对各部经论之版本和注疏源流也进行了系统的梳理。

再次，佛典名相繁复，义理艰深，即便识得其文其字，文字背后的义理，诚非一望便知。为此，注译者特地对诸多冷僻文字和艰涩名相，进行了力所能及的注解和阐析，并把所选经文全部翻译成现代汉语。希望这些注译，能成为修习者得月之手指、渡河之舟楫。

最后，研习经论，旨在借教悟宗、识义得意。为了将其思想义理和现当代价值揭示出来，编撰者对各部经论的篇章品目、思想脉络、义理蕴涵、学术价值等所做的发掘和剖析，真可谓殚精竭虑、苦心孤诣！当然，佛理幽深，欲入其堂奥、得其真义，诚非易事！我们不敢奢求对于各部经论的解读都能鞭辟入里，字字珠玑，但希望能对读者的理解经义有所启迪！

习近平主席最近指出："佛教产生于古代印度，但传入中国后，经过长期演化，佛教同中国儒家文化和道家文化融合发展，最终形成了具有中国特色的佛教文化，给中国人的宗教信仰、哲学观念、文学艺术、礼仪习俗等留下了深刻影响。"如何去研究、传承和弘扬优秀佛教文化，是摆在我们面前的一个重要课题，人民东方出版传媒有限公司拟对繁体字版的《中国佛教经典宝藏》进行修订，并出版简体字版的《中国佛学经典宝藏》，随喜赞叹，寥寄数语，以叙因缘，是为序。

二〇一六年春于南京大学

大陆版序二

依空

　　身材高大、肤色白皙、擅长军事的亚利安人，在公元前四千五百多年从中亚攻入西北印度，把当地土著征服之后，为了彻底统治这里的人民，建立了牢不可破的种姓制度，创造了无数的神祇，主要有创造神梵天、破坏神湿婆、保护神毗婆奴。人们的祸福由梵天决定，为了取悦梵天大神，需要透过婆罗门来沟通，因为他们是从梵天的口舌之中生出，懂得梵天的语言——繁复深奥的梵文，婆罗门阶级是宗教祭祀师，负责教育，更掌控了神与人之间往来的话语权。四种姓中最重要的是刹帝利，举凡国家的政治、经济、军事、文化等等都由他们实际操作，属贵族阶级，由梵天的胸部生出。吠舍则是士农工商的平民百姓，由梵天的膝盖以上生出。首陀罗则是被踩在梵天脚下的土著。前三者可以轮回，纵然几世轮转都无法脱离原来种姓，称为再生族；首陀罗则连轮回的因缘都没有，为不生族，生生世世为首陀罗，子孙也倒霉跟着宿命，无法改变身份。相对于此，贱民比首陀罗更为卑微、低贱，连四种姓都无法跻身其中，只能从事挑粪、焚化尸体等最卑贱、龌龊的工作。

出身于高贵种姓释迦族的悉达多太子，为了打破种姓制度的桎梏，舍弃既有的优越族姓，主张一切众生皆平等，成正等觉，创立了佛教僧团。为了贯彻佛教的平等思想，佛陀不仅先度首陀罗身份的优婆离出家，后度释迦族的七王子，先入山门为师兄，树立僧团伦理制度。佛陀更严禁弟子们用贵族的语言——梵文宣讲佛法，而以人民容易理解的地方口语来演说法义，这就是巴利文经典的滥觞。佛陀认为真理不应该是属于少数贵族、知识分子的专利或装饰，而应该更贴近普罗大众，属于平民百姓共有共知。原来佛陀早就在推动佛法的普遍化、大众化、白话化的伟大工作。

佛教从西汉哀帝末年传入中国，历经东汉、魏晋南北朝、隋唐的漫长艰巨的译经过程，加上历代各宗派祖师的著作，积累了庞博浩瀚的汉传佛教典籍。这些经论义理深奥隐晦，加以书写的语言文字为千年以前的古汉文，增加现代人阅读的困难，只能望着汗牛充栋的三藏十二部扼腕慨叹，裹足不前。

如何让大众轻松深入佛法大海，直探佛陀本怀？佛光山开山宗长星云大师乃发起编纂《中国佛教经典宝藏》。一九九一年，先在大陆广州召开"白话佛经编纂会议"，订定一百本的经论种类、编写体例、字数等事项，礼聘中国社科院的王志远教授、南京大学的赖永海教授分别为中国大陆北方与南方的总联络人，邀请大陆各大学的佛教学者撰文，后来增加台湾部分的三十二本，是为一百三十二册的《中国佛教经典宝藏精选白话版》，于一九九七年，作为佛光山开山三十周年的献礼，隆重出版。

六七年间我个人参与最初的筹划，多次奔波往来于大陆与台湾，小心谨慎带回作者原稿，印刷出版、营销推广。看到它成为佛教徒家中的传家宝藏，有心了解佛学的莘莘学子的入门指南书，为星云大师监修此部宝藏的愿心深感赞叹，既上契佛陀"佛法不舍一众"的慈悲本怀，更下启人间佛教"普世益人"的平等精神。尤其可喜者，欣闻现大陆出版方东方出版社潘少平总裁、彭明哲副总编亲自担纲筹划，组织资深编辑精校精勘；更有旅美企业家鲁彼德先生事业有成之际，秉"十方来，十方去，共成十方事"之襟怀，促成简体字版《中国佛学经典宝藏》的刊行。今付梓在即，是为序，以表随喜祝贺之忱！

二〇一六年元月

目　录

题 解

版本

　　《妙法莲华经》，简称《法华经》，在中国汉地佛教的传播过程中，先后有过六个译本，现存的三个是竺法护译本、罗什译本，以及阇那崛多和笈多的合译本，其中以罗什译本流传最广，影响最大。《开元释教录》中曾记载《法华经》的其他三种译本，即《法华三昧经》六卷、《萨芸芬陀利经》六卷和《方等法华经》，这三个译本也有人认为属于误传。

1.《正法华经》

　　竺法护译本称为《正法华经》，译于西晋太康七年

（公元二八六年），十卷二十七品，是《法华经》的第一个汉译本。具体品目如下：

《光瑞品第一》《善权品第二》（以上为卷一），《应时品第三》（以上为卷二），《信乐品第四》《药草品第五》《授声闻决品第六》（以上为卷三），《往古品第七》（以上为卷四），《授五百弟子决品第八》《授阿难罗云决品第九》（以上卷五），《药王如来品第十》《七宝塔品第十一》《劝说品第十二》（以上卷六），《安行品第十三》《菩萨从地踊出品第十四》《如来现寿品第十五》（以上卷七），《御福事品第十六》《劝助品第十七》《叹法师品第十八》（以上卷八），《常被轻慢品第十九》《如来神足行品第二十》《药王菩萨品第二十一》《妙吼菩萨品第二十二》（以上卷九），《光世音普门品第二十三》《总持品第二十四》《净复净王品第二十五》《乐普贤品第二十六》《嘱累品第二十七》（以上卷十）。

与罗什译本稍异之处，《药草品》中，法护本有迦叶问答和生盲（生来就是盲人）的比喻，罗什译本中没有。法护译本《授五百弟子决品》中有入海取宝的比喻，罗什译本中也没有。法护译本中的《药王如来品》（即罗什译本中的《法师品》）有宝盖王及其太子以法供养的事迹，罗什本中也没有。对于经中咒语，法护为显译，由楚为汉。至于《普门品》，法护译本缺偈。

法护译本与现存尼泊尔本的楚本相近。

2.《妙法莲华经》

罗什译本称《妙法莲华经》，七卷二十八品，译于姚秦弘始八年（公元四〇六年）。

这一译本成为后世的通行本，虽然隋朝又有再译，但仍以罗什本为最有影响力。现行流通的罗什本的七卷二十八品，品目的翻译与法护本多有小异，但内容大同。具体品次如下：

《序品第一》《方便品第二》（以上卷一），《譬喻品第三》《信解品第四》（以上卷二），《药草喻品第五》《授记品第六》《化城喻品第七》（以上卷三），《五百弟子授记品第八》《授学无学人记品第九》《法师品第十》《见宝塔品第十一》《提婆达多品第十二》《劝持品第十三》（以上卷四），《安乐行品第十四》《从地涌出品第十五》《如来寿量品第十六》《分别功德品第十七》（以上卷五），《随喜功德品第十八》《法师功德品第十九》《常不轻菩萨品第二十》《如来神力品第二十一》《嘱累品第二十二》《药王菩萨本事品第二十三》（以上卷六），《妙音菩萨品第二十四》《观世音菩萨普门品第二十五》《陀罗尼品第二十六》《妙庄严王本事品第二十七》《普贤菩萨劝发品第二十八》（以上卷七）。

实际上罗什译本原来是二十七品，即没有《提婆达多品》，也没有《普门品》后面的重颂偈。南齐僧人法献从于阗国得到这一品，瓦官寺僧人法意在齐永明年间（公元四八三—四九四年）译出，称《提婆达多品经》，但没有安入《法华经》。据说是梁末僧人真谛将它纳入《法华经》的。《普门品偈》是北周阇那崛多译的，后人将其收入《法华经》。还有《陀罗尼品》中的药王菩萨咒，也被后人收入罗什译本内，就成了现在的通行本。

罗什译本接近于现存的梵本西域本，可以看出其传入中国的路线。

3.《添品妙法莲华经》

阇那崛多和达摩笈多两人的合译本称为《添品妙法莲华经》，七卷二十七品，译于隋仁寿元年（公元六〇一年）。

《法华经》虽然已有二译，但他们认为，法护本没有《普门品》中的偈，罗什本则缺少《药草喻品》的一半，《富楼那品》（即《五百弟子授记品》中，佛先为富楼那授记）和《法师品》中开始部分也缺，又缺《提婆达多品》和《普门品偈》，而且《嘱累品》在《药王品》

之前。两人对照梵本，即天竺多罗叶本，重新校译，实际上多用罗什译文。添译《药草喻品》中的另一半，其中有生盲一喻。又把《提婆达多品》合入《见宝塔品》，成为二十七品。把《陀罗尼品》安排在《如来神力品》之后，《嘱累品》移到经的末尾。至于《富楼那品》和《法师品》中的缺失，因为作为勘本的梵本中也缺，无法添补了。

对于前二种译本，他们认为护似多罗之叶，即法护译本与印度梵本接近；什似龟兹之文，即罗什译本接近于西域梵本。

宗教价值和学术地位

《妙法莲华经》集大乘佛学之大成，经中开示的诸法实相，是对世界本质的本体性揭示。经中提出开权显实的体系，以一佛乘为究竟佛乘，认为小乘的缘觉和声闻二乘都是佛为引导众生而设置的善巧方便。主张开权显实，会三归一。

这一主旨对中国汉地佛教产生了极大的影响。其诸法实相，实际上涵盖了空、真如、法性、究竟涅槃、佛性等大乘佛教的最高概念，各种宗派无不受《法华经》影响，这种影响从《法华经》的竺法护译本一出现就开始了，该经译出后，立即受到僧人和名士的喜爱，两晋及南北朝时期，读诵、宣讲和疏释《法华经》非常盛行。竺法护自己宣讲《法华经》，罗什译出《法华经》后，命弟子道融宣讲，罗什自听，庐山慧远也宣讲过《法华经》。有些僧人特别善于讲《法华》，南齐僧人弘光每次讲《法华》，听众满室；南齐僧人僧印共讲《法华》二百五十二遍。京兆（今陕西省西安市）僧人僧导从师父处得到一部《法华经》后，昼夜研读，没有灯油，就去采集柴薪照明夜读。当时对《法华》的诵读热情，于此可见一斑。对《法华》的疏释也很盛行，隋朝之前，释此经的有七十多家，竺道生、道融等著名僧人都有注疏。

《法华经》对佛教宗派的影响，首推天台宗。天台宗以《法华经》为主要经典成立教义，因而又称为法华宗。天台宗通过对《法华经》的疏释来建立其宗派的主要思想体系，天台四祖智颉写下了"天台三大部"，以《法华玄义》从名、体、宗、用、教五个方面解释经题，《法华文句》则从因缘、约教、本迹、观心四方面来疏释《法华经》的具体内容，《摩诃止观》是从观心方面发展了《法华经》。《法华经》详于教而略于观，智颉提出止观理论加以进一步阐发。对此三大部，九祖湛然都著有诠释性作品，即《法华玄义释签》《法华文句记》和《止观辅行传弘决》，称为天台三大注释。天台宗强调《法华经》中的诸法实相思想，强调诸法如是性，提出性具三千，一念三千的观点，确立止观双修的原则。天台宗又把《法华经》判摄为佛的最后和最高的说法。

三论宗的吉藏也特别重视《法华经》，他写了不少疏释《法华》的著作，对印度瑜伽行派僧人世亲为解释《法华经》而作的论藏也进一步作出疏释。吉藏从诸法性空角度论实相，世界上存在的各种现象都是因缘所生，空幻不实，但世俗之人却认为是真实的存在，这是俗谛。在得道的人看来，诸法空无实体，没有自性，这是真谛。但真俗二谛，都不可以偏废，二而不二，不二而二，这称为中道。这种中道就是《法华经》所讲的诸法实相。吉藏进而又以八不中道来说明这个实相。在判教上，吉藏认为三乘同归于一乘，这种会三归一的思想来自《法华经》。

《法华经》对唯识法相宗也有影响，窥基比较重视《法华经》，专门著有《法华玄赞》，其弟子慧沼作《法华玄赞义决》，其他门人也多有对《玄赞》的发挥。窥基以一乘为真实的究竟佛乘，认为《法华经》的宗旨是显示一佛乘。但窥基的疏释，天台宗人不认同，认为窥基不讲《法华》的观法，而天台的疏释则是处处讲观心的。另一方面是唯识宗不讲真如随缘，不明了阿赖耶识和真如都以一心为本源。

《法华经》对华严宗的关系，从华严宗的教义中可以看出它是与天台宗有很深的联系，华严的性起和天台的性具都是对实相的发展，在性起的体系中，如何解释恶的起源，法藏有时也讲性具善恶，到清凉澄观时，则明确讲善恶都是性起的，如来不断性恶，阐提不断性善。华严宗也以一佛乘为究竟佛乘，以《法华经》宅外三车为三乘，界外大白牛车为一乘。华严宗人还著有《法华经》的疏释，续法的《法界宗五祖略记》中讲到法藏撰有《法华经疏》七卷。至于澄观，赞宁在《高僧传》中说他十一岁出家时，就是念诵《法华经》，后来又跟从湛然法师习《天台止观》和《法华》等经及疏释。澄观还讲述过《法华经》。他发过十愿，其中第五愿就是要长诵《法华经》。华严系的新罗僧人元晓则撰有《法华宗要》。

禅宗也受到《法华经》思想的影响。禅宗不立文字，但仍可以看到《法华》思想的存在。惠能谈到了转经的原则是以心悟为准，心迷《法华》转，心悟转《法华》。他认为《法华经》只是讲一乘法，后面之所以分为三乘，是因为众生心迷的原因。七卷经文尽是譬喻，如来广为三乘而说，是因为众生根钝。所谓"大事因缘"，就是要使众生心不思虑，本性空寂，离却邪见。"开佛知见"，就是见自己的本性，这就把一佛乘同佛性联系起来了，成为顿悟的内在根据。神会在讲一乘三乘时也说，长者意在一大白牛车，为方便说法而说三车，三车本是一车。就心迷者，一车作三车，就心悟者，三本是一。神会引《法华经》龙女须臾发菩提心便成正觉的思想来证明顿悟论。至于永嘉玄觉，则是先学天台止观法门，后入禅门的，其禅法融合了天台的思想。禅宗有许多僧人是由读《法华》而得悟，禅宗的教学方法，善设权巧方便，也可以说是《法华》开权显实的体现。

《法华经》的《观世音菩萨普门品》弘传了观世音菩萨的慈悲心及救众生苦的神通力，如果众生处于苦难中，或以心，或以语，或以身求观音，观音一定会来相救。众生不管以何种身份想得度脱，观音就化现这种身相为众生说法。这一思想对于推动观音信仰起到直接的作用。

《法华经》的《普贤菩萨劝发品》强调受持、读诵、书写、修习《法华经》具有无数的功德利益，这对于推动《法华》信仰也起了直接的推动作用，敦煌写经中此经比例最大。

《法华经》译文流畅，文字优美，故事性强，《法华经》的流传对中国小说的发展起了极大的作用。经末的长颂则成为中国诗歌中长篇叙事诗的楷模。

该经藏文本由日帝觉和智军译，译名为《妙法白莲华经》。

《法华经》的影响也遍及到海外，十三世纪的日本以此经为宗立日莲宗，或者称法华宗。其分派的现代延续有创价学会、灵友会和立正佼成会等。

综观《法华》的宗教价值和学术地位，道宣所言"自汉至唐六百余载，总历群籍，四千余轴。受持盛者，无出此经"[①]一语，实不为过。

节选的标准

《法华经》篇幅不多，其结构分长行和偈颂两部分。偈颂是对长行的内容进行总结、发挥及引起下文长行。本书收录全部《法华经》的长行部分，长行后的偈颂则省略。对长行中间的部分短偈则不一定全部略去。

译者鸠摩罗什生平

《妙法莲华经》由鸠摩罗什译成汉文。鸠摩罗什是中国佛教四大译经家之一，一生译经之数，据《出三藏记集》载有三十五部共二百九十四卷，据《开元释教录》载有七十四部三百八十四卷。其译文追求达意，影响很大，对于大乘佛教根本教理在中土的移植与弘传，建立了极大的功勋。

鸠摩罗什（公元三四四—四一三年），一译"鸠摩罗什婆"，略称为罗什，意译为童寿，后秦时期的僧人。他父亲是印度人，放弃了高官之位而到龟兹（今新疆库车一带），鸠摩罗什就在这里出生。七岁时，罗什跟着母亲一起出家，首先修学的是小乘教义，习阿毗昙。九岁时随母亲到罽宾国，十二岁时在回龟兹国的途中又经过沙勒国，停住一年。这几年罗什遇到一些名僧大德，从学大乘，博览大小乘经论，升座说法，声誉渐起。回龟兹国时，国王亲自欢迎他归国。二十岁时，他母亲到印度去，临行时希望罗什到中国去弘法，罗什应允。

苻秦建元十五年（公元三七九年），汉地僧人僧纯、昙充等从龟兹游学归来，说到龟兹国的佛教盛况，以及罗什的学问，正好当时著名高僧道安听到罗什的声誉后，一再劝苻坚迎请罗什来华。建元十八年（公元三八二年），苻坚遣大将吕光出兵西域，破龟兹，得到罗什，强迫罗什和龟兹国王女结婚。苻坚本来要吕光得到罗什后立即送回长安的，但吕光没有这样做。建元二十一年（公元三八五年），苻坚被杀，吕光割据凉州，自立为王，罗什也到了凉州。但吕光是个不信佛法的人，所以罗什在凉州整整十七年不能弘法。到了姚兴在长安即位，在弘始三年（公元四〇一年）出兵攻破了凉州，罗什才被迎入关内，时年五十八岁。

姚兴设立国家译场，请罗什主持译事，罗什自此开始译经生涯。罗什的为人很好，学问深厚，又能虚己诱人，所以在他身边会集了一大批高僧，也培养出一批高僧，有四杰、八俊和十哲等弟子佳名。罗什的译作是大乘经典类，尤其偏重于大乘空宗，从其译籍的具体内容可以看出他特别注重对外道和小乘的批判，突出中观派的般若思想，特别强调十八空的思想，又以八不缘起作为诸法性空的内在根据。认识这种诸法性空，必须具足佛智。罗什又弘扬实相论，把诸法实相和涅槃学的涅槃相统一，诸法实相就是究竟涅槃。

《法华经》是罗什译出的极有影响力的经典。此经译出后，在东晋南北朝时期和《般若经》与《大般泥洹经》三足鼎立，构成这一时期的中土佛学的思想支柱。隋代智颛则创立法华宗，从宋至清，对此经的研究也一直没有中断。

注释：

①道宣：《妙法莲华经·弘传序》,《妙法莲华经》,上海古籍出版社一九九〇年版。

经典

1 卷一

序品第一

原典

如是我闻，一时佛住王舍城耆阇崛山中，与大比丘众万二千人俱，皆是阿罗汉，诸漏①已尽，无复烦恼，逮得己利，尽诸有结②，心得自在。其名曰：阿若憍陈如、摩诃迦叶、优楼频螺迦叶、伽耶迦叶、那提迦叶、舍利弗、大目犍连、摩诃迦旃延、阿㝹楼驮、劫宾那、憍梵波提、离婆多、毕陵伽婆蹉、薄拘罗、摩诃拘绨罗、难陀、孙陀罗难陀、富楼那弥多罗尼子、须菩提、阿难、罗睺罗，如是众所知识大阿罗汉等。

①**漏**：原意为漏泄、烦恼。有"流"和"住"两种意义。"流"是指由于烦恼业的作用，众生不断地从身上流出不净，造作新的业。"住"是指众生由于烦恼业的作用，而留住在三界，不能摆脱生死轮回。

②**有结**："有"是指生死果报，可招致果报的烦恼叫"结"。贪嗔痴等烦恼，使人在生死中流转。

译文

我所听到的佛的教化是这样的，佛在王舍城耆阇崛山时，与一万二千大比丘们在一起。这些大比丘们都是阿罗汉，各种惑障已经灭尽，不再有烦恼，都获得了大利益。烦恼之结都消除了，心中都得大自在。他们的名字是：阿若憍陈如、摩诃迦叶、优楼频螺迦叶、伽耶迦叶、那提迦叶、舍利弗、大目犍连、摩诃迦旃延、阿㝹楼驮、劫宾那、憍梵波提、离婆多、毕陵伽婆蹉、薄拘罗、摩诃拘绨罗、难陀、孙陀罗难陀、富楼那弥多罗尼子、须菩提、阿难、罗睺罗等，都是大众知道而熟识的大阿罗汉们。

原典

复有学无学①二千人，摩诃波阇波提比丘尼，与眷属六千人俱。罗睺罗母耶输陀罗比丘尼，亦与眷属俱。菩萨摩诃萨八万人，皆于阿耨多罗三藐三菩提②不退转，皆得陀罗尼③，乐说辩才④，转不退转法轮，供养无量百千诸佛，于诸佛所植众德本，常为诸佛之所称叹。以慈修身，善入佛慧，通达大智，到于彼岸，名称普闻无量世界，能度无数百千众生。其名曰：文殊师利菩萨、观世音菩萨、得大势菩萨、常精进菩萨、不休息菩萨、宝掌菩萨、药王菩萨、勇施菩萨、宝月菩萨、月光菩萨、满月菩萨、大力菩萨、无量力菩萨、越三界菩萨、跋陀婆罗菩萨、弥勒菩萨、宝积菩萨、导师菩萨。如是等菩萨摩诃萨八万人俱。

注释

①**学无学**："学"是指研究真理，断灭妄念。"无学"指妄念灭尽而没有可以修学的了。大乘的学无学，以菩萨十地为学，佛果为无学。

②**阿耨多罗三藐三菩提**：指无上正等正觉。阿耨多罗，意译为无上，三藐三菩提，意译为正遍知。乃佛陀所觉悟之智慧，含有平等圆满之意。

③**陀罗尼**：总持，能持能遮。是指持善法不使散乱，持恶法不使生起的一种力。

④**乐说辩才**：处在第三地的菩萨因为智慧光明而喜好为众生说法。"辩才"指善于巧说佛法义理的能力。

译文

除此之外，还有学无学人二千人，摩诃波阇波提比丘尼及其眷属六千人；罗睺罗的母亲耶输陀罗比丘尼及其眷属。菩萨摩诃萨八万人，他们都能对所证得的无上正等正觉不退失、不转变，都得到了陀罗尼，喜好为众生说法以提高善巧说法的才能，转不退转法轮，供养无数无量的佛，在众佛那里种植作为众德之本的智慧，因而经常受到诸佛的称颂赞叹。以这种慈德来修身，而能深入佛的智慧，通达大智慧，登上彼岸，其声名遍闻无量世界，能够超度无数的众生。这些菩萨的名号是：文殊师利菩萨、观世音菩萨、得大势菩萨、常精进菩萨、不休息菩萨、宝掌菩萨、药王菩萨、勇施菩萨、宝月菩萨、月光菩萨、满月菩萨、大力菩萨、无量力菩萨、越三界菩萨、跋陀婆罗菩萨、弥勒菩萨、宝积菩萨、导师菩萨。像这些菩萨有八万之众。

原典

尔时，释提桓因[1]与其眷属二万天子俱，复有明月天子、普香天子、宝光天子。四大天王，与其眷属万天子俱。自在天子、大自在天子，与其眷属三万天子俱。娑婆世界主梵天王、尸弃大梵、光明大梵等，与其眷属万二千天子俱。有八龙王：难陀龙王、跋难陀龙王、娑伽罗龙王、和修吉龙王、德叉迦龙王、阿那婆达多龙王、摩那斯龙王、优钵罗龙王等，各与若干百千眷属俱。有四紧那罗[2]王：法紧那罗王、妙法紧那罗王、大法紧那罗王、持法紧那罗王，各与若干百千眷属俱。有四乾闼婆[3]王：乐乾闼婆王、乐音乾闼婆王、美乾闼婆王、美音乾闼婆王，各与若干百千眷属俱。有四阿修罗王：婆稚阿修罗王、佉罗骞驮阿修罗王、毗摩质多罗阿修罗王、罗睺阿修罗王，各与若干百千眷属俱。有四迦楼罗[4]王：大威德迦楼罗王、大身迦楼罗王、大满迦楼罗王、如意迦楼罗王，各与若干百千眷属俱。韦提希子阿阇世王与若干百千眷属俱，各礼佛足，退坐一面。

注释

①**释提桓因**：能天主，住在须弥山顶，是忉利天主，略称释帝或帝释。

②**紧那罗**：天名，又译作"人非人"，与人相似，头上有角，人看到他就说：这个究竟是人还是非人？因而得名。

③**乾闼婆**：乐神名，不吃酒肉，只是求香，而且他自身出香，因而也称香神。

④**迦楼罗**：也译作金翅鸟，居住在四天之下的大树上，以龙为食。

译文

那时，有释提桓因与他的眷属二万个天子，还有明月天子、普香天子、宝光天子。有四大天王同他们的眷属一万个天子。有自在天子、大自在天子同他们的眷属三万个天子。有娑婆世界的主梵天王、尸弃大梵、光明大梵等，及其他们的眷属共一万二千个天子。有八位龙王：难陀龙王、跋难陀龙王、娑伽罗龙王、和修吉龙王、德叉迦龙王、阿那婆达多龙王、摩那斯龙王、优钵罗龙王，他们分别与自己的许多个百千之数的眷属同在。还有四位紧那罗王，即法紧那罗王、妙法紧那罗王、大法紧那罗王和持法紧那罗王，他们都带着许多个百千之数的眷属。还有四位乾闼婆王，即乐乾闼婆王、乐音乾闼婆王、美乾闼婆王和美音乾闼婆王，他们都带着许多个百千之数的眷属。还有四位阿修罗王，即婆稚阿修罗王，佉罗骞驮阿修罗王、毗摩质多罗阿修罗王和罗睺阿修罗王，他们分别带着许多个百千之数的眷属。还有四位迦楼罗王，即大威德迦楼罗王、大身迦楼罗王、大满迦楼罗王和如意迦楼罗王，他们分别带着许多个百千之数的眷属。还有韦提希子阿阇世王及其许多个百千之数的眷属。这些人众都在佛所，他们在礼敬佛足之后，就退坐在一旁。

原典

尔时，世尊四众围绕，供养恭敬，尊重赞叹，为诸菩萨说大乘经，名《无量义》教菩萨法，佛所护念。佛说此经已，结跏趺坐，入于无量义处三昧，身心不动。是时天雨曼陀罗华、摩诃曼陀罗华、曼殊沙华、摩诃曼殊沙华①，而散佛上，及诸大众。普佛世界，六种震动②。尔时，会中比丘、比丘尼、优婆塞、优婆夷、天、龙、夜叉、乾闼婆、阿修罗、迦楼罗、紧那罗、摩睺罗伽③、人非人，及诸小王、转轮圣王，是诸大众，得未曾有，欢喜合掌，一心观佛。

尔时，佛放眉间白毫相光，照东方万八千世界，靡不周遍，下至阿鼻地狱，上至阿迦尼吒天。于此世界，尽见彼土六趣众生。又见彼土现在诸佛，及闻诸佛所说经法，并见彼诸比丘、比丘尼、优婆塞、优婆夷，诸修行得道者。复见诸菩萨摩诃萨，种种因缘、种种信解④、种种相貌行菩萨道。复见诸佛般涅槃者，复见诸佛般涅槃后以佛舍利起七宝塔。

注释

①**曼陀罗华、摩诃曼陀罗华、曼殊沙华、摩诃曼殊沙华**：四种天华，指白华、大白华、赤华、大赤华。

②**六种震动**：即大地震动。有三种，一为动六时，即在佛入胎时、出胎时、成道时、转法轮时、由天魔劝请将舍性命时、入涅槃时大地震动。二是动六方，即东西南北中边六方震动。三是动六相，即动、涌、震、击、吼、爆这六种震动形式。

③**摩睺罗伽**：大蟒神，人形蛇身，是胎藏界第三院中的一尊。

④**信解**：听到佛的说法，先是相信，后又理解。另一层意义，对于佛法，钝根器者是相信它，而利根器者则理解它。

译文

那时候，世尊受四众弟子围绕，供养恭敬，尊重赞叹，于是就为大家讲大乘经，经文的名字是《无量义》，又教授诸佛护念的菩萨法门。说完这部经文之后，世尊就结跏趺坐，进入具有无数无量义理的三昧之中，身心均不动摇。这时，天上撒下曼陀罗华雨、摩诃曼陀罗华雨、曼殊沙华雨、摩诃曼殊沙华雨，撒在佛的身上，撒在大众的身上，于是整个佛世界六种震动。那时，在场的比丘和比丘尼们，优婆塞和优婆夷们，以及天、龙、夜叉、乾闼婆、阿修罗、迦楼罗、紧那罗、摩睺罗伽、人非人，还有各位小王及转轮圣王们，都得到从来没有过的大欢喜，都合掌礼佛，一心向佛。

那时，世尊的双眉间白毫放光，照遍东方万八千世界，下至阿鼻地狱，上至阿迦尼吒天，无不周遍。法会大众在此世界，能见到东方世界的六道众生。又见到东方世界的现在佛，以及这些佛所说的佛经佛法，并能看到那里的比丘和比丘尼们，优婆塞和优婆夷们，以及诸修行得道者。又看到大菩萨们以种种因缘、种种信解、种种相貌所行的菩萨道。又看到涅槃诸佛，又看到他们正在以佛舍利造起七宝塔。

原典

尔时，弥勒菩萨作是念：今者世尊现神变相，以何因缘而有此瑞？今佛世尊入于三昧，是不可思议，现希有事，当以问谁？谁能答者？复作此念：是文殊师利法王之子，已曾亲近、供养过去无量诸佛，必应见此希有之相，我今当问。尔时，比丘、比丘尼、优婆塞、优婆夷及诸天龙鬼神等，咸作此念：是佛光明神通之相，今当问谁？

尔时，弥勒菩萨欲自决疑，又观四众比丘、比丘尼、优婆塞、优婆夷及诸天龙鬼神等众会之心，而问文殊师利言："以何因缘而有此瑞神通之相，放大光明照于东方万八千土，悉见彼佛国界庄严①？"于是弥勒菩萨欲重宣此义，以偈问曰……

注释

①庄严：以善的和美好的物品装饰国土，或者以功德装饰。

译文

那时，弥勒菩萨这样想到：今天世尊出现神变之相，世尊以什么因缘而有这样的祥瑞呢？现在世尊又入于三昧之中，这是不可思议的稀有之事，但我心中有疑惑，究竟该去向谁请教呢？又有谁能回答我的问题呢？

他又想到：这位文殊师利菩萨是法王之子，曾经亲近和供养过无数的过去诸佛，他一定会发现世尊的这种稀有之相，我现在应该去请教他去。那时，比丘和比丘尼们，优婆塞和优婆夷们，以及各位天龙鬼神等，都这样想：世尊的这种光明神通之相，我们应该向谁去请教呢？

那时，弥勒菩萨想自决其疑，又看到比丘和比丘尼们，优婆塞和优婆夷们，以及各位天龙鬼神等等的内心所思所念，就去问文殊师利道："世尊为什么会有这种神通瑞相，能放大光明，遍照东方世界一万八千国土，并能洞悉那里的庄严国土？"于是，弥勒菩萨想重新宣说这个问题，就说偈颂……

原典

尔时，文殊师利语弥勒菩萨摩诃萨及诸大士："善男子等，如我惟忖，今佛世尊，欲说大法，雨大法雨①，吹大法螺②，击大法鼓③，演大法义。诸善男子，我于过去诸佛，曾见此瑞，放斯光已，即说大法。是故当知今佛现光，亦复如是。欲令众生咸得闻知一切世间难信之法，故现斯瑞。

"诸善男子，如过去无量无边不可思议阿僧祇劫，尔时有佛，号日月灯明如来④、应供、正遍知、明行足、善逝、世间解、无上士、调御丈夫、天人师、佛世尊。演说正法，初善、中善、后善，其义深远，其语巧妙，纯一无杂，具足清白梵行之相。为求声闻者，说应四谛法，度生老病死，究竟涅槃；为求辟支佛者，说应十二因缘法；为诸菩萨，说应六波罗蜜，令得阿耨多罗三藐三菩提，成一切种智⑤。

"次复有佛，亦名日月灯明，次复有佛，亦名日月灯明，如是二万佛，皆同一字，号日月灯明。又同一姓，姓颇罗堕。弥勒当知，初佛、后佛，皆同一字，名日月灯明，十号具足。所可说法，初、中、后善。其最后佛未出家时，有八王子：一名有意，二名善意，三名无量意，四名宝意，五名增意，六名除疑意，七名响意，八名法意。是八王子，威德自在，各领四天下。是诸王子，闻父出家，得阿耨多罗三藐三菩提，悉舍王位，亦随出家，发大乘意，常修梵行，皆为法师，已于千万佛所植诸善本。

注释

①**大法雨**：大法如同及时雨，能够滋润枯渴的众生。

②**大法螺**：大法的声音如同大海螺，能惊醒众生。

③**大法鼓**：大法如同那大鼓，它的声音能使众生从生死长夜中惊醒。

④**日月灯明如来**：此如来放光明，在天上如同日和月，在地上如灯。在过去世中，有二万个日月灯明如来同名，相继出世。

⑤**一切种智**：三智之一，又作佛智（其余二智是一切智和道种智），指能对一切现象之差别有透彻的了知。也指以此智慧而能认识一切佛教的法门。

译文

那时，文殊师利对弥勒大菩萨以及其他各菩萨说："善男子们，我认为，今天世尊将为我们演说大法，下大法雨，吹大法螺，击大法鼓，演大法义。各位善男子，我在过去诸佛那里也曾经见到过这种瑞相，放出这种光明之后，就开始说法。因此我可以肯定，今天世尊出现光明，也将会说法。他想使众生都能够知晓一切世间的难信之法，因此才现出这种瑞相。

"各位善男子，就像过去无量无边阿僧祇劫之时，有佛说法，这位佛的佛号是日月灯明如来、应供、正遍知、明行足、善逝、世间解、无上士、调御丈夫、天人师、佛世尊。他演说佛教正法，初善法、中善法、后善法，意义深远，而他的说法手法则非常巧妙，语言纯净无杂，充分具备清白梵行之相。他为追求声闻乘的众生说四谛法门，度脱生老病死之苦，得究竟涅槃；为追求辟支佛乘的众生说十二因缘法门；为众菩萨演说六波罗蜜法门，使他们得成无上正等正觉，成就一切种智。

"另外又有也叫日月灯明的佛，又另外还有名叫日月灯明的佛，共有二万个都叫同一名号日月灯明的佛。不但名号相同，姓也相同，都姓颇罗堕。弥勒，你是应该知道的，初佛和后佛，都有相同的名号，叫日月灯明，都是具足十种名号的。他们所说的法门，都是初善、中善和后善。其中的最后·位佛，在未出家时，是一位王，家有八个王子：第一位名叫有意，第二名叫善意，第三名叫无量意，第四名叫宝意，第五名叫增意，第六名叫除疑意，第七名叫响意，第八名叫法意。这八位王子各具威仪德行，得大自在，都各领一方。当他们听说父亲出家，并且得成无上正等正觉之后，都舍弃了王位，随父出家，发意求大乘法，经常修梵行，都成为法师，已经在千千万万的佛那里种下了各种善种之本。

原典

"是时，日月灯明佛说大乘经，名《无量义》，教菩萨法，佛所护念。说是经已，即于大众中结跏趺坐，入于无量义处三昧，身心不动。是时，天雨曼陀罗华、摩诃曼陀罗华、曼殊沙华、摩诃曼殊沙华，而散佛上，及诸大众。普佛世界，六种震动。尔时，会中比丘、比丘尼、优婆塞、优婆夷、天龙、夜叉、乾闼婆、阿修罗、迦楼罗、紧那罗、摩睺罗伽、人非人，及诸小王、转轮圣王等，是诸大众，得未曾有，欢喜合掌，一心观佛。尔时如来放眉间白毫相光，照东方万八千佛土，靡不周遍，如今所见是诸佛土。弥勒当知，尔时，会中有二十亿菩萨乐欲听法，是诸菩萨，见此光明普照佛土，得未曾有，欲知此光所为因缘。时有菩萨，名曰妙光①，有八百弟子。

"是时日月灯明佛从三昧起，因妙光菩萨，说大乘经，名《妙法莲华》，教菩萨法，佛所护念。六十小劫，不起于座。时会听者，亦坐一处，六十小劫，身心不动，听佛所说，谓如食顷。是时，众中无有一人，若身若心，而生懈倦。日月灯明佛于六十小劫说是经已，即于梵魔、沙门、婆罗门，及天、人、阿修罗众中，而宣此言：'如来于今日中夜，当入无余涅槃②。'

"时有菩萨，名曰德藏，日月灯明佛即授其记，告诸比丘：'是德藏菩萨，次当作佛，号曰净身、多陀阿伽度、阿罗诃、三藐三佛陀。'

"佛授记③已，便于中夜入无余涅槃。佛灭度后，妙光菩萨持《妙法莲华经》满八十小劫，为人演说。日月灯明佛八子，皆师妙光，妙光教化，令其坚固阿耨多罗三藐三菩提。是诸王子，供养无量百千万亿佛已，皆成佛道，其最后成佛者名曰然灯。八百弟子中有一人，号曰求名，贪着利养，虽复读诵众经，而不通利，多所忘失，故号求名。是人亦以种诸善根因缘故，得值无量百千万亿诸佛，供养恭敬，尊重赞叹。

"弥勒当知，尔时妙光菩萨岂异人乎？我身是也；求名菩萨，汝身是也。今见此瑞，与本无异。是故惟忖：今日如来当说大乘经，名《妙法莲华》，教菩萨法，佛所护念。"

尔时，文殊师利于大众中，欲重宣此义，而说偈言……

注释

①**妙光**：文殊菩萨过去在日月灯明佛会中称为妙光菩萨，有八百名弟子，弘扬《法华经》。

②**无余涅槃**：指生死因果都尽，不再受生在世间三界。又称"无余依涅槃"，依，指依身，即人的身体。无余依涅槃系指断烦恼障，灭异熟苦果五蕴所成之身，而完全无所依处之涅槃。

③**授记**：佛对发心成道的众生授予将来必当成佛的记别。

译文

"这时候，日月灯明佛讲说大乘经，经名为《无量义》，教授佛所护念的菩萨法门。说完这部经后，就在大众当中，结跏趺坐，进入具有无数无量义理的三昧状态，身心均不动摇。这时，天上下起了曼陀罗华雨、摩诃曼陀罗华雨、曼殊沙华雨、摩诃曼殊沙华雨，华雨撒在佛和各位众生身上，整个佛世界中，六种震动。那时候，在场的比丘和比丘尼，优婆塞和优婆夷，天龙、夜叉、乾闼婆、阿修罗、迦楼罗、紧那罗、摩睺罗伽、人非人，以及各个小王和转轮圣王等，这些大众都得到了从未曾有过的大欢喜，都合掌礼佛，一心观佛。那时，如来放出眉间的白毫光，光明照耀东方，一万八千佛土，无不周遍，就像你们现在所见的这些佛土一样。弥勒，你要知道，那时在佛会中有二十亿菩萨在听法，这些菩萨看到这光明普照佛国之土，得到未曾有过的法门，都想知道这光明产生的原因。当时有一位叫妙光的菩萨，手下有八百名弟子。

"这时，日月灯明佛从三昧状态中恢复过来，因为这妙光菩萨所请，而说大乘经典，经名叫作《妙法莲华》，教授佛所护念的菩萨法门。佛说法时，六十个小劫中，不离法座。当时听法的亦与佛同坐一处，六十小劫之中，都能身心不动摇，听佛说法这么长时间，而只感觉到是一顿饭的工夫。这时，大众中没有一人身心生起懈怠疲倦的。日月灯明佛在六十小劫中说完这部《妙法莲华经》之后，就在梵魔、沙门、婆罗门，以及天、人、阿修罗等众生当中宣告：'如来将于今天午夜入无余涅槃。'

"当时有一位菩萨叫德藏，日月灯明佛为他授记，告诉比丘们说：'这位德藏菩萨将在我灭后成佛，佛号为净身、多陀阿伽度、阿罗诃、三藐三佛陀。'

"佛授记完之后，便于半夜入无余涅槃。佛灭度后，妙光菩萨奉持《妙法莲华经》，八十小劫之后，为他人演说这部经。日月灯明佛的八个孩子都从师于妙光菩萨，妙光教化他们，使他们成就并坚固无上正等正觉。这八个王子在供养了无数个百千万亿的佛之后，都成就了佛道，最后一个成佛的叫作燃灯。妙光的八百弟子当中，有一人叫求名，他贪图和执着于以利养身，虽然一再读诵各种经典，但并不明白经中含意，所学的经典也大多遗忘了，因此称他为求名。这个人也因为他曾种下了各种善根因缘的缘故，因而也得到像对无数的百千万亿诸佛一样的供养恭敬和尊重赞叹。

"弥勒，你应当知道，那时的妙光菩萨难道与别人有什么不同吗？妙光之身就是我的前身；求名菩萨，则是你的前身。今天见到的世尊的瑞相，与我过去看到的佛瑞相一样，并无差异。因此，我想今天世尊也会为大家说大乘经，经名《妙法莲华》，教授佛所护念的菩萨法门。"

那时，文殊为了重申这层意义，而说偈颂……

方便品第二

尔时，世尊从三昧安详而起，告舍利弗："诸佛智慧，甚深无量。其智慧门，难解难入，一切声闻、辟支佛，所不能知。所以者何？佛曾亲近百千万亿无数诸佛，尽行诸佛无量道法，勇猛精进，名称普闻，成就甚深未曾有法，随宜所说，意趣难解。

"舍利弗，吾从成佛已来，种种因缘，种种譬喻①，广演言教。无数方便②，引导众生，令离诸着。所以者何？如来方便、知见③、波罗蜜，皆已具足。舍利弗，如来知见，广大深远，无量无碍，力无所畏，禅定解脱三昧，深入无际，成就一切未曾有法。舍利弗，如来能种种分别④，巧说诸法，言辞柔软，悦可众心。

"舍利弗，取要言之，无量无边未曾有法，佛悉成就。止！舍利弗，不须复说，所以者何？佛所成就第一希有难解之法，唯佛与佛乃能究尽诸法实相⑤，所谓诸法如是相⑥，如是性⑦，如是体⑧，如是力⑨，如是作⑩，如是因⑪，如是缘⑫，如是果⑬，如是报⑭，如是本末究竟⑮等。"

尔时，世尊欲重宣此义，而说偈言……

注释

①**譬喻**：以已经为大家所知晓的事情，来显现未知的法门。《法华经》中有七喻。

②**方便**："方便善巧"的简称，这里主要指为度脱众生而采取的各种灵活方法。"方便"还有两层意义，一是大乘菩萨不像小乘那样只求自利，还须运用各种方便手段利益他人；二是指把握佛教真如，弘扬佛法的法门。

③**知见**：知就意识而言，见就眼识而言；知就推求而言，见就觉了而言。指佛教智慧的作用，对佛教真理的认识。

④**分别**：思量识别各种事理。

⑤**诸法实相**：事法的终极本质、终极真理，与真如、法性、实际等概念含意相同。

⑥**如是相**：对诸法实相从"相"的方面分析，相是指事物的外部形相，易于分别。

⑦**如是性**：对诸法实相从"性"的方面分析，性是指事物的内在根据或本性。

⑧**如是体**：对诸法实相从"体"的方面分析，体是指质体，众生具有的由前面的相和性组成的不同的色身。

⑨**如是力**：对诸法实相从"力"的方面分析，力是指事物所具有的功能。

⑩**如是作**：对诸法实相从"作"的方面分析，作是指身、口、意三业的造作。

⑪**如是因**：对诸法实相从"因"的方面分析，因是指业因，主要原因或条件。

⑫**如是缘**：对诸法实相从"缘"的方面分析，缘是指助因，次要原因或条件。

⑬**如是果**：对诸法实相从"果"的方面分析，果是指从原因而得的结果。

⑭**如是报**：对诸法实相从"报"的方面分析，报是指报应，由业因而招致的来世报应。

⑮**本末究竟**：本是指第一如的相，末是第九如的报，从相到报，都究竟平等，没有差别。

译文

那时候，世尊非常安详地从三昧中出定，对舍利弗说道："诸佛所具有的智慧，十分深奥，无法度量。而且，证得这种智慧的方法，也很难理解，很难深入其中，声闻乘、辟支佛乘的人，都难以领会这种佛智及其证得方法。为什么呢？因为，佛之所以能成就这样的智慧，都曾经亲近过百千万亿的佛，无数的佛。这些无数的，百千万亿的佛所具有的无数无量的道法，佛都全部亲身实行过。这种勇武威猛，精进努力，声名传遍世界。这样才能够取得非常高深的，过去从来没有得到过的诸佛智慧。取得这种智慧后，再来宣讲佛法，都是根据不同的对象，随机而说的，因此，其中的真实意义，一般人也就难以理解。

"舍利弗，我自从成佛以来，也是这样说法的。我根据种种不同的因缘，利用种种不同的譬喻，广泛演说佛法教理。我以无数种的方便法门，来引导众生，使他们远离染着执着。我为什么要这样做呢？因为如来就是这样教导众生的，如来用种种方便来说法，如来的方便，都包含了达到佛的'知见'的方法。舍利弗，如来知见，法力广大而又深远，无边无量，没有一法能障碍，无所畏惧。如来知见，能使人通过禅定而得解脱，进入这广阔无际的佛海世界，成就一切过去未曾有的佛法。舍利弗，如来能分别种种不同的因缘及根器等，非常巧妙地演说佛法，而且，他说法时，语言柔美温软，悦耳可人，深入众生之心。

"舍利弗，简要而言，一切无量无边从来未曾有过的佛法，佛都能成就。行了，舍利弗，不必再讲了。为什么？佛所成就的，是第一稀有罕见，第一难以理解的佛法，只有佛与佛才能理解，才能认识到'诸法实相'。什么是'诸法实相'呢？就是万法的形相怎么样，本性怎么样，质体怎么样，功能怎么样，作为怎么样，业因怎么样，助缘怎么样，结果怎么样，报应怎么样，从形相之'本'到报应之'末'，它们的实质怎么样等等。"

那时，世尊为了再次说明这种佛法意义，就宣说了这样的偈颂……

原典

尔时，大众中有诸声闻漏尽阿罗汉，阿若憍陈如等千二百人，及发声闻、辟支佛心比丘、比丘尼、优婆塞、优婆夷，各作是念：今者世尊何故殷勤称叹方便而作是言？佛所得法，甚深难解，有所言说，意趣难知，一切声闻、辟支佛所不能及。佛说一解脱义，我等亦得此法，到于涅槃，而今不知是义所趣。

尔时，舍利弗知四众心疑，自亦未了，而白佛言："世尊，何因何缘，殷勤称叹诸佛第一方便甚深微妙难解之法？我自昔来，未曾从佛闻如是说，今者四众，咸皆有疑，惟愿世尊敷演斯事。世尊，何故殷勤称叹甚深微妙难解之法？"尔时，舍利弗欲重宣此义，而说偈言……

尔时，佛告舍利弗："止！止！不须复说。若说是事，一切世间诸天及人，皆当惊疑。"

舍利弗重白佛言："世尊，惟愿说之！惟愿说之！所以者何？是会无数百千万亿阿僧祇众生，曾见诸佛诸根猛利，智慧明了，闻佛所说，则能敬信。"尔时，舍利弗欲重宣此义，而说偈言……

佛复止舍利弗："若说是事，一切世间天、人、阿修罗，皆当惊疑。增上慢①比丘，将坠于大坑。"尔时，世尊重说偈言……

尔时，舍利弗重白佛言："世尊，惟愿说之！惟愿说之！今此会中，如我等比百千万亿，世世已曾从佛受化。如此人等，必能敬信，长夜安隐②，多所饶益。"尔时，舍利弗欲重宣此义，而说偈言……

注释

①**增上慢：**傲慢自负，还没有修行证得果位而自以为已证得了。

②**安隐：**身安心稳。

译文

那时候，听众中的声闻乘人，已经除尽烦恼而得阿罗汉果位者，还有阿若憍陈如等，共一千二百人，以及发心成就声闻及辟支佛的比丘、比丘尼、优婆塞、优婆夷们，都在心中这样想：今天世尊为什么如此称颂赞叹方便法门？佛所成就的佛法，非常深奥，难以理解，因此，即使佛要说法，其中的意义旨趣，都是一切声闻和辟支佛所不能体会得到的。佛演说了解脱方法，我们也想掌握这种方法而得涅槃。但是，现在就是不明白佛之所讲的意趣所在。

那时，舍利弗知道大家心里在想什么，实际上他也不知道佛所说法的意义，因此，就对佛说："世尊，您为什么要这样热情地称颂赞叹诸佛所证的最方便而又非常深奥微妙，十分难懂的法门呢？我自占以来从没有听到过佛这样说法。现在大家与我一样，都是心存疑惑，真心希望世尊您能将这样的事情向我们讲明白。世尊，您为什么要如此热情地称颂赞叹诸佛所证得的深奥无比，非常微妙而又十分难懂的佛法呢？"那时，舍利弗为了再次表达这个意思，而诵出这样的偈……

这时候，佛告诉舍利弗说："停！停！不要再说了。要是讲这件事的话，不仅你们会感到惊疑恐惧，一切世间的各位天、人，都将同样感到惊疑和恐惧。"

舍利弗又对佛说："世尊，请您说吧！请您说吧！为什么呢？因为在今天的法会上，有无数众生，百千万亿阿僧祇劫的众生，曾经亲见诸佛的根性威猛锐利，智慧光明，了达一切，因此再听您一说，则非常敬仰，十分相信。"这时，舍利弗为了重申此意，就说偈颂……

佛又制止舍利弗："不必再说了，要是说这件事的话，不但你们会惊疑恐惧，一切世间的天、人、阿修罗等，都将会同样感到惊疑恐惧。你所说的能敬信者，实际上是'增上慢比丘'，这种人没有悟而自以为已悟，将来难以得法，而将坠入痛苦之坑。"那时，世尊用偈颂重申这个意思……

那时，舍利弗又对佛说："世尊，请您说吧！请您说吧！今天的法会中，像我这样求法者，有百千万亿，世世代代，跟从佛，接受佛的教化。像我们这样的，肯定能敬仰佛法，坚信佛不思议法，而能于长夜得安隐，生智慧利益。"那时，舍利弗又说偈颂重述此义……

原典

尔时，世尊告舍利弗："汝已殷勤三请，岂得不说？汝今谛听，善思念之，吾当为汝分别解说。"

说此语时，会中有比丘、比丘尼、优婆塞、优婆夷五千人等，即从座起，礼佛而退。所以者何？此辈罪根深重，及增上慢，未得谓得，未证谓证。有如此失，是以不住。世尊默然而不制止。尔时，佛告舍利弗："我今此众无复枝叶，纯有贞实。舍利弗，如是增上慢人，退亦佳矣。汝今善听，当为汝说。"

舍利弗言："唯然世尊，愿乐欲闻。"

佛告舍利弗："如是妙法，诸佛如来时乃说之，如优昙钵华①，时一现耳。舍利弗，汝等当信佛之所说，言不虚妄。舍利弗，诸佛随宜说法，意趣难解。所以者何？我以无数方便，种种因缘、譬喻、言辞，演说诸法。是法非思量分别之所能解，唯有诸佛乃能知之。所以者何？诸佛世尊，唯以一大事因缘②，故出现于世。舍利弗，云何名诸佛世尊唯以一大事因缘故出现于世？诸佛世尊，欲令众生开佛知见③，使得清净，故出现于世；欲示众生佛之知见，故出现于世；欲令众生悟佛知见，故出现于世；欲令众生入佛知见道，故出现于世。舍利弗，是为诸佛以一大事因缘故出现于世。"

佛告舍利弗："诸佛如来但教化菩萨，诸有所作，常为一事，唯以佛之知见示悟众生。舍利弗，如来但以一佛乘④故，为众生说法，无有余乘，若二若三。舍利弗，一切十方诸佛，法亦如是。

"舍利弗，过去诸佛以无量无数方便，种种因缘、譬喻、言辞，而为众生演说诸法。是法皆为一佛乘故，是诸众生从诸佛闻法，究竟皆得一切种智。

"舍利弗，未来诸佛当出于世，亦以无量无数方便，种种因缘、譬喻、言辞而为众生演说诸法。是法皆为一佛乘故，是诸众生从佛闻法，究竟皆得一切种智。

"舍利弗，现在十方无量百千万亿佛土中诸佛世尊，多所饶益，安乐众生，是诸佛亦以无量无数方便，种种因缘、譬喻、言辞而为众生演说诸法。是法皆为一佛乘故，是诸众生从佛闻法，究竟皆得一切种智。

"舍利弗，是诸佛但教化菩萨，欲以佛之知见示众生故，欲以佛之知见悟众生故，欲令众生入佛之知见故。

"舍利弗，我今亦复如是。知诸众生有种种欲，深心所着，随其本性，以种种因缘、譬喻、言辞、方便力，而为说法。舍利弗，如此皆为得一佛乘、一切种智故。

"舍利弗，十方世界中尚无二乘，何况有三？舍利弗，诸佛出于五浊恶世⑤，所谓劫浊、烦恼浊、众生浊、见浊、命浊。如是，舍利弗，劫浊乱时，众生垢重，悭贪嫉妒，成就诸不善根。故诸佛以方便力，于一佛乘分别说三。

"舍利弗，若我弟子，自谓阿罗汉、辟支佛者，不闻不知诸佛如来，但教化菩萨事，此非佛弟子，非阿罗汉，非辟支佛。又，舍利弗，是诸比丘、比丘尼，自谓已得阿罗汉，是最后身，究竟涅槃，便不复志求阿耨多罗三藐三菩提。当知此辈，皆是增上慢人。所以者何？若有比丘实得阿罗汉，若不信此法，无有是处，除佛灭度后，现前无佛。所以者何？佛灭度后，如是等经，受持、读诵、解义者，是人难得。若遇余佛，于此法中便得决了。

"舍利弗，汝等当一心信解、受持佛语，诸佛如来言无虚妄，无有余乘，唯一佛乘。"

尔时，世尊欲重宣此义，而说偈言……

注释

①**优昙钵华**：意译为灵瑞，三千年一现，是一种灵异的天花。

②**大事因缘**：佛出现于世，是为了一件大事，就是让众生从迷转悟，认识佛理。

③**开佛知见**：向众生开示佛教真理，使众生觉悟。

④**一佛乘**：简称"一乘"，指引导众生、教化众生成佛的唯一方法、唯一途径或唯一教说。

⑤**五浊恶世**：指五种浑浊不净。劫浊：指整个世代灾难不断。烦恼浊：众生具有贪、嗔、痴等烦恼。众生浊：众生由于不信善恶报应，不持禁戒，而受众苦。见浊：众生持邪恶或错误的见解，使佛教正法日益衰落。命浊：众生因作恶，而使寿命极短。

译文

那时，世尊对舍利弗说："你如此热情，三请我说法，我岂能有不说之理？你现在仔细听受，好好思考，我要为你分别解说。"

世尊说这些话的时候，法会中有五千个比丘和比丘尼，优婆塞和优婆夷，从座位上站起，向佛礼拜，告别而去。他们为什么要离开？因为他们罪业深重，而且是增上慢，没有证得佛法，而说已经证得。因为有这样的过失，不能听受佛法，所以不留下来。见他们离去，世尊默然而视，并没有制止。这时，世尊对舍利弗说："现在，我的听众中再也没有杂枝杂叶了，非常纯净，真实而无烦恼。舍利弗，像这样的增上慢人，走了亦好啊。你现在好好听着，我要为你说了。"

舍利弗说："正盼望这样，世尊，您能这样，我快乐无比，我很想聆听。"

于是佛对舍利弗说："像这样的奇妙之法，诸佛如来也很少说，正如优昙钵华，并非经常开放。舍利弗，你应该坚信佛所说法。佛所说法，真实不虚。舍利弗，诸佛说法，都是随机而说，随缘而讲，其中包含的意义旨趣，常常很难理解。为什么呢？我说法时，用无数种方便，针对无数种不同的条件，采取种种譬喻，运用不同的语言辞藻，这样来演说佛法。这种法，并不是以思量分别就能理解的，只有诸佛才能了悟。为什么？诸佛世尊出现在这个世界上，只为了一个'大事因缘'。舍利弗，为什么说诸佛世尊只为了一个'大事因缘'的缘故才出现在这个世界上？因为，诸佛世尊想开启众生所具有的佛的'知见'，使他们解脱烦恼，而得清净，所以才出现在这个世界上；想指示众生所具有的佛的'知见'，所以才出现在这个世界上；想使众生体悟这个佛的'知见'，所以才出现在这个世界上；想使众生进入佛的'知见'，所以才出现在这个世界上。舍利弗，这就是诸佛之所以出现在这个世界上的'大事因缘'，大原因。"

佛告诉舍利弗说："诸佛如来只是这样教化菩萨：凡是所有作为，都是为一件事，就是，只以佛的知见使众生得悟。舍利弗，如来说法时，只以'一佛乘'说法，并没有其他乘，像二乘或三乘之类。舍利弗，不但如来这样说法，一切十方众佛，都这样说法。

"舍利弗，过去世界诸佛是以种种方便法门来说法，根据不同的条件，采取种种譬喻，使用不同的语言，来为众生说法。这种演说方法，都是为了体现这个'一佛乘'，这些众生，从这些佛那儿听受究竟佛法，都能得到'一切种智'，即达到无所不知的认识。

"舍利弗，未来世界的众佛出现于世的时候，他们也将以无数无量的方便法门，以种种因缘，又用种种譬喻、种种言辞，来为众生演示佛法。这也都是为了体现这个'一佛乘'，这些众生从诸佛那里，也听受究竟佛法，都能得'一切种智'。

"舍利弗，现在十方世界无数的百千万亿佛土中的诸佛世尊，他们使众生得利益，使众生得安乐，他们实际上也以种种方便法门来说法，利用种种因缘、种种譬喻、种种言语辞藻，来为众生演说佛法。这种法，都是'一佛乘'，众生从这些佛那里所听受的，都是究竟法，因而都得'一切种智'。

"舍利弗，这些佛教化菩萨，只教菩萨应该用佛的'知见'来开示众生，以佛的'知见'使众生觉悟，使众生都能融入佛的'知见'之中。

"舍利弗，我现在也是这样。我深知众生有种种欲念，心中被种种欲念所染着，我就根据众生这样的本性，利用种种因缘、种种譬喻、种种言说，来显示方便，为众生说法。舍利弗，我这样做，都是为了使众生得'一佛乘'，得'一切种智'。

"舍利弗，十方世界中并没有所谓二乘佛法，何况三乘呢？舍利弗，诸佛出现在这个'五浊恶世'之上，哪'五浊'呢？就是'劫浊'，整个世代都灾难不尽；'烦恼浊'，众生都具有贪、嗔、痴等烦恼，而有不净；'众生浊'，众生不信善恶果报，不持禁戒，而受众苦，而有不净；'见浊'，众生持有错误的见解，而有不净；'命浊'，众生随时作恶业，寿命极短。这就是五种浑浊不净的世界。诸佛在这样的世界上说法，就必须用种种方便法门。因此，舍利弗，比如'劫浊'生起时，众生心中，就会污垢沉重，吝啬、贪婪、嫉妒，种种恶念造就了他们的不善根性。对于这些众生，诸佛就要用方便说法，根据'一佛乘'深意，而分别化说为三乘法。

"舍利弗，如果我的弟子中，有自称是阿罗汉、辟支佛，而且本来没有听说过如来，也不知道如来，却在那里做起教化菩萨的事情，这样的人，绝不是我的弟子，也不是阿罗汉，也不是辟支佛。还有，舍利弗，如果这些比丘、比丘尼自认为已经证得阿罗汉果，证得最后法身，而成就了究竟涅槃，因此就不再立志追求无上正等正觉，这些人，你应当明白，都是'增上慢'人。为什么呢？因为，如果说真有比丘证得了阿罗汉果位，那么，他要是不相信这种佛法，他就不对了，除非是在我灭度之后，眼前再也没有佛存在了。为什么这样说？在我灭度后，如果这些比丘真能受持此经，读诵此经，而且领会此经的话，这种人十分难得。如果在我灭度后，遇到其余诸佛的话，那么，这个比丘一定能了悟佛法究竟真实之相。

"舍利弗，你们应当一心一意相信、理解、领受、奉持佛的话语，诸佛如来所说的话并非虚妄，并无其余乘，只有'一佛乘'。"

那时，世尊想把这些话的意义再重申一遍，就诵出
了这样的偈……

2　卷二

譬喻品第三

原典

　　尔时，舍利弗踊跃欢喜，即起合掌，瞻仰尊颜，而白佛言："今从世尊闻此法音，心怀踊跃，得未曾有。所以者何？我昔从佛闻如是法，见诸菩萨授记①作佛，而我等不预斯事，甚自感伤，失于如来无量知见。世尊，我常独处山林树下，若坐若行，每作是念：我等同入法性②，云何如来以小乘法而见济度？是我等咎，非世尊也。所以者何？若我等待说所因，成就阿耨多罗三藐三菩提者，必以大乘而得度脱。然我等不解方便随宜所说，初闻佛法，遇便信受，思惟取证。世尊，我从昔来，终日竟夜，每自克责。而今从佛，闻所未闻，未曾有法，断诸疑悔③，身意泰然，快得安隐。今日乃知真是佛子，从佛口生，从法化生，得佛法分。"尔时，舍利弗欲重宣此义，而说偈言……

注释

①**授记**：接受佛的将来必定成佛的授记。

②**法性**：指现象所具有的本质或本体。

③**疑悔**：疑惑和后悔。

译文

这时，舍利弗欢喜跳跃，就站起来，双手合掌，瞻仰佛的尊颜，对佛陀说："今天在世尊这里听到这样的佛法之音，心里非常激动，我得到了过去从未听说的妙法。为什么这样讲呢？我以前在佛那里听这样的法时，发现各位菩萨，授记成佛，而我们都不明白这种事情，所以自己非常伤感，伤感自己失去了接受如来无数知见的机会。世尊，我时常一个人独在山林中，树底下，或坐或经行，常这样想：我与这些菩萨同时学法，为什么如来只用小乘法门度化我呢？过错在我，不能怪世尊啊！为什么呢？如果我们能等待世尊说出成就无上正等正觉的因缘的话，一定是用大乘方法而得度的。但是我们都不理解世尊的方便随机所说，一听世尊所说，立即相信，马上接受，思考此法，修证此法。世尊，我从此以后，就整天整夜，常常自克自责。而现在在您这儿听受了闻所未闻也从未曾有的妙法，就断灭了种种疑惑掉悔之心，身心泰然平静，快乐而得安隐。我现在才知道，如果是真佛子的话，一定是从佛口中所生，从佛法中化生，而得到佛法意义。"这时，舍利弗想重申此义，而说偈颂……

原典

尔时，佛告舍利弗："吾今于天、人、沙门、婆罗门等大众中说。我昔曾于二万亿佛所为无上道故，常教化汝，汝亦长夜随我受学。我以方便引导汝，故生我法中。舍利弗，我昔教汝志愿佛道，汝今悉忘，而便自谓已得灭度。我今还欲令汝忆念本愿所行道故，为诸声闻说是大乘经，名《妙法莲华》，教菩萨法，佛所护念。

"舍利弗，汝于未来世过无量无边不可思议劫，供养若干千万亿佛，奉持正法，具足菩萨所行之道，当得作佛，号曰华光如来①、应供、正遍知、明行足、善逝、世间解、无上士、调御丈夫、天人师、佛世尊。国名离垢，其土平正，清净严饰，安隐丰乐，天人炽盛。琉璃为地，有八交道，黄金为绳，以界其侧，其傍各有七宝行树，常有华果。华光如来亦以三乘②教化众生。

"舍利弗，彼佛出时，虽非恶世，以本愿故，说三乘法。其劫名大宝庄严。何故名曰大宝庄严？其国中以菩萨为大宝故，彼诸菩萨，无量无边，不可思议，算数、譬喻所不能及，非佛智力无能知者。若欲行时，宝华承足。此诸菩萨非初发意，皆久植德本，于无量百千万亿佛所净修梵行，恒为诸佛之所称叹。常修佛慧，具大神通，善知一切诸法之门，质直无伪，志念坚固。如是菩萨，充满其国。

"舍利弗，华光佛寿十二小劫，除为王子未作佛时。其国人民，寿八小劫。华光如来过十二小劫，授坚满菩萨阿耨多罗三藐三菩提记，告诸比丘，是坚满菩萨次当作佛，号曰华足安行、多陀阿伽度、阿罗诃、三藐三佛陀。其佛国土，亦复如是。舍利弗，是华光佛灭度之后，正法③住世三十二小劫，像法④住世亦三十二小劫。"

尔时，世尊欲重宣此义，而说偈言……

注释

①**华光如来：**舍利弗在未来成佛后的佛名。

②**三乘：**指引导教化众生达到解脱的三种方法、途

径或教说，一般称声闻、缘觉和菩萨（或佛）为三乘。

③**正法**：正法时期的佛法，具足教说、修行和证悟三个方面，是正确无误的佛法。

④**像法**：与正法相似的佛法，只有教说和修行，但没有证悟。

译文

那时，佛告诉舍利弗说："我今天在天、人、沙门、婆罗门等大众中说法。我以前曾经在二万亿个佛那里，为了求证佛道的缘故，而经常教化你，你也整夜整夜跟随我学习佛法。我用方便法门引导你，因此你才能生到我的法门中。舍利弗，我以前教导你要立志成就佛道，你现在都把我这话忘掉了，而你却自称已经得到灭度。我今天还要你回忆考虑一下当初所立下的宏愿，所欲追求的道法，而为各位声闻说这部大乘经，名叫《妙法莲华》，教授佛所护念的菩萨法门。

"舍利弗，你将来在未来世中，经过无量无边不可思议的劫数，在这么长这么多的劫中，供养很多个千万亿数量的佛，奉持佛教正法，具足菩萨的所行之道，就肯定会成佛。你的佛号叫华光如来、应供、正遍知、明行足、善逝、世间解、无上士、调御丈夫、天人师、佛世尊。你的佛国，名叫离垢。国内土地平坦，清净庄严，安隐丰足又欢乐，充满天人之数。土地是琉璃做的，有八条交叉大道，大道两边，用黄金做绳子，作为路界，旁边还种了七宝行树，经常出产华果。华光如来也以三乘方便教化众生。

"舍利弗，你到那时出世时，虽然不是现在这样的恶世，但是，你仍然要依照你的本愿之力，演说三乘方便法。你出世时的那个劫，名叫大宝庄严劫。为什么叫大宝庄严劫呢？因为在那个国度中，以菩萨为大宝，所以那里的菩萨，无量无边，不可思议，种种计算、数字、譬喻，都不能描述，如果没有佛的智慧之力，就没人能知道。还有一个原因，你如果走路时，会有许多宝华在你脚下。在那里的菩萨，并不是一发心就达到菩萨境地的，都是长久追求佛德，在无数个百千万亿的佛那里，净心修持梵行，一直受到诸佛的称赞。他们经常修持诸佛智慧，具有大神通力，非常了解一切诸法的入门之道，而且质直无伪，志念坚固。这样的菩萨，充满国度。

"舍利弗，华光佛的寿命，除去他当王子没有成佛的时间，为十二小劫。国家中人民的寿命，为八个小劫。华光如来经过十二个小劫之后，就授记于坚满菩萨，使他成就无上正等正觉，并告诉各位比丘说：'这位坚满菩萨，在华光佛后，将成佛道，佛号是：华足安行、多陀阿伽度、阿罗诃、三藐三佛陀。'他的佛国，也同华光如来的一样。舍利弗，这位华光佛灭度之后，正法期经过了三十二个小劫，像法期也经过三十二个小劫。"

那时，世尊想重新宣说这个教义，而说偈颂……

原典

尔时，四部众比丘、比丘尼、优婆塞、优婆夷、天、龙、夜叉、乾闼婆、阿修罗、迦楼罗、紧那罗、摩睺罗伽等，大众见舍利弗于佛前受阿耨多罗三藐三菩提记，心大欢喜，踊跃无量，各各脱身所着上衣，以供养佛。释提桓因、梵天王等，与无数天子亦以天妙衣、天曼陀罗华、摩诃曼陀罗华等供养于佛。所散天衣，住虚空中而自回转。诸天伎乐百千万种，于虚空中一时俱作，雨众天华，而作是言："佛昔于波罗奈初转法轮[①]，今乃复转无上最大法轮。"尔时，诸天子欲重宣此义，而说偈言……

注释

①初转法轮：释迦牟尼成道后，到波罗奈鹿野苑首次说法，度憍陈如等五比丘，宣讲四谛、八正道等教义，而称初转法轮。

那时，四大部众中的比丘和比丘尼，优婆塞和优婆夷，以及天、龙、夜叉、乾闼婆、阿修罗、迦楼罗、紧那罗、摩睺罗伽等大众，看到舍利弗在佛前授记，成就无上正等正觉，心里十分欢喜，踊跃欢呼，都脱下各自所穿的衣服，来供养佛。释提桓因、梵天王等，还有无数天子，也以他们的天妙衣、天曼陀罗华、摩诃曼陀罗华等，来供养佛。他们供养的天衣，在虚空能自己回转。诸天的百千万种伎乐，在虚空中一起演奏演唱，并散天华雨。他们说："佛以前在波罗奈初转法轮，今天又转最大无上法轮。"这时，诸位天子为了重申这个话，而说偈颂……

尔时，舍利弗白佛言："世尊，我今无复疑悔，亲于佛前得受阿耨多罗三藐三菩提记。是诸千二百心自在者昔住学地，佛常教化，言我法能离生老病死，究竟涅槃。是学无学人，亦各自以离我见及有无见等，谓得涅槃。而今于世尊前，闻所未闻，皆堕疑惑。善哉世尊！愿为四众说其因缘，令离疑悔。"

尔时，佛告舍利弗："我先不言诸佛世尊以种种因缘、譬喻、言辞、方便说法，皆为阿耨多罗三藐三菩提耶，是诸所说皆为化菩萨故。然舍利弗，今当复以譬喻更明此义，诸有智者以譬喻得解。

"舍利弗，若国邑聚落，有大长者，其年衰迈，财富无量，多有田宅及诸僮仆。其家广大，唯有一门，多诸人众，一百、二百乃至五百人止住其中。堂阁朽故，墙壁隤落，柱根腐败，梁栋倾危。周匝俱时欻然火起，焚烧舍宅。长者诸子，若十、二十，或至三十，在此宅中。长者见是大火从四面起，即大惊怖，而作是念：我虽能于此所烧之门，安隐得出，而诸子等于火宅内，乐着嬉戏，不觉不知，不惊不怖。火来逼身，苦痛切己，心不厌患，无求出意。

"舍利弗，是长者作是思惟：我身手有力，当以衣裓①若以几案从舍出之。复更思惟：是舍唯有一门，而复狭小，诸子幼稚，未有所识，恋着戏处，或当堕落为火所烧。我当为说怖畏之事，此舍已烧，宜时疾出，无令为火之所烧害。作是念已，如所思惟具告诸子：'汝等速出。'父虽怜愍，善言诱喻，而诸子等乐着嬉戏，不肯信受，不惊不畏，了无出心，亦复不知何者是火，何者为舍，云何为失。但东西走戏，视父而已。

"尔时，长者即作是念：此舍已为大火所烧，我及诸子若不时出，必为所焚。我今当设方便，令诸子等得免斯害。父知诸子先心各有所好，种种珍玩奇异之物，情必乐着，而告之言：'汝等所可玩好，希有难得，汝若不取，后必忧悔。如此种种羊车、鹿车、牛车②，今在门外，可以游戏。汝等于此火宅，宜速出来，随汝所欲，皆当与汝。'尔时诸子闻父所说珍玩之物适其愿故，心各勇锐，互相推排，竞共驰走，争出火宅。是时，长者见诸子等安隐得出，皆于四衢道中露地而坐，无复障碍，其心泰然，欢喜踊跃。

"时诸子等各白父言：'父先所许玩好之具，羊车、鹿车、牛车，愿时赐与。'舍利弗，尔时长者各赐诸子等一大车③。其车高广，众宝庄校，周匝栏楯，四面悬铃。又于其上张设幰盖，亦以珍奇杂宝而严饰之，宝绳交络，垂诸华缨，重敷婉筵，安置丹枕。驾以白牛，肤色充洁，形体姝好，有大筋力，行步平正，其疾如风。又多仆从而侍卫之。所以者何？是大长者财富无量，种种诸藏悉皆充溢，而作是念：我财物无极，不应以下劣小车与诸子等，今此幼童，皆是吾子，爱无偏党。我有如是七宝大车，其数无量，应当等心各各与之，不宜差别。所以者何？以我此物周给一国，犹尚不匮，何况诸子？是时诸子各乘大车，得未曾有，非本所望。

"舍利弗，于汝意云何？是长者等与诸子珍宝大车，宁有虚妄不？"

舍利弗言："不也，世尊。是长者但令诸子得免火难，全其躯命，非为虚妄。何以故？若全身命，便为已得玩好之具，况复方便，于彼火宅④而拔济之？

"世尊，若是长者，乃至不与最小一车，犹不虚妄，何以故？是长者先作是意：我以方便令子得出。以是因缘，无虚妄也。何况长者自知财富无量，欲饶益诸子，等与大车。"

注释

①衣裓：一种解释，衣裓是盛花的器物，外国盛花之器。另一种解释，衣裓是长方形的布帛，挂在肩上，用来擦手或放物品。

②羊车、鹿车、牛车：总称三车，用来分别譬喻声闻乘、缘觉乘和菩萨乘三乘。

③大车：即大白牛车，譬喻佛乘。

④火宅：法华七喻之一，三车是权，一大白牛车是实。

译文

这时，舍利弗对佛说："世尊，我现在再也没有疑惑和掉悔之心了，亲身在佛面前接受无上正等正觉的授记。但是这些一千二百心自在的同辈，过去在学佛道场时，佛经常教化说：'我的法门，能使众生脱离生老病死之苦，而得究竟涅槃。'这些学无学人，也都以为远离了我见及有无等见，而得涅槃了。但是今天在世尊面前听受了闻所未闻的佛法，他们又都堕入疑惑之中了。善心的世尊啊！请您为他们也说说各种因缘，使他们脱离疑惑和掉悔境地吧！"

这时，佛告诉舍利弗道："我暂且先不说诸佛世尊用种种因缘、譬喻、言辞等方便法门而说的法，都是无上正等正觉，他们说法是为了化导菩萨。但是，舍利弗，我今天还要用譬喻来再次阐明这种意义，有智慧的各位，从我这个譬喻中，就能得到解脱。

"舍利弗，比如某国某邑的一个地方，有一位上了年岁的老汉，他虽然年迈智衰，但是却有很多很多财富，有许许多多的田地房产，以及很多仆人。他住的房屋大得很，但只开一个门，那么多人，有一百、二百，甚至五百人都住在里面。但是这房子，厅堂和楼阁都已经朽烂了，墙壁也剥落了，柱子的柱基也坏了，上面的栋梁也倾斜了，十分危险。忽然间，房子周围同时起火。当大火在焚烧房子时，老汉的孩子们，大约有十个、二十个，或者多达三十个，仍在屋里。这老汉发现这大火从四面烧起来，非常惊骇和恐怖。他当时就想：我虽说可以从这个在燃烧着的大门很安全地逃出去，但是孩子们还在里面玩耍嬉戏，一点也不知道起了火，因此，既不惊慌，也不害怕。大火都要烧身，使人痛苦难忍了，他们还一点不担心，一点也没有要出去的意思。

　　"舍利弗，这老汉这样想：我身上、手上还有些劲，可以用衣裓，或者茶几案桌之类，来逃出屋子。一会儿，他又想：这房子仅有一个门，而且是小门，孩子都还小，并不知道，还贪恋着玩耍，万一摔一个跟头，就要被火烧着了。我应该告诉他们这种可怕的事情：房子着火了，赶快跑出去，不要被火烧着。刚这样想好，他就告诉孩子们说：'你们快跑！'但是，即使父亲很怜悯孩子们，好言相劝，可孩子们就是不信，继续沉浸于游戏的快乐之中，不惊也不怕，也不想出去，也不知道什么是火，什么是房子，要是不走，会有什么丧失。只是东奔西跑地玩耍，望望父亲而已。

　　"那时候，老汉就这样想：这房子已经起了大火，我和孩子们如果不及时跑出去，肯定要遭火烧。我现在应当用一些方便之法，好让孩子们能够避免被火所害。父亲知道孩子们喜爱各种珍玩奇异之物，一定会争着去要，只要我说有宝物。因此，就告诉他们说：'我有你们喜欢的很难得的玩耍之物，你们要是不去拿，以后肯定会忧伤后悔的。我给你们的是羊车、鹿车、牛车，现在就停在门外，可以拿去游戏。你们赶快从这起火的房子里跑出来，随便你们要什么，我都会给你们。'孩子们听父亲说有好玩的东西，还能满足他们的愿望，个个勇猛向前，互相推挤，竞相奔跑，都争着要出火宅。这时候，老汉看到孩子们都安全逃出，都在大路当中露地而坐，不再有危险了，心里顿时安泰了，十分高兴。

"这时，孩子们都对父亲讲：'父亲刚才答应给我们好玩的羊车、鹿车、牛车，请快些给我吧。'舍利弗，那时候，老汉就给孩子们一辆大车。这车高大而又宽广，用许多宝物装饰，周围是栏杆，四面悬挂着铃铛。又在上面张设了帷幔伞盖，也用各种珍玩宝物来装饰，用宝绳交叉网络，挂上华丽的垂缨，铺上柔软漂亮的座席，安好红枕头。套上大白牛，白牛肤色光洁，形体很美，力量很大，走路时也很平正，而且快步如风。又派许多仆从来侍候它，保护它。为什么要这样呢？这位老汉有无数财富，各种宝物多得是，他这样想：我的财产极多，不应该把很差的小车给孩子们。他们都是我的孩子，我不应该有偏心。我有无数这样的七宝大车，应当每人给他们一乘，不能有的给而有的不给。为什么？每个国人我都给他们这样一乘七宝大车，还有剩余，何况才给孩子们这几乘呢？这时候，孩子们都坐上大车，得到了从未有过、从来没想到过的宝贝。

"舍利弗，你认为怎么样？这老汉给孩子们同样的珍宝大车，是不是虚妄不实啊？"

"不虚妄，世尊。这老汉只是为了让孩子们别被大火烧着，保全他们的身家性命，并不虚妄。为什么？如果孩子们能全身保命，就是已经得到了珍玩宝物，况且老汉又用方便之法，把他们从火宅中解救出来了呢？

"世尊，即使这位老汉甚至连最小的车都不给他们，这事也不虚妄。为什么？因为这位老汉先前就这样想：我用方便之法，让孩子们能出来。因此说不虚妄。何况老汉也知道自己财宝极多，想使孩子们能得到利益，所以才每人给了他们一辆大车。"

原典

佛告舍利弗："善哉！善哉！如汝所言。舍利弗，如来亦复如是，则为一切世间之父，于诸怖畏、衰恼、忧患、无明、暗蔽，永尽无余，而悉成就无量知见，力无所畏，有大神力，及智慧力，具足方便智慧波罗蜜，大慈大悲，常无懈倦，恒求善事，利益一切。而生三界朽故火宅，为度众生生老病死、忧悲苦恼、愚痴暗蔽、三毒之火，教化令得阿耨多罗三藐三菩提。见诸众生为生老病死、忧悲苦恼之所烧煮，亦以五欲财利故受种种苦。又以贪着追求故现受众苦，后受地狱、畜生、饿鬼之苦。若生天上，及在人间，贫穷困苦，爱别离苦，怨憎会苦。如是等种种诸苦，众生没在其中，欢喜游戏，不觉不知，不惊不怖，亦不生厌，不求解脱，于此三界火宅①东西驰走。虽遭大苦，不以为患。

"舍利弗，佛见此已，便作是念：我为众生之父，应拔其苦难，与无量无边佛智慧乐，令其游戏。

"舍利弗，如来复作是念：若我但以神力，及智慧力，舍于方便，为诸众生赞如来知见力、无所畏者，众生不能以是得度。所以者何？是诸众生，未免生老病死、忧悲苦恼，而为三界火宅所烧，何由能解佛之智慧？

"舍利弗，如彼长者，虽复身手有力而不用之，但以殷勤方便勉济诸子火宅之难，然后各与珍宝大车。如来亦复如是，虽有力无所畏而不用之，但以智慧方便，于三界火宅拔济众生，为说三乘：声闻、辟支佛、佛乘，而作是言：'汝等莫得乐住三界火宅，勿贪粗弊色、声、香、味、触也，若贪着生爱，则为所烧。汝速出三界，当得三乘：声闻、辟支佛、佛乘，我今为汝保任此事，终不虚也。汝等但当勤修精进。'如来以是方便，诱进众生。复作是言：'汝等当知，此三乘法皆是圣所称叹，自在无系，无所依求。乘是三乘，以无漏根力②、觉、道、禅定、解脱、三昧等，而自娱乐，便得无量安隐快乐。'

"舍利弗，若有众生，内有智性，从佛世尊闻法信受，殷勤精进，欲速出三界，自求涅槃，是名声闻乘，如彼诸子为求羊车出于火宅。

　　"若有众生，从佛世尊闻法信受，殷勤精进，求自然慧，乐独善寂，深知诸法因缘，是名辟支佛乘，如彼诸子为求鹿车出于火宅。

　　"若有众生，从佛世尊闻法信受，勤修精进，求一切智③、佛智、自然智④、无师智⑤、如来知见，力无所畏，愍念安乐无量众生，利益天人，度脱一切，是名大乘。菩萨求此乘故，名为摩诃萨。如彼诸子为求牛车出于火宅。

　　"舍利弗，如彼长者见诸子等安隐得出火宅，到无畏处，自惟财富无量，等以大车而赐诸子。如来亦复如是，为一切众生之父，若见无量亿千众生，以佛教门出三界苦，怖畏险道，得涅槃乐，如来尔时便作是念：我有无量无边智慧力、无畏等诸佛法藏，是诸众生皆是我子，等与大乘，不令有人独得灭度，皆以如来灭度而灭度之。是诸众生脱三界者，悉与诸佛禅定、解脱等娱乐之具，皆是一相一种，圣所称叹，能生净妙第一之乐。

　　"舍利弗，如彼长者，初以三车诱引诸子，然后但与大车，宝物庄严，安隐第一。然彼长者无虚妄之咎，如来亦复如是，无有虚妄，初说三乘引导众生，然后但以大乘而度脱之。何以故？如来有无量智慧力无所畏诸法之藏，能与一切众生大乘之法，但不尽能受。舍利弗，以是因缘，当知诸佛方便力故，于一佛乘分别说三。"

佛欲重宣此义，而说偈言……

注释

①**三界火宅**：充满生死之苦的三界，犹如已着大火的房屋，必须赶快出离。

②**无漏根力**：无漏根和无漏力，根指五根，即信根、精进根、念根、定根、慧根，是修行所依的五种内在条件。力指五力，由上述五根的增长所产生的五种维持修行、达到解脱的力量，指信力、精进力、念力、定力、慧力。

③**一切智**：广义指无所不知的佛智慧，狭义指对现象的共性的认识。

④**自然智**：不借助功用而自然产生的佛智慧。

⑤**无师智**：没有老师指导而独自体悟而得的佛智。

译文

佛告诉舍利弗说："对啊对啊！正如你讲的一样。舍利弗，如来也是这样，他是一切世间众生的父亲，他断除了一切怖畏、衰恼、忧患、无明和暗蔽等污染，永不再有，因而能成就无数的佛之知见，无所畏惧，得大神力、大智慧力，具有充足的度得智慧的种种方便。他大慈大悲，毫不懈怠疲倦，永远追求善事，以使一切众生得利益。他出现在这个如同那座又破又旧的火宅的三界之中，是为了把众生度出生老病死、忧愁悲伤、痛苦烦恼、顽愚痴迷、昏暗尘蔽以及贪、嗔、痴三毒之火的苦海，使他们得到无上正等正觉。众生被生老病死、忧愁悲伤、痛苦烦恼的毒火所烧煮，又因为贪爱五欲、财富利益，而受种种苦。又因为贪爱和追求这些东西，不但现世受各种苦，来世也要受地狱苦，受饿鬼苦，受畜生苦。即使后世转生于天上或人间，也会遭受贫苦、爱别离、怨憎会等苦难。像这类痛苦，众生沉没在其中，还在那里游戏欢乐，一点都没有发觉，也不感到惊骇恐惧，也不感到厌恶，也不寻求解脱，就在这个三界火宅之中，东奔西跑。虽然遭受大苦难，也不以此为患。

"舍利弗，佛发现这种情况之后，就这样想：我是众生之父，应该替他们拔除苦难，使他们能在无数无边的佛智慧中享受游戏之乐。

"舍利弗，如来又这样想：如果我仅仅用我的大神力及大智慧力，而不用方便，来给众生讲说如来知见之力、无所畏惧的道理，众生并不能因此而得到解脱。为什么？这些众生还没有脱离生老病死、忧悲苦恼，而被三界火宅所烧，怎么能理解佛的智慧呢？

"舍利弗，这就如同那位老汉，虽然身上和手上很有力气，但他并不用它们，只用方便法门，就使他的孩子们逃出了火宅，然后，老汉又给他们每人一乘大白牛车。如来也是这样，虽然有大智慧力，有大神通力，都不采用，只用方便之法，在三界火宅中拔苦救难，为他们讲三乘佛法，即声闻乘、辟支佛乘、佛乘。于是，如来就对众生这样说：'你们不要贪爱三界火宅，不要贪爱粗弊的色、声、香、味、触等法，如果因贪生爱，将被贪爱所烧。你们赶快离开三界，一定会得到三乘佛法，得到声闻乘、辟支佛乘和佛乘之法，我现在向你们保证这件事，一点不假啊。你们只应该勤修精进。'如来用这种方便诱导众生。他又说：'你们应当知道，这三乘佛法都是圣人所称颂赞叹的。这三乘法，因为得无生智，而能自在；得清净智，而无系缚。无所依，也无所求。如果得这三乘法，用无漏根力、觉、道、禅定、解脱、三昧等方法，自娱自乐，就能得到无限的安稳和快乐。'

"舍利弗，如果有众生，拥有智慧根性，从佛世尊那里听此佛法，能够相信，能够接受，并努力精进，想赶快逃出三界，自己寻求涅槃，这类人是声闻乘，就像那些孩子们为了得到羊车而出火宅。

"如果有众生，从世尊那里听此佛法，能够深信不疑，能够接受，并且努力精进，寻求自然智慧之乐，独自修习，修得很好，能够了知万法的因缘所在，这类人叫辟支佛乘，就像孩子们为了追求鹿车，而跑出火宅。

　　"如果有众生，在世尊那里听到此法，深信不疑地接受了，并努力修行，精进不懈，追求的是一切智、佛智、自然智、无师智、如来知见，得大神力，无所畏惧，同情无量众生，给他们以安隐快乐，使天、人得利益，把一切众生度出苦海，称为大乘。菩萨求得这一乘，称为摩诃萨。这就如同那些孩子们为求牛车而出火宅。

　　"舍利弗，就像那位老汉，看到孩子们都安稳地逃出火宅，到了没有危险的地方，因为自己财富无数，而给孩子们每人一辆大车。如来也是这样，他是一切众生之父，当他看到无数亿的众生从佛教门中逃出了三界的痛苦、恐怖、令人畏惧的危险之地，得到了涅槃之乐，那个时候，如来便这样想：我有无数无量、无边无际的智慧力和无畏力等各种佛法宝藏，这些众生都是我的孩子，我要让他们都得大乘，不是某一个人单独得到灭度，而是令一切人都以如来的灭度来使他们灭度。这些众生脱离三界后，我就给他们诸佛所具有的禅定、解脱等娱乐方法，这种方法导致的快乐，是能够产生净妙的第一种快乐，深受一相一种之圣的称颂赞叹。

"舍利弗，就像那位老汉，开始时以三车诱导接引孩子们，然后只给大车，这大车用宝物装饰成庄严，非常安稳。但老汉并没有虚妄之错，如来也是这样，没有虚妄，起初是以三乘引导众生，然后只以大乘来度脱众生。为什么呢？因为如来具有无数智慧力和无所畏惧法等许多佛法宝藏，能给予一切众生以大乘之法，但众生不能全部接受。舍利弗，因为这个原因，应该明白诸佛用方便力，而在一佛乘，分别说三乘。"

佛为了重申这个思想，而说偈……

信解品第四

　　尔时，慧命须菩提、摩诃迦旃延、摩诃迦叶、摩诃目犍连从佛所闻未曾有法，世尊授舍利弗阿耨多罗三藐三菩提记，发希有心，欢喜踊跃，即从座起，整衣服，偏袒右肩，右膝着地，一心合掌，曲躬恭敬，瞻仰尊颜，而白佛言："我等居僧之首，年并朽迈。自谓已得涅槃，无所堪任，不复进求阿耨多罗三藐三菩提。世尊往昔说法既久，我时在座，身体疲懈，但念空无相无作，于菩萨法游戏神通净佛国土，成就众生，心不喜乐。所以者何？世尊令我等出于三界，得涅槃证。又今我等年已朽迈，于佛教化菩萨阿耨多罗三藐三菩提，不生一念好乐之心。我等今于佛前闻授声闻阿耨多罗三藐三菩提记，心甚欢喜，得未曾有，不谓于今忽然得闻希有之法，深自庆幸获大善利，无量珍宝，不求自得。

　　"世尊，我等今者乐说譬喻以明斯义。譬若有人，年既幼稚，舍父逃逝，久住他国，或十、二十，至五十岁。年既长大，加复穷困，驰骋四方以求衣食，渐渐游行，遇向本国。其父先来，求子不得，中止一城，其家大富，财宝①无量，金银、琉璃、珊瑚、琥珀、玻璃珠等，其诸仓库悉皆盈溢。多有僮仆，臣佐吏民，象马车乘，牛羊无数，出入息利，乃遍他国。商估贾客，亦甚众多。时贫穷子②游诸聚落，经历国邑，遂到其父所止之城。父每念子，与子离别五十余年，而未曾向人说如此事，但自思惟，心怀悔恨。自念老朽，多有财物，金银珍宝，仓库盈溢，无有子息，一旦终没，财物散失，无所委付。是以殷勤，每忆其子。复作是念：我若得子，委付财物③，坦然快乐，无复忧虑。

　　"世尊，尔时穷子佣赁展转，遇到父舍，住立门侧，遥见其父踞师子床，宝几承足，诸婆罗门、刹利居士，皆恭敬围绕，以真珠璎珞，价直千万，庄严其身。吏民僮仆，手执白拂，侍立左右。覆以宝帐，垂诸华幡，香水洒地，散众名华，罗列宝物，出内取与。有如是等种种严饰，威德特尊。穷子见父有大力势，即怀恐怖，悔来至此，窃作是念：此或是王，或是王等，非我佣力得物之处，不如往至贫里，肆力有地，衣食易得。若久住此，或见逼迫，强使我作。作是念已，疾走而去。

　　"时富长者于师子座见子便识，心大欢喜，即作是念：我财物库藏今有所付。我常思念此子，无由见之，而忽自来，甚适我愿。我虽年朽，犹故贪惜。即遣傍人急追将还。

　　"尔时使者疾走往捉，穷子惊愕，称冤大唤：'我不相犯，何为见捉？'使者执之愈急，强牵将还。于时，穷子自念无罪而被囚执，此必定死，转更惶怖，闷绝躄地。

"父遥见之，而语使言：'不须此人，勿强将来。'以冷水洒面令得醒悟，莫复与语。所以者何？父知其子志意下劣，自知豪贵为子所难。审知是子，而以方便，不语他人云是我子。使者语之：'我今放汝，随意所趣。'穷子欢喜，得未曾有，从地而起，往至贫里，以求衣食。

"尔时，长者将欲诱引其子而设方便，密遣二人，形色憔悴无威德者：'汝可诣彼，徐语穷子：此有作处，倍与汝直。穷子若许，将来使作。若言：欲何所作？便可语之：雇汝除粪，我等二人亦共汝作。'时二使人即求穷子。既已得之，具陈上事。

"尔时，穷子先取其价，寻与除粪。其父见子，愍而怪之。又以他日于窗牖中遥见子身羸瘦憔悴，粪土尘坌，污秽不净，即脱璎珞细软上服严饰之具，更着粗弊垢腻之衣，尘土坌身，右手执持除粪之器，状有所畏。语诸作人：'汝等勤作，勿得懈息。'以方便故得近其子，后复告言：'咄！男子，汝常此作，勿复余去，当加汝价。诸有所须盆器米面盐醋之属，莫自疑难，亦有老弊使人，须者相给，好自安意，我如汝父，勿复忧虑。所以者何？我年老大而汝少壮，汝常作时，无有欺怠嗔恨怨言，都不见汝有此诸恶，如余作人。自今已后如所生子。'即时长者更与作字，名之为'儿'。尔时，穷子虽欣此遇，犹故自谓客作贱人。

"由是之故，于二十年中，常令除粪。过是已后，心相体信，入出无难。然其所止，犹在本处。

"世尊，尔时长者有疾，自知将死不久，语穷子言：'我今多有金银珍宝，仓库盈溢，其中多少所应取与，汝悉知之。我心如是，当体此意。所以者何？今我与汝，便为不异，宜加用心，无令漏失。'

"尔时，穷子即受教敕，领知众物，金银珍宝及诸库藏，而无希取一餐之意。然其所止，故在本处，下劣之心，亦未能舍。

"复经少时，父知子意渐以通泰，成就大志，自鄙先心。临欲终时，而命其子，并会亲族、国王、大臣、刹利居士，皆悉已集，即自宣言：'诸君当知，此是我子，我之所生，于某城中舍吾逃走，竛竮辛苦五十余年。其本字某，我名某甲。昔在本城怀忧推觅，忽于此间遇会得之。此实我子，我实其父。今我所有一切财物皆是子有，先所出内，是子所知。'

"世尊，是时穷子问父此言，即大欢喜，得未曾有，而作是念：我本无心有所希求，今此宝藏自然而至。

注释

①**财宝**：比喻世尊所说的一佛乘或实相。

②**穷子**：穷子喻，法华七喻之一，以雇穷子做活为权，最后付财物为实。

③**委付财物**：喻付嘱一佛乘法。

译文

那时，解空第一的慧命须菩提以及摩诃迦旃延、摩诃迦叶、摩诃目犍连从佛那里听受了闻所未闻的佛法，又见世尊向舍利弗授记，将来定能证得无上正等正觉，都发稀有心，欢喜踊跃，就从座位中站起，整理好衣服，偏袒右肩，右膝着地，双手合掌，屈身恭敬，瞻仰世尊容颜。摩诃迦叶对佛说："我在僧众中，居于首位，年岁最高，已经是老朽了。我自认为已经得到了涅槃，没有什么事好做了，不再进而求证无上正等正觉。世尊，您过去说法也很长时间了，我当时在场，但是身体疲劳懈怠，只知道一切皆空，没有相状，也不造作，在菩萨法中游戏，至于清净佛国之地，成就众生之事，就不喜欢去做了。为什么呢？因为自然有世尊把我们救出三界，得大涅槃。加上我现在身朽年迈，对于菩萨所教化的无上正等正觉，没有产生一点欢喜快乐的心情。我们今天在佛面前，听到佛向声闻乘人授无上正等正觉的记别，心中非常高兴，得前所未有的佛法，没想到现在忽然又得以听受这样的稀有佛法，深深地感到庆幸能够获得大善利益，无数珍宝，从没想到，也没去寻求，就自然得到了。

　　"世尊，我们今天就喜欢打个譬喻，来说明这个意义。譬如有一个人，年少幼稚，离开父亲就逃走了，长久地住在别的国家。到了十岁、二十岁甚至五十岁，年纪已经长大，又加上贫穷困苦，四处漂泊，讨求衣食，因此就慢慢走回到了本国。他父亲以前一直在找他，但是找不到，就在一个城中住下了，又造起了房子，家里十分富有，财产宝物，多得数不清，像金银、琉璃、珊瑚、琥珀和玻璃珠子等，仓库里多得都堆不下了。还有很多仆人、官吏和百姓。象车马车也很多，牛羊无数。这些出息入利的东西，遍及其他国家。来往商人也多极了。这时候，贫穷儿子经过了许多村落，许多国家城镇，才到了他父亲居住的那个城市。父亲常常思念儿子，和儿子离别有五十多年了，从来没有向别人说起过这件事情，只是自己思念，心中悔恨不已。想到自己老了，那么多财物，金银宝贝，堆满仓库，没有子息后代的话，自己一旦死了，这些财物给谁啊？所以，他非常想念儿子。他又想：我如果找到了儿子，把财宝都交付给他，心里也就舒坦高兴了，就不再有忧虑了。

"世尊，那时候穷儿子已经走到父亲门口来了，他站在门边，远远看见他父亲坐在狮子床上，脚放在宝几上，那些婆罗门、刹帝利和居士们，都恭敬地围绕着他，用价值千万的珍珠和璎珞，庄严他的身体。官吏、百姓和僮仆们，都拿着白色拂子，侍立在左右。他们把狮子座盖上宝帐，挂上种种华丽的幡，又用香水洒地，把许多名贵鲜华散在地上，又进进出出，拿出拿进，陈列宝物。用这么多的威严装饰，使得他父亲显得特别具有尊贵的威德。穷儿子看到父亲这么有势力，心里很害怕，真后悔到这里来。他就偷偷地想：这人或许是个国王，或者是与国王差不多大的，并不是我能很不费力地要到东西的地方，还不如到穷一点的地方去，那里要衣服食物比较容易。要是在这儿待久了，可能受到逼迫强令我工作。这么一想，他立刻就走了。

"当时，他父亲在狮子座上一见儿子，就认出来了，心里非常高兴，他就这样想了：我仓库里所藏的宝物财产，这下子可有人继承了。我时常思念这孩子，也没办法见着他，忽然他就来了，正是遂了我的心愿啊！我虽然年纪大了，但等待继承人还是很耐心的。于是就派人赶快把他给追回来。

"那时，追赶穷子的使者赶紧跑去追，穷儿子非常吃惊，急忙大呼冤枉：'我又没有侵犯你们，为什么要抓我？'这么一喊，使者更加要快些抓住他，硬是把他给拖回去了。这时，穷儿子：想这样无罪被抓，必死无疑了。因而更加害怕，一下子昏过去，倒在地上了。

"他父亲远远看见这种样子，就对使者说：'不要这个人了，不需要硬让他来。'就用冷水洒在他脸上，让他醒了过来，就再也没跟他说什么。为什么呢？父亲得知这孩子志趣根性都很低下，用豪华富贵去诱导他，他难以接受。父亲看看，发现这人确实是他儿子，就决定用方便来开导他，也不对别人讲是他儿子。使者对穷儿子说：'现在我放你走，随你往哪儿去。'穷儿子很高兴，没想到会放了他，马上爬起来，到贫民区去讨衣乞食去了。

"父亲准备用方便法门来诱导接引儿子，于是秘密地派两个面色憔悴、毫无威德的人，对他们讲：'你们俩到那儿去，好好地跟他说，说这里有事情请他做，报酬是他讨乞的数倍。他要是答应了，就让他来做。如果他想问做什么活，就告诉他：是掏大粪，我们俩和你一起掏。'于是两人就去了，把穷儿子找到后，就把上面的事都对他讲了。

"那时，穷儿子先是问什么价码的酬金，就来做活了。父亲看到儿子来了，非常可怜他，责备他怎么混到这个地步。有一天，父亲在窗口远远看见儿子瘦弱的身子，憔悴的脸色，满身的粪土和灰尘，污秽不堪，于是就脱掉身上的璎珞细软之衣，去掉各种庄严饰具，也穿上那种粗弊的、充满污垢的衣服，浑身洒满尘土，右手拿着除粪的工具，样子有些害怕。他对那些掏大粪的人说：'你们都好好做，不要偷懒。'用这种方便，他才和儿子接近。后来，他又说：'嗨！小伙子，你就在这里一直给我掏大粪吧，别再走了，我会给你加酬金的。平常你需要什么，比如盆瓢锅碗、米面盐醋之类的，不要为难，自有老夫派人给你送来。你安心在这里好好做，我就像你的父亲一样，不要再有什么忧虑了。为什么呢？我年纪比你大，而你还年轻少壮啊！你做活时，不要说欺瞒、怠慢、嗔恚、恼恨、抱怨之类的话，当然我也没发现你有这些恶业，就像其他这些做活的人那样。从今以后，我把你当自己的孩子看待。'这时，他又给穷子起了一个名字，叫作'儿'。那个时候，穷子虽然对这种际遇很高兴，但还是觉得自己是暂时在这里做活的下贱之人。

"由于那位父亲说了这话，因此，后来的二十年中，一直叫穷子掏大粪。不过从此以后，心里慢慢也就相信这个父亲，所以进出大院都很自由，但还是住在原来的地方。

"世尊，那时，这位父亲生了病，知道自己将不久于人世了，就对穷儿子说：'我有很多的金银珍宝，仓库都放不下了，这些财产的数量，及应该支出收进的情况，我都让你知道。我这么做，你应该体会到我的意思。为什么？现在我把财产给了你，你就和我没什么两样了，所以你要加倍小心，不要让它们有遗漏损失。'

"那时候，穷儿子就听受了他的教诲，被领着去看众多的财物，金银珍宝，以及那些仓库的库藏情况，但穷儿子没有从中求取，哪怕是一顿饭的想法，还是住在老地方，还没有舍弃原来的那种下根劣性。

"又过了不久，父亲发现穷子的想法，已经渐渐地通畅而没有阻隔了，要成就大志向了，对自己以前的想法都感到可鄙了。临终之际，父亲把他的儿子以及亲族、国王、大臣、刹帝利、居士，都叫到跟前来，宣布道：'各位先生们要知道，这位是我的儿子，是我生的，在某城离开我逃走了，辛苦奔波了五十多年。他本来叫某某，我叫某某。以前我在本城满怀忧伤，到处寻找他，忽然就在这里遇上了。他确实是我儿子，我确实是他父亲。现在我所拥有的一切财物，都归我儿子所有。以前我也把我的财产都带他看过了，这些你们也知道。'

"世尊，这时穷儿子听父亲这么一说，非常高兴，得到了前所未有的东西。他这样想：我本来也没想要得到什么，现在这些宝藏却自然而然地来到了。

原典

　　"世尊，大富长者则是如来，我等皆似佛子。如来常说我等为子。世尊，我等以三苦故，于生死中受诸热恼，迷惑无知，乐着小法①。今日世尊令我等思惟，蠲除诸法戏论②之粪，我等于中勤加精进，得至涅槃一日之价。既得此已，心大欢喜，自以为足，便自谓言，于佛法中勤精进故，所得弘多。然世尊先知我等心着弊欲，乐于小法，便见纵舍，不为分别，汝等当有如来知见宝藏之分。世尊以方便力说如来智慧，我等从佛得涅槃一日之价，以为大得，于此大乘无有志求。我等又因如来智慧为诸菩萨开示演说，而自于此无有志愿。所以者何？佛知我等心乐小法，以方便力，随我等说，而我等不知真是佛子。

　　"今我等方知，世尊于佛智慧无所吝惜。所以者何？我等昔来真是佛子，而但乐小法。若我等有乐大之心，佛则为我说大乘法，于此经中唯说一乘，而昔于菩萨前毁訾声闻乐小法者。然佛实以大乘教化，是故我等说：'本无心有所希求，今法王大宝③自然而至。'如佛子所应得者，皆已得之。"

　　尔时，摩诃迦叶欲重宣此义，而说偈言……

①**小法**：小乘之法。

②**戏论**：错误无益的言论，也指世人对事物的正常见解，特别是用语言概念表达的见解。

③**法王大宝**：法王所具有的佛法大宝藏。佛因为于佛法自在，而称法王。

译文

"世尊，这个十分富有的父亲是如来，我们都像如来的孩子一般。如来经常说我们是佛子。世尊，我们因为有三苦，所以在生死之中受各种烦恼的煎熬，心中迷惑而无知，贪图于小法。今天世尊使我们清除了思想中的诸法戏论之大粪，我们就能更加精进努力，得到了涅槃这个价码的酬金。得到以后，心中无比欢喜，自以为足够了，便自言自语说：'只要勤加精进，那么就能得到很多的佛法。'但是世尊并不因为已经知道我们心中染着的种种低下的欲望，喜欢追求小法，便舍弃我们，而是分别为我们说方便之法，'你们一定会得到如来知见这个宝藏的'。世尊用方便之力演说如来智慧，我们从佛那里得到的涅槃一天的酬劳，就以为得到了大法，而对于大乘佛法，就不再追求了。我们因为如来用智慧为各位菩萨开示佛法深妙义，而对于这种深妙佛法不想去追求。为什么？因为佛知道我们心中喜欢小法，所以用方便力为我们说法，而我们也不知道自己是真佛子。

"现在我们才知道，世尊并非是吝惜，不肯为我们讲佛法大智慧。为什么？因为我们原来真是佛子，而只执着小法。要是我们有追求大法的决心，佛就要为我们说大乘法了。佛在这部经中只说一乘，而以前在菩萨面前却批评声闻乘人贪着小法。所以知道，佛所讲的三乘都不是实法，佛实际上是用一乘来教化。因此我们说：'本来不希望有什么所得了，今天法王大宝却自然而然地来到了。'凡是佛子应该得到的东西，我们都已经得到了。"

那时候，摩诃迦叶想再次表达他的意思，就说出了这样的偈颂……

3 卷三

药草喻品第五

药草喻①品第五

　　尔时，世尊告摩诃迦叶及诸大弟子："善哉！善哉！迦叶善说如来真实功德，诚如所言。如来复有无量无边阿僧祇功德，汝等若于无量亿劫说，不能尽。迦叶当知，如来是诸法之王，若有所说，皆不虚也。于一切法，以智方便而演说之，其所说法，皆悉到于一切智地②。如来观知一切诸法之所归趣，亦知一切众生深心所行，通达无碍。又于诸法究尽明了，示诸众生一切智慧。

"迦叶，譬如三千大千世界山川、溪谷、土地所生卉木、丛林及诸药草，种类若干，名色各异。密云③弥布，遍覆三千大千世界，一时等澍，其泽普洽卉木丛林及诸药草小根小茎，小枝小叶，中根中茎，中枝中叶，大根大茎，大枝大叶，诸树大小，随上中下④，各有所受。一云所雨，称其种性而得生长，华果敷实。虽一地所生，一雨所润，而诸草木，各有差别。

"迦叶，当知如来亦复如是，出现于世，如大云起。以大音声普遍世界天、人、阿修罗，如彼大云遍覆三千大千国土。于大众中而唱是言：'我是如来、应供、正遍知、明行足、善逝、世间解、无上士、调御丈夫、天人师、佛世尊，未度者令度，未解者令解，未安者令安，未涅槃者令得涅槃。今世后世，如实知之。我是一切知者⑤，一切见者⑥，知道者⑦，开道者⑧，说道者。汝等天、人、阿修罗众皆应到此，为听法故。'

"尔时，无数千万亿种众生来至佛所而听法，如来于时观是众生诸根利、钝、精进、懈怠，随其所堪而为说法，种种无量，皆令欢喜，快得善利。是诸众生闻是法已，现世安隐，后生善处，以道受乐，亦得闻法。既闻法已，离诸障碍，于诸法中任力所能，渐得入道。如彼大云雨于一切卉木、丛林及诸药草，如其种性，具足蒙润，各得生长。如来说法，一相一味⑨，所谓解脱相⑩、离相⑪、灭相⑫，究竟至于一切种智。其有众生闻如来法，若持读诵，如说修行，所得功德，不自觉知。所以者何？唯有如来知此众生种相体性⑬，念何事，思何事，修何事。云何念？云何思？云何修？以何法念？以何法思？以何法修？以何法得何法？众生住于种种之地，唯有如来如实见之，明了无碍。如彼卉木、丛林、诸药草等，而不自知上中下性。如来知是一相一味之法，所谓解脱相、离相、灭相，究竟涅槃常寂灭相，终归于空。佛知是已，观众生心欲而将护之，是故不即为说一切种智。汝等迦叶，甚为希有，能知如来随宜说法，能信能受。所以者何？诸佛世尊，随宜说法，难解难知。"

尔时，世尊欲重宣此义，而说偈言……

注释

①**药草喻**：法华七喻之一，三草二木是权，一地一雨是实。

②**一切智地**：证得一切智的果位，即佛果位。

③**密云**：或称大云，喻指如来一乘法门。一云所雨，普施万物；一法所施，普度众生。

④**上中下**：指草木具有的不同根性，喻众生的不同根性。上者，即大根茎枝叶，喻指利根众生；中者，即中根茎枝叶，喻中等根性的众生；下者，即小根茎枝

叶，喻指钝根众生。

⑤**一切知者**：具足一切佛知见、佛智慧的人。

⑥**一切见者**：义同于"一切知者"。

⑦**知道者**：这个"知"作"知晓""理解"来解释，不指"知见"。指知晓、理解佛法真理的人。

⑧**开道者**：向众生揭开、揭示佛道真谛的人。

⑨**一相一味**：如来虽然种种说法，但都只是一相法、一味法。一相，诸法平等，没有差别，都是同一究竟相。一味，诸法理趣，唯一无二，都归于同一究竟味。

⑩**解脱相**：三相之一，是没有生死之相。

⑪**离相**：三相之二，指无涅槃之相。

⑫**灭相**：三相之三，非有非无之相，中道之相。既是没有涅槃之相的无相，又连这个无相也没有，而成中道之灭相。

⑬**种相体性**：种，指根器；相，诸法的外在相状；体，众生的质体，色与心的合成之体；性，指诸法的内在本性或理性。

译文

那时候，世尊告诉摩诃迦叶及所有的大弟子说："好啊！好啊！迦叶很好地表述了如来的真实功德，确实如你讲的一样。如来还有无数无量，无边无际阿僧祇的功德，你们如果就是在无数亿的劫来说这种如来功德，那也说不尽。迦叶，要知道如来是众法之王，他要是说法的话，凡是他说的，都不是虚妄的。在一切法中，用佛智慧方便而说佛法，他所说的法，都能到达一切智的境地。如来通过观察，就能知道一切诸法的归趣之所在，也知道一切众生心中在想什么，了知一切，畅通无阻。如来又在洞悉了万法的本质之后，向众生开示佛的一切智慧。

"迦叶，譬如三千个大千世界之中，所有高山大川、溪流谷地等土地上所生长有花卉、树木、丛林及各种药草，种类很多，名称和颜色也各有不同。当密云弥漫，遍布覆盖三千大千世界时，忽然间下起了及时雨，雨水恩泽普施给所有的花卉、树木、丛林及各种的药草，它们的大大小小、上上下下，不管是小根小茎，小枝小叶，还是中根中茎，中枝中叶，或是大根大茎，大枝大叶，不管大树小木，从上部到中间，再到下面，都受到雨水的滋润。同一团云所下的雨，得到它滋润而生长的华木果树，则开鲜华，结果实。虽然是同一块土地所生长，同一阵雨所浇灌，但各种华草树木，却有差别。

"迦叶，要知道如来也是这样，他出现在世界上，就如同大云生起。如来用大声音遍及世界的天、人及阿修罗，就如大云普遍覆盖三千大千世界的一切国土。如来对大家这样说：'我是如来、应供、正遍知、明行足、善逝、世间解、无上士、调御丈夫、天人师、佛世尊。没有度脱的，我使他度脱；没有理解的，我帮助他理解；没有得安隐的，我让他得安隐；没有涅槃的，我让他涅槃。今世和后世，我都知道。我是知道一切的，我是能看到一切的。我懂得佛法之道，我开示佛法，我演说佛法。你们这些天、人、阿修罗们，都应该到这里来听受我开讲佛法。'

"那时，无数个千万亿种众生都来到佛这里听法，如来在这个时候就观察众生的根性利钝以及是否精进，或是懈怠，根据这种观察的不同结果，而为他们演说种种佛法，都使他们欢喜，并很快就得到大善利。这些众生听受了这种佛法之后，在现世就能安稳，在后世也能投生在好地方，享受着佛道的欢乐，也能够听受到佛法。听到佛法之后，就能脱离各种障碍。在佛法中，根据不同的根性和努力情况，渐渐地就能进入佛大智慧中。这就像大云之雨，一切花卉草木、丛林药草，都能得到它的滋润，得雨水之性，而各自生长。如来说法，都是一相，像大雨都是一味，是解脱相、离欲相、灭度相，都是通向一切种智的究竟法门。如果有众生听到如来说法，而能够奉持、研读、念诵，按照如来所说的那样去修行，所得到的大功德，自己还不知道。为什么？

因为只有如来才知道众生的种、相、体、性，知道众生
想念什么，思考什么，修持什么。知道众生如何想念，
如何思考，如何修持。知道众生用什么法门作指导来想
念，以什么法门作指导来思考，以什么法门作指导来修
持，用什么样的方法来证得什么样的佛法。众生所证得
的种种不同的境地，只有如来能够真实地了知，洞达无
碍。这就像那些华卉草木、丛林药草等等，并不知道自
己是上性、中性，或是下性。如来知道，他所说的这种
一相之法，一味之法，即所谓的解脱相、离欲相、寂灭
相，都是达到究竟涅槃的常寂灭相，都将归于空。佛知
道这一点后，了解到众生心中所想，而要保护他们，所
以不马上说一切种智。你们迦叶这些人，也很不错的，
能够知道如来是随机而方便说法，能够相信，能够听
受。为什么？诸佛世尊，随机所说法，一般人是难以理
解、难以知道的。”

那时，世尊为了重新表达这个思想，而说偈颂……

授记品第六

原典

尔时，世尊说是偈已，告诸大众，唱如是言："我此弟子，摩诃迦叶，于未来世，当得奉觐三百万亿诸佛世尊，供养恭敬，尊重赞叹，广宣诸佛无量大法，于最后身①得成为佛，名曰光明如来、应供、正遍知、明行足、善逝、世间解、无上士、调御丈夫、天人师、佛世尊。国名光德，劫名大庄严。佛寿十二小劫，正法住世二十小劫，像法亦住二十小劫。国界严饰，无诸秽恶，瓦砾荆棘，便利不净。其土平正，无有高下，坑坎堆阜。琉璃为地，宝树行列，黄金为绳，以界道侧。散诸宝华，周遍清净。其国菩萨，无量千亿，诸声闻众，亦复无数。无有魔事②，虽有魔及魔民③，皆护佛法。"

尔时，世尊欲重宣此义，而说偈言……

尔时，大目犍连、须菩提、摩诃迦旃延等，皆悉悚栗，一心合掌，瞻仰尊颜，目不暂舍，即共同声而说偈言：

　　　　大雄猛世尊，诸释之法王，

　　　　哀愍我等故，而赐佛音声。

　　　　若知我深心，见为授记者，

如以甘露洒，除热得清凉。

如从饥国来，忽遇大王膳，

心犹怀疑惧，未敢即便食，

若复得王教，然后乃敢食。

我等亦如是，每惟小乘过，

不知当云何，得佛无上慧。

虽闻佛音声，言我等作佛，

心尚怀忧惧，如未敢便食，

若蒙佛授记，尔乃快安乐。

大雄猛世尊，常欲安世间，

愿赐我等记，如饥须教食。

注释

①**最后身**：生死界中的最后之身，指阿罗汉及等觉菩萨之身。

②**魔事**：恶魔所做的障碍佛道的事。

③**魔民**：魔界的民众。

译文

那时，世尊说完这段偈颂之后，就告诉大众这样的话："我这个弟子，摩诃迦叶，在未来世时，将供奉觐见三百万亿个诸佛世尊，供养佛，恭敬佛，尊重佛，赞叹佛，广泛宣说诸佛具有的无数大法，最后修证成佛，名号是光明如来、应供、正遍知、明行足、善逝、世间解、无上士、调御丈夫、天人师、佛世尊。他的佛国名为光德，他的劫叫大庄严，寿命十二小劫，正法期二十小劫，像法期也是二十小劫。佛国内庄严华饰，没有各种污秽丑恶、瓦砾荆棘，也没有大小便等不净之物。土地平坦方正，没有高低不平的现象。以琉璃为大地，地上宝树成行成列，黄金为绳，作为道路界线标识。地上散满各种宝华，遍地清净。他的佛国中的菩萨，有无数千亿，声闻乘众生也有无数。没有恶魔去做障碍佛道的事，虽然有魔和魔界民众的存在，但他们都是护卫佛法的。"

这时，世尊想重新宣说这一意义，而说偈颂……

这时，大目犍连、须菩提和摩诃迦旃延等人，都因感到害怕而发抖，都一心合掌，瞻仰世尊容颜，目光没有一刻离开。他们同声而说偈颂：

> 大雄勇猛世尊，佛教中的法王，
> 请您同情我们，赐给佛的声音。
> 要知我们心中，看到佛的授记，
> 如同甘露洒下，消热而得清凉。

如从饥饿国来，突遇大王之膳，

心中还存疑惧，不敢马上就吃，

大王教过吃法，然后才敢去吃。

我们也是这样，虽从小乘中过，

但还不知如何，能得无上佛智。

虽然听世尊说，我们也能成佛，

心中忧惧还在，就像不敢食膳，

如能受佛授记，而得庆快安乐。

大雄威猛世尊，常想令世间安，

请求赐予授记，饥者必须教食。

原典

尔时，世尊知诸大弟子心之所念，告诸比丘："是须菩提，于当来世奉觐三百万亿那由他佛，供养、恭敬、尊重、赞叹，常修梵行，具菩萨道，于最后身得成为佛，号曰名相如来、应供、正遍知、明行足、善逝、世间解、无上士、调御丈夫、天人师、佛世尊。劫名有宝，国名宝生。其土平正，玻璃为地，宝树庄严，无诸丘坑、沙砾、荆棘、便利之秽，宝华覆地，周遍清净。其土人民皆处宝台，珍妙楼阁。声闻弟子，无量无边，算数譬喻所不能知。诸菩萨众无数千万亿那由他。佛寿十二小劫，正法住世二十小劫，像法亦住二十小劫。其佛常处虚空为众说法，度脱无量菩萨及声闻众。"尔时，世尊欲重宣此义，而说偈言……

　　尔时，世尊复告诸比丘众："我今语汝，是大迦旃延于当来世以诸供具，供养、奉事八千亿佛，恭敬尊重。诸佛灭后，各起塔庙，高千由旬。以金、银、琉璃、车渠①、玛瑙、真珠、玫瑰七宝合成，众华璎珞，涂香、末香、烧香，缯盖幢幡，供养塔庙。过是已后，当复供养二万亿佛，亦复如是。供养是诸佛已，具菩萨道，当得作佛，号曰阎浮那提金光如来②、应供、正遍知、明行足、善逝、世间解、无上士、调御丈夫、天人师、佛世尊。其土平正，玻璃为地，宝树庄严，黄金为绳，以界道侧。妙华覆地，周遍清净，见者欢喜。无四恶道：地狱、饿鬼、畜生、阿修罗道，多有天人诸声闻众，及诸菩萨无量万亿，庄严其国。佛寿十二小劫，正法住世二十小劫，像法亦住二十小劫。"

　　尔时，世尊欲重宣此义，而说偈言……

　　尔时，世尊复告大众："我今语汝，是大目犍连当以种种供具供养八千诸佛，恭敬尊重。诸佛灭后，各起塔庙，高千由旬，纵广正等五百由旬。以金、银、琉璃、车渠、玛瑙、真珠、玫瑰七宝合成，众华璎珞，涂香、末香、烧香，缯盖幢幡，以用供养。过是已后，当复供养二百万亿诸佛，亦复如是。当得成佛，号曰多摩罗跋旃檀香如来③、应供、正遍知、明行足、善逝、世间解、无上士、调御丈夫、天人师、佛世尊。劫名喜满，国名意乐。其土平正，玻璃为地，宝树庄严，散真珠华，周遍清净，见者欢喜。多诸天人，菩萨、声闻，其数无量。佛寿二十四小劫，正法住世四十小劫，像法亦住四十小劫。"尔时，世尊欲重宣此义，而说偈言……

注释

①**车渠**：也作砗磲，海中的一种大贝，背上花纹如同车轮之渠。后人又在车渠旁加上"石"字，而成"砗磲"。为七宝之一。

②**阎浮那提金光如来**：大迦旃延来世成佛后的佛名。阎浮那提金是一种金的名称，色泽金黄，带有紫焰之气。"阎浮"是一种树的名称，"那提"指河。阎浮树下有河，河中产金，金名"阎浮那提金"。

③**多摩罗跋旃檀香如来**：大目犍连在来世成佛后的佛名。"多摩罗跋"意为性无垢贤，以此形容旃檀香，而称"多摩罗跋旃檀香"。

译文

这时，世尊知道大弟子们心中所想，就告诉比丘们说："这位须菩提，在来世中敬奉觐见三百万亿那由他的诸佛，供养佛，恭敬佛，尊重佛，赞叹佛，经常修持梵行，具足菩萨之道行，在最后身时证成佛果，佛号为名相如来、应供、正遍知、明行足、善逝、世间解、无上士、调御丈夫、天人师、佛世尊。他的劫叫作有宝，国名叫作宝生。国土平整方正，玻璃为地，以宝树庄严华饰，没有坑穴丘陵、沙砾荆棘之类，也没有大小便等污秽物。地面以宝华覆盖，普遍清净无污。国中的人民，都居住在宝台或珍楼妙阁。声闻弟子无数，其数量难以言喻，菩萨数为无数千万亿的那由他。佛寿十二小劫，正法期为二十小劫，像法期也是二十小劫。佛常在虚空之中为众生说法，度脱无数的菩萨和声闻众生。"这时，世尊想重申此意，而说偈颂……

这时，世尊又告诉众比丘说："我现在告诉你们，这位大迦旃延在来世用各种供具来供养和敬奉八千亿佛，恭敬佛，敬重佛。在诸佛灭后，他为他们分别造起塔庙，高一千由旬。又用金、银、琉璃、砗磲、玛瑙、珍珠、玫瑰七宝，以及各种华璎珞，涂香、末香和烧香，缯盖幢幡等等，供养塔庙。在此之后，还须再供养二万亿佛，供养方法也是这样。供养完这些佛之后，就具足了菩萨道，就能成佛，佛号为阎浮那提金光如来、应供、正遍知、明行足、善逝、世间解、无上士、调御丈夫、天人师、佛世尊。国土平整方正，以玻璃为地，宝树庄严，以黄金为绳，作为道路界线。奇妙的华卉覆盖地面，普遍清净无污，凡是见到这种国土的人，都心生欢喜。国土中没有地狱、饿鬼、畜生、阿修罗道这四恶道，而充满了天人声闻众生和无量万亿的菩萨。佛寿十二小劫，正法期二十小劫，像法期也是二十小劫。"

这时，世尊想重申此意，而说偈颂……

这时，世尊又告诉大家说："我今天告诉你们，这位大目犍连应当用种种供具供养八千个佛，恭敬佛，敬重佛。在诸佛灭后，他将要造起塔庙，高为一千由旬，纵横相等，都是五百由旬。又以金、银、琉璃、砗磲、玛瑙、珍珠、玫瑰等七宝合成，还以各种华璎珞，涂香、末香、烧香，缯盖幢幡等物来供养塔庙。在此之后，应当再供养二百万亿诸佛，供养方法也是如此。这样供养之后，定能成佛，佛的名号是多摩罗跋旃檀香如来、应供、正遍知、明行足、善逝、世间解、无上士、调御丈夫、天人师、佛世尊。他的劫名为喜满，国名意乐。佛国内，土地平整方正，以玻璃为地，用宝树庄严，撒满珍珠和华卉，遍地清净无污，凡见到这一国土的人，都心生欢喜。国土中天人、声闻和菩萨的数量很多。佛寿二十四小劫，正法住世四十小劫，像法期也是四十小劫。"那时，世尊想重申此意，而说偈颂……

化城喻品第七

佛告诸比丘："乃往过去无量无边不可思议阿僧祇劫，尔时有佛，名大通智胜如来[①]、应供、正遍知、明行足、善逝、世间解、无上士、调御丈夫、天人师、佛世尊。其国名好城，劫名大相。诸比丘，彼佛灭度已来，甚大久远，譬如三千大千世界所有地种，假使有人磨以为墨，过于东方千国土乃下一点大如微尘，又过千国土复下一点，如是展转尽地种墨，于汝等意云何？是诸国土，若算师，若算师弟子，能得边际，知其数不？"

"不也，世尊。"

"诸比丘，是人所经国土，若点、不点，尽抹为尘，一尘一劫。彼佛灭度已来，复过是数无量无边百千万亿阿僧祇劫。我以如来知见力故，观彼久远，犹若今日。"

尔时，世尊欲重宣此义，而说偈言……

注释

①**大通智胜如来：**三千尘点劫以前出世的如来，他

在世时，有十六个王子出家做沙弥，他们各升法座，为大家讲《法华经》。其中第九个沙弥现在已经成佛，即阿弥陀佛，第十六个沙弥成佛，就是释迦牟尼。

译文

　　佛告诉各位比丘说："在过去世中，远至无数无量的、无边无际的、不可思议的阿僧祇劫的时候，有一个佛，名叫大通智胜如来、应供、正遍知、明行足、善逝、世间解、无上士、调御丈夫、天人师、佛世尊。他的国名叫'好城'，他所在的劫，名叫'大相'。比丘们，这位佛灭度了很长时间了。究竟经历了多长时间了呢？譬如，三千大千世界的所有土地，假如有人用来磨成墨，与他所经历的东方千国之地来讲，只是如微尘般小的一点。而这个千国之地，也只是他后来经历的国土的一粒微尘。这样辗转不尽，把这么多的国土之地都磨成墨的话，你们想一想，他所经过的这些国土，就是请计算大师，以及他们的弟子都来算，能算出来是多少吗？"

　　"算不出，世尊。"

　　"比丘们，把这位佛所经历的国土，都磨为微尘，那么，他所经过的劫数，以这些微尘，一尘算一劫。他灭度以来，就是又经过了这样无数无量、无边无际的百千万亿阿僧祇劫的时间了。我用如来知见之力，看到这么久远的事，就好像在今天一样。"

那时，世尊为了重宣此义，说了这样的偈颂……

原典

佛告诸比丘："大通智胜佛寿五百四十万亿那由他劫。其佛本坐道场破魔军^①已，垂得阿耨多罗三藐三菩提，而诸佛法不现在前。如是一小劫，乃至十小劫结跏趺坐，身心不动，而诸佛法犹不在前。尔时，忉利诸天先为彼佛于菩提树下敷师子座，高一由旬，佛于此坐，当得阿耨多罗三藐三菩提。适坐此座时，诸梵天王雨众天华面百由旬，香风时来，吹去萎华，更雨新者。如是不绝，满十小劫，供养于佛。乃至灭度，常雨此华。四王诸天为供养佛，常击天鼓，其余诸天作天伎乐，满十小劫，至于灭度，亦复如是。

"诸比丘，大通智胜佛过十小劫，诸佛之法乃现在前，成阿耨多罗三藐三菩提。其佛未出家时，有十六子，其第一者名曰智积。诸子各有种种珍异玩好之具，闻父得成阿耨多罗三藐三菩提，皆舍所珍，往诣佛所，诸母涕泣而随送之。其祖转轮圣王^②与一百大臣及余百千万亿人民，皆共围绕，随至道场，咸欲亲近大通智胜如来，供养恭敬，尊重赞叹。到已，头面礼足，绕佛毕已，一心合掌，瞻仰世尊，以偈颂曰……

尔时，十六王子偈赞佛已，劝请世尊转于法轮，咸作是言："世尊说法多所安隐，怜愍饶益诸天人民。"重说偈言……

注释

①**魔军**：魔王的军兵。佛在成道时，第六天魔王带领眷属来妨碍如来成道，佛以神力降伏了他们。另外，一切障碍佛道之事也叫魔军。

②**转轮圣王**：略称转轮王或轮王。他具有三十二种身相，即位时，他由于天的感应而得到了轮宝，这种宝器分金银铜铁四类。轮王游行时，轮宝自行前进，制伏四方。

译文

佛告诉各位比丘说："大通智胜佛的寿命是五百四十万亿那由他的劫数。他原来坐在道场破除魔军之后，就得到了无上正等正觉，但是各种佛法没有出现在面前。于是他继续结跏趺坐，就这样一小劫，甚至十小劫地坐下去，身心不动，但各种佛法还没有在面前出现。那时，忉利各天预先为他在菩提树下摆好狮子座，高度为一由旬，佛如果在这上面坐，一定能得无上正等正觉。他刚在上面落座，各梵天的天王就撒下了天华，华如雨下，遍及一百由旬。又有阵阵香风不时吹来，吹去已萎缩的华，再撒下新华。就这样连续十个小劫撒华供养佛，甚至到佛灭度后，还经常撒下这样的华雨。四天王的诸天们为了供养佛，经常擂击天鼓，其他诸天则表演天伎天乐，这样供养了十小劫，一直到佛灭后，也是这样。

"比丘们，大通智胜佛经过十个小劫之后，各种佛法才出现在面前，成就无上正等正觉。这个佛出家之前，家里生了十六个儿子，第一个儿子叫'智积'。孩子们都有各种珍玩宝物，听说父亲成就了无上正等正觉，都抛下宝物，要到佛的道场去，母亲们含泪相送。他们的爷爷转轮圣王也在一百个大臣的伴随下，带着百千万亿人民，都围绕着王子们一起到佛道场来，都想亲近大通智胜如来，供养他，恭敬他，尊重他，赞叹他。到了之后，都以头和脸亲近佛的脚，环绕佛而行走。施完这些礼后，凝神合掌，抬头仰望着世尊，说了这样的偈颂……

那时，十六个王子用偈赞颂佛之后，就请世尊说法，他们都这样说："世尊，请您演说安隐妙法，怜惜同情众天的人民，给他们利益吧！"又重说了偈颂……

佛告诸比丘："大通智胜佛得阿耨多罗三藐三菩提时，十方各五百万亿诸佛世界，六种震动，其国中间幽冥①之处，日月威光所不能照，而皆大明，其中众生各得相见，咸作是言：'此中云何忽生众生？'又，其国界诸天宫殿乃至梵宫六种震动，大光普照，遍满世界，胜诸天光。尔时，东方五百万亿诸国土中梵天宫殿，光明照曜，倍于常明。诸梵天王各作是念：今者宫殿光明，昔所未有。以何因缘而现此相？是时诸梵天王即各相诣共议此事。时彼众中有一大梵天王名救一切，为诸梵众而说偈言：

> 我等诸宫殿，光明昔未有，
> 此是何因缘？宜各共求之。
> 为大德天生？为佛出世间？
> 而此大光明，遍照于十方。

"尔时，五百万亿国土诸梵天王与宫殿俱，各以衣裓盛诸天华，共诣西方，推寻是相。见大通智胜如来处于道场菩提树下，坐师子座，诸天、龙王、乾闼婆、紧那罗、摩睺罗伽、人非人等恭敬围绕，及见十六王子请佛转法轮。即时诸梵天王头面礼佛，绕百千匝，即以天华而散佛上，其所散华，如须弥山，并以供养佛菩提树，其菩提树高十由旬。华供养已，各以宫殿奉上彼佛，而作是言：'惟见哀愍，饶益我等，所献宫殿，愿垂纳处。'时诸梵天王即于佛前一心同声，以偈颂曰……

"尔时，诸梵天王偈赞佛已，各作是言：'惟愿世尊转于法轮，度脱众生，开涅槃道。'时诸梵天王一心同声而说偈言：

> 世雄两足尊②，惟愿演说法，
>
> 以大慈悲力，度苦恼众生。

"尔时，大通智胜如来默然许之。又，诸比丘，东南方五百万亿国土诸大梵王，各自见宫殿光明照曜，昔所未有，欢喜踊跃，生希有心，即各相诣，共议此事。时彼众中有一大梵天王名曰大悲，为诸梵众而说偈言：

> 是事何因缘，而现如此相？
>
> 我等诸宫殿，光明昔未有。
>
> 为大德天生？为佛出世间？
>
> 未曾见此相，当共一心求。
>
> 过千万亿土，寻光共推之，
>
> 多是佛出世，度脱苦众生。

"尔时，五百万亿诸梵天王与宫殿俱，各以衣裓盛诸天华共诣西北方，推寻是相。见大通智胜如来处于道场菩提树下，坐师子座，诸天、龙王、乾闼婆、紧那罗、摩睺罗伽、人非人等恭敬围绕，及见十六王子请佛转法轮。时诸梵天王头面礼佛，绕百千匝，即以天华而散佛上，所散之华，如须弥山。并以供养佛菩提树。华供养已，各以宫殿奉上彼佛，而作是言：'惟见哀愍，饶益我等，所献宫殿，愿垂纳受。'尔时诸梵天王即于佛前一心同声，以偈颂曰……

"尔时，诸梵天王偈赞佛已，各作是言：'惟愿世尊哀愍一切，转于法轮，度脱众生。'时诸梵天王一心同声而说偈言……

"尔时，大通智胜如来默然许之。

"又，诸比丘，南方五百万亿国土诸大梵王，各自见宫殿光明照曜，昔所未有，欢喜踊跃，生希有心，即各相诣，共议此事：'以何因缘，我等宫殿有此光曜？'时彼众中有一大梵天王名曰妙法，为诸梵众而说偈言……

　　我等诸宫殿，光明甚威曜，
　　此非无因缘，是相宜求之。
　　过于百千劫，未曾见是相，
　　为大德天生？为佛出世间？

"尔时，五百万亿诸梵天王与宫殿俱，各以衣裓盛诸天华，共诣北方，推寻是相。见大通智胜如来处于道场菩提树下，坐师子座，诸天、龙王、乾闼婆、紧那罗、摩睺罗伽、人非人等，恭敬围绕，及见十六王子请佛转法轮。时诸梵天王头面礼佛，绕百千匝，即以天华而散佛上，所散之华，如须弥山。并以供养佛菩提树。华供养已，各以宫殿奉上彼佛，而作是言：'惟见哀愍，饶益我等，所献宫殿，愿垂纳受。'

　　"尔时诸梵天王即于佛前一心同声，以偈颂曰……

　　"尔时，诸梵天王偈赞佛已，各作是言：'惟愿世尊转于法轮，令一切世间诸天、魔、梵、沙门、婆罗门，皆获安隐，而得度脱。'时诸梵天王一心同声，以偈颂曰……

　　"尔时，大通智胜如来默然许之。西南方乃至下方，亦复如是。

　　"尔时，上方五百万亿国土诸大梵王，皆悉自睹所止宫殿光明威曜，昔所未有，欢喜踊跃，生希有心，即各相诣，共议此事：'以何因缘，我等宫殿有斯光明？'时彼众中有一大梵天王名曰尸弃，为诸梵众而说偈言：

　　　　今以何因缘，我等诸宫殿，

　　　　威德光明曜，严饰未曾有？

如是之妙相，昔所未闻见，

为大德天生？为佛出世间？

"尔时，五百万亿诸梵天王与宫殿俱，各以衣祴盛诸天华，共诣下方，推寻是相。见大通智胜如来处于道场菩提树下，坐师子座，诸天、龙王、乾闼婆、紧那罗、摩睺罗伽、人非人等，恭敬围绕，及见十六王子请佛转法轮。时诸梵天王头面礼佛，绕百千匝，即以天华而散佛上，所散之华，如须弥山。并以供养佛菩提树。华供养已，各以宫殿奉上彼佛，而作是言：'惟见哀愍，饶益我等，所献宫殿，愿垂纳处。'时诸梵天王即于佛前一心同声，以偈颂曰……

"尔时，五百万亿诸梵天王偈赞佛已，各白佛言：'惟愿世尊转于法轮，多所安隐，多所度脱。'时诸梵天王而说偈言……

注释

①**幽冥**：指三恶道中真理之光照不到的地方。

②**两足尊**：有二意：一即佛的尊称，佛在两足类的有情众中，是第一尊贵的；二是以两足喻为权实、戒定、福慧、解行等，佛即具足此两足，能游行法界，无所障碍。

佛告诉各位比丘说："大通智胜佛得无上正等正觉时，十方诸佛世界，这些佛寿都在百万亿岁，都产生六种震动，他的国土中，凡是黑暗的地方，过去连日月之光都照不到，现在都有了大光明，大家都能互相看见对方。他们都这样说：'这里为什么突然会出现那么多的人来了？'他的国土中，各层次天上的宫殿，甚至梵王宫也都发生六种震动，大光明普照，充满了整个世界，远远胜过原来的天光。那时，东方世界中五百万亿个国中的梵王天宫殿，也是大光明照耀，普遍充满世界，无数倍于平常的光明。那些梵天的天王们都这样想：今天宫殿里怎么如此光明，以前从来没这样过。为什么会出现这种现象？这时候，各个梵天王都相约共同来讨论这一件事情，其中有一位叫作救一切的大梵天王，就对众天王说了这样的偈颂：

　　　　　我们的宫殿里，现从未有光明，

　　　　　这是什么原因？应该一起研究。

　　　　　是有大德出现，还是佛出世间？

　　　　　因而有大光明，遍照十方世界。

"那时，五百万亿国土中，各梵天王及宫殿，都用衣襁盛了各种天华，一起到西方去考察这种光明的究竟。他们发现是大通智胜如来在道场中的菩提树下，坐在狮子座里，各个天、龙王、乾闼婆、紧那罗、摩睺罗伽、人非人等，都恭敬围绕着他，又发现十六个王子请佛转法轮。这时，各位梵天王立刻以头和脸礼佛足，绕佛成百上千圈，并把天华撒在佛身上，所撒的天华，形状就如同须弥山。他们又把天华来供养菩提树，这棵菩提树高十个由旬。供养完天华后，又把宫殿献上，说道：'只希望您能怜悯我们，给我们利益，献上宫殿，万请收纳。'这时，梵天王们在佛面前，一心同声，演说偈颂……

"那时，梵天王们唱偈赞颂世尊之后，又都说道：'请世尊转佛法轮，度尽众生，开示涅槃之法。'这时，梵天王们又一心一意，齐声说偈：

> 世尊两足至尊，请您演说佛法，
> 运用大慈悲力，度脱痛苦众生。

"那时，大通智胜如来就默然应允了。还有，比丘们，东南方五百万亿国土中的大梵天王们，都发现宫殿里光明照耀，以前从来没有过这种现象，他们十分欢喜，踊跃不已，认为此事非常稀有，便相约共同商量这事。其中有一位名叫大悲的大梵天王，对大家说：

究竟是何原因，出现这种现象？

我们各个宫殿，出现未有光明。

是有大德出现，还是佛现世间？

从未见过此事，应当齐心协力。

跨过千山万水，寻找光明之源，

多半是佛出世，度脱苦难众生。

　　"那时，五百万亿国土的梵天王们和宫殿，用衣裓盛满天华，一起到西北方去寻找这种现象的原因，发现是大通智胜如来在道场中的菩提树下，坐在狮子座上，各位天、龙王、乾闼婆、紧那罗、摩睺罗伽、人非人等等，都恭敬围绕着他，又发现十六个王子请佛转法轮。于是，梵天王们用头和脸礼佛的脚，又绕佛成百上千圈，把天华撒在佛身上，所撒的花，形状大如须弥山。又把天华供养佛和菩提树。供养之后，又都把宫殿奉献给佛。他们说：'请怜悯我们，给我们大利益，献上宫殿，请您纳受。'那时，梵天王们就在佛面前，一心一意，同声齐诵道……

　　"那时，梵天王们赞颂完毕之后，都这样说道：'请世尊怜惜一切众生，转佛法轮，接度众生。'于是，梵天王们齐声诵偈……

　　"那时，大通智胜如来就默默允诺了。

"还有，比丘们，在南方五百万亿国土的大梵天王们，都发现宫殿里明亮无比，前所未有，因而非常兴奋，产生了稀有之心，于是大家相约来讨论此事，为什么我们的宫殿里会有这样的光明照耀？这时，其中有一位叫妙法的大梵天王就对大家说：

我们宫殿里，光明来照耀，

肯定有原因，应该来寻找。

过去百千劫，从来无此事，

究竟是大德，还是佛出世？

"那时，五百万亿国土的梵天王们各自带着他们庄严的宫殿，并用衣祴装着各种天华，一起到北方来寻求光明的根源，发现是大通智胜如来坐在道场中的菩提树下的狮子座里，诸天、龙王、乾闼婆、紧那罗、摩睺罗伽、人非人等等，都恭敬他，围绕他，又发现十六个王子请求佛开转法轮。于是，梵天王们以头和脸礼佛的足，围绕成百上千圈，就把天华撒在佛身上，这些华，形状大如须弥山。又把天华供养这棵菩提树。供养完毕以后，又将宫殿奉献。他们说：'请世尊同情怜悯我们，给我们利益，奉献的宫殿，请收下。'

"那时，梵天王们都在佛面前一心齐声诵偈……

"那时，梵天王们赞颂之后，都这样说：'请世尊转大法轮，使世间的一切诸天中的魔、梵、沙门、婆罗门，都能获得安隐而得解脱。'这时，梵天王们一心齐声而唱偈颂……

"那时，大通智胜如来默然应允了他们的请求。西南方以及下方的情况，也是这样。

"那时，上方五百万亿国土的大梵天王们，都亲眼目睹了所居住的宫殿中光明照耀，以前从未出现过这种情况，因此都十分欢喜，产生稀有之心。于是，他们相约一起讨论这事。是什么原因，我们的宫殿里有这样的光明？其中有一位叫尸弃的大梵天王，对众梵王说：

> 今天是何原因，我们的宫殿中，
>
> 都被光明照耀？从未有此严饰。
>
> 这种光明妙相，过去未听未见。
>
> 是有大德出世，或是佛现世间？

"那时，五百万亿上方国土的大梵天王们，带上宫殿，都用衣裓装满天华，都到下方世界来探寻究竟，发现原来是大通智胜如来在道场中的菩提树下，坐在狮子座上，诸天、龙王、乾闼婆、紧那罗、摩睺罗伽和人非人等等，都恭敬围绕着他，又发现十六个王子请佛转法轮。于是，梵天王们用头和脸面礼佛足，又围绕百千圈后，就把各种天华撒在佛身上，所撒的华，其数量可以堆成一个须弥山。又用天华供养菩提树。供养完后，又将宫殿奉献给佛，说道：'请佛同情怜悯我们，给我们利益，收下我们的宫殿吧！'那时，梵天王们齐声诵偈……

"那时，五百万亿梵天王们赞佛之后，都对佛说：'请世尊转大法轮，使我们得安隐而解脱。'于是，梵天王们各诵偈……

原典

"尔时，大通智胜如来受十方诸梵天王及十六王子请，即时三转十二行法轮①，若沙门婆罗门、若天魔梵，及余世间所不能转。谓是苦、是苦集、是苦灭、是苦灭道，及广说十二因缘法：无明缘行，行缘识，识缘名色，名色缘六入，六入缘触，触缘受，受缘爱，爱缘取，取缘有，有缘生，生缘老死忧悲苦恼。无明灭则行灭，行灭则识灭，识灭则名色灭，名色灭则六入灭，六入灭则触灭，触灭则受灭，受灭则爱灭，爱灭则取灭，取灭则有灭，有灭则生灭，生灭则老死忧悲苦恼灭。

"佛于天人大众之中说是法时，六百万亿那由他人，以不受一切法故，而于诸漏心得解脱，皆得深妙禅定，三明六通②，具八解脱③。

"第二、第三、第四说法时，千万亿恒河沙那由他等众生，亦以不受一切法故，而于诸漏心得解脱。从是已后，诸声闻众无量无边不可称数。

"尔时十六王子皆以童子出家而为沙弥，诸根通利，智慧明了，已曾供养百千万亿诸佛，净修梵行，求阿耨多罗三藐三菩提，俱白佛言：'世尊，是诸无量千万亿大德声闻，皆已成就，世尊亦当为我等说阿耨多罗三藐三菩提法。我等闻已，皆共修学。世尊，我等志愿如来知见，深心所念，佛自证知。'

"尔时，转轮圣王所将众中八万亿人见十六王子出家，亦求出家，王即听许。

"尔时，彼佛受沙弥请，过二万劫已，乃于四众之中说是大乘经，名《妙法莲华》，教菩萨法，佛所护念。说是经已，十六沙弥为阿耨多罗三藐三菩提故，皆共受持，讽诵通利。说是经时，十六菩萨沙弥皆悉信受。声闻众中亦有信解，其余众生千万亿种皆生疑惑。

"佛说是经于八千劫未曾休废，说此经已，即入静室，住于禅定，八万四千劫。是时，十六菩萨沙弥知佛入室，寂然禅定，各升法座，亦于八万四千劫，为四部众广说分别《妙法华经》，一一皆度六百万亿那由他恒河沙等众生，示教利喜④，令发阿耨多罗三藐三菩提心。

"大通智胜佛过八万四千劫已，从三昧起，往诣法座，安详而坐，普告大众：'是十六菩萨沙弥，甚为希有，诸根通利，智慧明了，已曾供养无量千万亿数诸佛，于诸佛所常修梵行，受持佛智，开示众生，令入其中。汝等皆当数数亲近而供养之，所以者何？若声闻、辟支佛及诸菩萨能信是十六菩萨所说经法，受持不毁者，是人皆当得阿耨多罗三藐三菩提如来之慧。'"

注释

①**三转十二行法轮**：简称三转法轮。佛在鹿野苑对声闻乘众生说苦、集、灭、道四谛时，有三次示转。一转是指示四谛的内容，这是苦，这是集，这是灭，这是道。二转则指示修四谛法，苦当知，集当断，灭当证，道当修。三转是佛以自己为例说明已修成了四谛法，苦谛我已知，苦集我已断，灭谛我已证，道谛我已修。这三转四谛，而成十二行相。一转是对上根众生，二转是对中根众生，三转是对下根众生。

②**三明六通**：阿罗汉所具的德行。三明指宿命明，了知自身和他身的前世的生死之相；天眼明，了知自身和他身在来世的生死之相；漏尽明，了知现世之苦，断灭一切烦恼。六通是指神足通、天眼通、天耳通、他心通、宿命通、漏尽通。

③**八解脱**：也称"八背舍"，是一种禅定类型，指通过八禅定而舍弃对色和无色的贪欲。

④**示教利喜**：指示善恶美丑，教众生舍恶行善，开导众生将得到善报之利益，并随众生的所行而加以赞叹，使他们心生欢喜。

译文

"那时，大通智胜如来受十方梵天王们和十六王子的恳请，当即就三转法轮，这种法轮都是像沙门、婆罗门、天魔梵及其余世间所不能转的。具体内容是：苦；苦之原因，即集；灭除痛苦；趋于道。为四谛。又讲十二因缘，即无明引起行，行引起识，识引起名色，名色引起六入，六入引起触，触引起受，受引起爱，爱引起取，取引起有，有引起生，生引起老死、忧悲苦恼。这些都缘于无明。无明灭，则行亦灭，行灭则识灭，识灭则名色灭，名色灭则六入灭，六入灭则触灭，触灭则受灭，受灭则爱灭，爱灭则取灭，取灭则有灭，有灭则生灭，生灭则老死、忧悲苦恼灭。

"佛在天、人大众中演说这些佛法时，六百万亿那由他的人因为不受一切法的缘故，而能以有漏心而得解脱，获得深妙定，而有三明、六通，具足八解脱。

"佛在第二、第三、第四时说法时，有千万亿如恒河沙数般那由他的众生，也因为不受一切法的缘故，而以有漏心得解脱。从此以后，声闻众生就多得无量无边，不可胜数。

"那时，十六王子都以童子出家，成为沙弥。他们六根清净通利，具足智慧光明，已经供养了百千万亿的佛，都净修梵行，求证阿耨多罗三藐三菩提。他们都对佛说：'世尊，这些无数千万亿的声闻大德都有所成就，世尊也应该为我们说无上正等正觉之法。我们听法后都修之学之。世尊，我们志于如来知见，心中深深系念佛所自证自知的佛法。'

"那时，转轮王身边的八万亿人，看到十六王子出家，也都要求出家，转轮王同意了。

"那时，这位佛受沙弥之请，已经过了二万劫了，于是对四众弟子，说这部大乘经，是《妙法莲华》，教授众佛所护念的菩萨法。说完这部经后，十六个沙弥为了证得阿耨多罗三藐三菩提，都受持此经，讽诵此经，智慧通利。说这部经时，十六位菩萨沙弥都能相信和接受，在声闻乘中也有能信解的。其余众生，有千万亿种，都有疑惑。

"佛说这部《法华经》，在八千劫的时间中一直没有停止。说完之后，就在静室中禅定，经八万四千劫。这时，十六位菩萨沙弥知道佛已经深入禅定，就分别登上法座，在八万四千劫中，为四众弟子演说《妙法华经》，每一位菩萨沙弥都度脱六百万亿那由他恒河沙数的众生，开示大乘教法，利益众生，使他们得大欢喜，发无上正等正觉之心。

　　"大通智胜佛经过了八万四千劫的禅定之后，从禅定中恢复过来，到法座，安详地坐在法座上，告诉大众说：'这十六位菩萨沙弥非常稀有，六根通利，智慧光明了达，已经供养了无量千万亿的众佛，又在众佛处经常修梵行，信受奉持佛智慧，开示众生，使他们入佛智慧之中。你们都应当多多亲近他们，供养他们。为什么呢？因为，如果声闻、辟支佛及众菩萨能信受这十六菩萨所说的佛经佛法，信受奉持而不加诋毁，那么，这些人一定能得无上正等正觉，得如来的智慧。'"

原典

　　佛告诸比丘："是十六菩萨常乐说是《妙法莲华经》，一一菩萨所化六百万亿那由他恒河沙等众生，世世所生与菩萨俱，从其闻法，悉皆信解。以此因缘，得值四万亿诸佛世尊，于今不尽。诸比丘，我今语汝，彼佛弟子十六沙弥，今皆得阿耨多罗三藐三菩提，于十方国土现在说法，有无量百千万亿菩萨、声闻以为眷属。其二沙弥东方作佛：一名阿閦，在欢喜国，二名须弥顶；东南方二佛：一名师子音，二名师子相；南方二佛：一名虚空住，二名常灭；西南方二佛：一名帝相，二名梵相；西方二佛：一名阿弥陀，二名度一切世间苦恼；西北方二佛：一名多摩罗跋旃檀香神通，二名须弥相；北方二佛：一名云自在，二名云自在王；东北方佛名坏一切世间怖畏；第十六，我释迦牟尼佛，于娑婆国土成阿耨多罗三藐三菩提。

"诸比丘，我等为沙弥时，各各教化无量百千万亿恒河沙等众生，从我闻法，为阿耨多罗三藐三菩提。此诸众生，于今有住声闻地者，我常教化阿耨多罗三藐三菩提。是诸人等，应以是法渐入佛道。所以者何？如来智慧难信难解。尔时，所化无量恒河沙等众生者，汝等诸比丘，及我灭度后，未来世中声闻弟子是也。我灭度后，复有弟子不闻是经，不知不觉菩萨所行，自于所得功德生灭度想，当入涅槃。我于余国作佛，更有异名，是人虽生灭度之想，入于涅槃，而于彼土求佛智慧得闻是经。唯以佛乘①而得灭度，更无余乘，除诸如来方便说法。

"诸比丘，若如来自知涅槃时到，众又清净，信解坚固，了达空法，深入禅定，便集诸菩萨及声闻众，为说是经。世间无有二乘②而得灭度，唯一佛乘得灭度耳。

"比丘，当知如来方便深入众生之性，知其志乐小法，深着五欲③，为是等故，说于涅槃，是人若闻，则便信受。

　　"譬如五百由旬险难恶道，旷绝无人，怖畏之处，若有多众欲过此道至珍宝处④。有一导师，聪慧明达，善知险道通塞之相，将导众人欲过此难。所将人众，中路懈退，白导师言：'我等疲极，而复怖畏，不能复进。前路犹远，今欲退还。'

　　"导师多诸方便，而作是念：此等可愍，云何舍大珍宝而欲退还？作是念已，以方便力，于险道中过三百由旬化作一城⑤，告众人言：'汝等勿怖，莫得退还，今此大城，可于中止，随意所作。若入是城，快得安隐。若能前至宝所，亦可得去。'是时疲极之众，心大欢喜，叹未曾有：'我等今者免斯恶道，快得安隐。'于是众人前入化城，生已度想，生安隐想。

　　"尔时，导师知此人众既得止息，无复疲倦，即灭化城，语众人言：'汝等去来，宝处在近。向者大城，我所化作，为止息耳。'

　　"诸比丘，如来亦复如是，今为汝等作大导师，知诸生死烦恼恶道险难长远，应去应度。若众生但闻一佛乘者，则不欲见佛，不欲亲近，便作是念：佛道长远，久受勤苦乃可得成。佛知是心怯弱下劣，以方便力，而于中道为止息故，说二涅槃⑥。若众生住于二地，如来尔

时即便为说：'汝等所作未办，汝所住地，近于佛慧。'

"当观察筹量，所得涅槃非真实也，但是如来方便之力，于一佛乘分别说三，如彼导师为止息故，化作大城。既知息已，而告之言：'宝处在近，此城非实，我化作耳。'"尔时，世尊欲重宣此义，而说偈言……

注释

①**佛乘**：指一佛乘。

②**二乘**：引导、教化众生达到解脱的二种方法、途径或教说，一般指声闻和缘觉二乘。

③**五欲**：为追求色声香味触五境而生起的五种情欲，这五欲是众生流转生死的直接原因。

④**珍宝处**：喻指诸法实相，或一佛乘。下文的"宝所"与此义同。

⑤**化作一城**：即化城喻，法华七喻之一，喻指小乘所达到的涅槃的方便，到珍宝所才是实。

⑥**二涅槃**：指有余涅槃和无余涅槃。

译文

佛告诫众比丘说："这十六菩萨经常以欢乐心演说这部《妙法莲华经》，每一菩萨又都化度六百万亿那由他恒河沙数的众生，使众生在每一世，都能与菩萨同在，从菩萨处听法，都能信解。由于这样的因缘，能够遇到四万亿的诸佛世尊，至今也没有穷尽。比丘们，我现在告诉你们，那些佛弟子十六沙弥，现在已经得到无上正等正觉，在十方国土中说法，有无数百千万亿菩萨、声闻作为他们的眷属。其中的两个沙弥是东方佛，一个叫作阿閦佛，在欢喜国，另一个叫作须弥顶；东南方有二佛，一个名叫师子音，一个叫作师子相；南方有二佛，一个叫虚空住，另一个是常灭；西南方有二佛，一是帝相佛，二是梵相佛；西方有二佛，一是阿弥陀，二是度一切世间苦恼；西北方有二佛，一是多摩罗跋旃檀香神通，二是须弥相；北方有二佛，一是云自在，二是云自在王；东北方的佛是坏一切世间怖畏；第十六佛，就是我释迦牟尼佛，在娑婆国土上成就无上正等正觉。

"比丘们，我们做沙弥时，每一个人都教化无数个百千万亿的恒河沙数的众生，他们从我听法，为了得到无上正等正觉。这些众生，现在是声闻乘的，我就经常教化阿耨多罗三藐三菩提。他们将因此而渐渐悟入佛道，为什么？因为如来智慧很难信受，难以理解。到那时，我所教化的无数恒河沙数的众生，就是你们这些比丘们，以及我灭度后未来世中的声闻弟子们。我灭度后，如果仍有些弟子没有听过这部经典，不知道，也没有觉悟菩萨所行的佛法，自己根据自身所得的功德而想入灭度，入涅槃中。我就在其余国土上做佛，改变佛名，那些人想入涅槃，在他们的国土上就可以求佛智慧，听受这部经典了。只有佛乘，才能得到灭度，更没有其余乘可以得灭度，除了如来的方便说法以外。

"比丘们，如来要是自己知道涅槃的到来，众生又是六根清净，信解佛法，坚固不移，了达性空之法，深入禅定之中。在这样的条件之下，如来就召集菩萨和声闻们，为他们说这部经典。世间并无二乘法可以得灭度，只有一佛乘才能得灭度。

"比丘们，你们应该知道，如来的方便，深入众生的本性，如来知道众生贪图于小法，深深染着于五欲，因此，为他们说涅槃法，他们如果听到此法，就能信受。

"譬如有一个五百由旬的险恶难道，空旷绝人烟，令人生畏，有很多人想经过这条路到一个珍宝地。有位导师很聪明，知道险道上的通塞情况，想引导大家经过这险道。众人走到半道就懈怠而退，对导师说：'我们已经极其疲劳，再加上恐惧害怕，不能再走了。前面的道路还很遥远，我们想退回去了。'

"导师有很多方便，他想：这些人真可怜，为什么要放弃大珍宝而想退还回去呢？有这想法之后，他就用方便力在险道中化出一个超过三百由旬的大城，告诉众人说：'你们不要害怕，不要回去，今天可以到这个大城中休息，你们随心所欲。如果进入这个城市，就能很快得到安隐。想去珍宝所，也很方便。'这时，这些疲劳至极的大众，心里十分欢喜，赞叹从未曾有的城市道：'我们今天可以避免这条险恶之道，很快就能得到安隐了。'于是，大家前往化城，都想着灭度，想着安隐。

"那时，导师知道他们已经得到休息，不再疲倦了，就灭了化城，对众人说：'你们快去吧，珍宝地就在附近。刚才的大城是我变化出来的，是为了使你们能够得休息啊！'

"比丘们，如来也是这样，今天作为你们的大导师，知道你们的生死烦恼之恶道危险艰难又长远，应该离开它，应当度过去。但是，如果众生只知道一佛乘，那么就不想见佛，不想去亲近了，而是这样想：成佛之道太长远，又要长时间地勤修受苦，才能成就。佛知道众生心存怯弱，是下劣心，就以方便力，在众生的修行中间，化说有余和无余二种涅槃。如果众生就在二种涅槃，不再前进了，如来便会对众生说：'你们的目标还没有达到，你们所住的二种涅槃地，非常接近佛慧了。'

"应当观察思量，众生所得，并非真实的涅槃，只是如来用方便力，把一佛乘分别说为三乘，就像那位导师为了止息众生的懈怠心，而化出大城。一旦知道懈怠心已息，就告诉他们说：'宝地就在附近，这个城并不是真城，而是我化出来的。'"那时，世尊为了重新宣说此意，而说偈颂……

4　卷四

五百弟子授记品第八

原典

　　尔时，富楼那弥多罗尼子从佛闻是智慧方便随宜说法，又闻授诸大弟子阿耨多罗三藐三菩提记，复闻宿世因缘之事，复闻诸佛有大自在①神通之力，得未曾有，心净踊跃，即从座起，到于佛前，头面礼足，却住一面，瞻仰尊颜，目不暂舍，而作是念：世尊甚奇特，所为希有，随顺世间若干种性，以方便知见而为说法，拔出众生处处贪着。我等于佛功德，言不能宣，唯佛世尊能知我等深心本愿。

　　尔时，佛告诸比丘："汝等见是富楼那弥多罗尼子不？我常称其于说法人中最为第一，亦常叹其种种功德，精勤护持、助宣我法。能于四众示教，利喜具足。解释佛之正法，而大饶益同梵行者，自舍如来，无能尽其言论之辩。汝等勿谓富楼那但能护持、助宣我法，亦于过去九十亿诸佛所，护持、助宣佛之正法，于彼说法人中亦最第一。又于诸佛所说空法，明了通达，得四无碍智②，常能审谛清净说法，无有疑惑，具足菩萨神通之力。随其寿命常修梵行，彼佛世人咸皆谓之实是声闻，而富楼那以斯方便饶益无量百千众生。又化无量阿僧祇人，令立阿耨多罗三藐三菩提。为净佛土故，常作佛事教化众生。

"诸比丘，富楼那亦于七佛说法人中而得第一，今于我所说法人中亦为第一，于贤劫③中当来诸佛说法人中亦复第一，而皆护持、助宣佛法，亦于未来护持、助宣无量无边诸佛之法，教化、饶益无量众生，令立阿耨多罗三藐三菩提。为净佛土故，常勤精进，教化众生，渐渐具足菩萨之道。过无量阿僧祇劫，当于此土得阿耨多罗三藐三菩提，号曰法明如来、应供、正遍知、明行足、善逝、世间解、无上士、调御丈夫、天人师、佛世尊。

"其佛以恒河沙等三千大千世界为一佛土，七宝为地，地平如掌，无有山陵、溪涧、沟壑。七宝台观充满其中，诸天宫殿近处虚空，人天交接，两得相见。无诸恶道，亦无女人，一切众生皆以化生，无有淫欲，得大神通，身出光明，飞行自在，志念坚固，精进智慧，普皆金色三十二相而自庄严。其国众生常以二食④：一者法喜食，二者禅悦食。有无量阿僧祇千万亿那由他诸菩萨众得大神通、四无碍智，善能教化众生之类。其声闻众，算数校计所不能知，皆得具足六通三明及八解脱。其佛国土有如是等无量功德庄严成就，劫名宝明，国名善净，其佛寿命无量阿僧祇劫，法住甚久。佛灭度后，起七宝塔，遍满其国。"尔时，世尊欲重宣此义，而说偈言……

注释

①**大自在**：由于广大无边的力量，做任何事都能成就。

②**四无碍智**：又称"四无碍解"。第一法无碍智，对于教法通达无滞。第二义无碍智，了达教法所表述的义理而通达无滞。第三辞无碍智，对各种言辞文句都能通达无碍。第四乐说无碍智，或辩说无碍。

③**贤劫**：指现在世中的住劫。

④**二食**：法喜食和禅悦食。听到佛法后生欢喜心，因而能够增长善根，有益于智慧，如同世间的食物，能

够养身健体，称法喜食。入禅定而得到愉悦快乐，能增长善根，有益于智慧，如同食物，能养身健体，称禅悦食。

译文

这时，富楼那弥多罗尼子从佛那里听到这种智慧和方便说法，又听说给各位大弟子授记，定成无上正等正觉，又听闻宿世因缘之事，又听到诸佛都具有大自在神通力，得到从未曾有的法门而心中清净，欢喜踊跃，于是就从座位上起来，到佛世尊面前，以自己的头礼敬佛足，立于一边，瞻仰世尊容颜，目光不曾有一刻离开。他这样想道：世尊真是非常奇特，所作所为也非常稀有，他能随顺世间许多的种性，用方便知见为众生说法，拔除众生的种种贪爱染着。我们对于佛的功德，无法用言语表述，唯有佛世尊能够了知我内心所希望的。

这时，佛告诉各位比丘说："你们发现这位富楼那弥多罗尼子了吗？我常常讲，他是说法人中的第一人。我也常常赞叹他能以种种功德，经常精心护持，帮助宣传我的法门。他能在四众弟子当中开示教化，使众生利益和欢喜具足。他解释佛的正法，使修梵行者都得利益，除了如来，没有人能够超过他的说法。你们不要以为富楼那只会对我的法门进行护持，帮助宣传弘扬，他也在过去九十亿诸佛那里，帮助他们，护持、弘传他们的正法，在那里的说法者中，他也是第一。对于诸佛所讲的空理，他都明了通达，得到了四无碍智，经常能够周密详尽而又清净地说法，没有疑惑，具足菩萨的神通之力。他能随其寿命而修持梵行，那里佛世界的人们都称他真是声闻，而富楼那以这种方便，使无数百千的众生得到利益。又教化无数阿僧祇的众生，令他们确立无上正等正觉之心。为了清净佛土的缘故，他常常做佛事来教化众生。

"比丘们，富楼那在七佛时的说法人当中也是第一，现在在我的说法人中也是第一，在贤劫，即现在的住劫中的诸佛的说法人中，他仍然是第一，他都护持和帮助弘宣佛法，在未来劫中，也护持和帮助弘宣无边无量诸佛的佛法，教化和饶益无数众生，使他们确立无上正等正觉之心。为了清净佛土的缘故，他经常努力精进教化众生，这样，他渐渐具足了菩萨功德。再经过无数阿僧祇劫之后，就在这片国土上证得无上正等正觉，佛号为法明如来、应供、正遍知、明行足、善逝、世间解、无上士、调御丈夫、天人师、佛世尊。

"他的佛国土，是以恒河沙数的三千大千世界为一佛国土，国土中以七宝为地，大地平坦如手掌，没有高山峻岭和溪涧沟壑等。七宝建成的楼台观阁，充满了国土。众天的宫殿都与虚空界接近，天人可以相交接，相见很方便。没有恶趣众生，也没有女人，一切众生都通过化生的方法出生，因而也没有淫欲，都得到了大神通，身上放出光明，能自由自在地飞行，而且意志信念异常坚固，常修精进和智慧行，都自有三十二金色相作为庄严。国土中的众生经常食用的饮食为二食，一是法喜食，二是禅悦食。有无数阿僧祇，千万亿那由他的众菩萨得到大神通力和四无碍智，都非常善于教化各类众生。佛国中又有不知其数的声闻乘人都得以具足了六通、三明以及三解脱。他的国土就有这么多无量功德来庄严。他的劫名叫宝明，佛国名叫善净，佛寿有无数的阿僧祇劫，佛法住世十分长久。他灭度后，起七宝塔，七宝塔遍满国土。"这时，世尊想重申此意，而说偈颂……

原典

尔时，千二百阿罗汉心自在者①作是念：我等欢喜，得未曾有。若世尊各见授记如余大弟子者，不亦快乎？佛知此等心之所念，告摩诃迦叶："是千二百阿罗汉，我今当现前，次第与授阿耨多罗三藐三菩提记。于此众中，我大弟子憍陈如比丘，当供养六万二千亿佛，然后得成为佛，号曰普明如来、应供、正遍知、明行足、善逝、世间解、无上士、调御丈夫、天人师、佛世尊。其五百阿罗汉，优楼频螺迦叶、伽耶迦叶、那提迦叶、迦留陀夷、优陀夷、阿㝹楼驮、离婆多、劫宾那、薄拘罗、周陀、莎伽陀等，皆当得阿耨多罗三藐三菩提，尽同一号，名曰普明。"尔时，世尊欲重宣此义，而说偈言……

注释

①**心自在者：**阿罗汉解脱一切障碍而得自在。

译文

这时，一千二百阿罗汉，都得到了自在心，这样想到：我们多么欢喜，得到了未曾有的佛法。如果世尊能够像授记于各大弟子一样也分别对我们授记，不是非常庆快之事吗？佛了解这些阿罗汉心中在想什么，就告诉摩诃迦叶说道："这一千二百个阿罗汉，我现在当场依次给他们授无上正等正觉记。他们当中，我的大弟子憍陈如比丘，将要供养六万二千亿佛，然后就能成佛。他的佛号是普明如来、应供、正遍知、明行足、善逝、世间解、无上士、调御丈夫、天人师、佛世尊。这些五百罗汉，像优楼频螺迦叶、伽耶迦叶、那提迦叶、迦留陀夷、优陀夷、阿㝹楼驮、离婆多、劫宾那、薄拘罗、周陀、莎伽陀等等，都将得到无上正等正觉，都是同一个佛号，叫作普明。"这时，世尊想重申此意，而说偈颂……

原典

尔时，五百阿罗汉于佛前得授记已，欢喜踊跃，即从座起，到于佛前，头面礼足，悔过自责："世尊，我等常作是念：自谓已得究竟灭度，今乃知之如无智者。所以者何？我等应得如来智慧，而便自以小智为足。世尊，譬如有人至亲友家，醉酒而卧。是时亲友官事当行，以无价宝珠系其衣里①，与之而去，其人醉卧都不觉知。起已游行，到于他国，为衣食故勤力求索，甚大艰难，若少有所得，便以为足。于后亲友会遇见之而作是言：'咄哉！丈夫何为衣食乃至如是？我昔欲令汝得安乐，五欲自恣，于某年日月以无价宝珠系汝衣里，今故现在，而汝不知，勤苦忧恼，以求自活，甚为痴也。汝今可以此宝贸易所须，常可如意，无所乏短。'

"佛亦如是，为菩萨时教化我等，令发一切智心，而寻废忘，不知不觉。既得阿罗汉道，自谓灭度，资生艰难，得少为足，一切智愿犹在不失。今者世尊觉悟我等，作如是言：'诸比丘，汝等所得非究竟灭，我久令汝等种佛善根，以方便故示涅槃相，而汝谓为实得灭度。'

世尊，我今乃知，实是菩萨得授阿耨多罗三藐三菩提记。以是因缘，甚大欢喜，得未曾有。"尔时，阿若憍陈如等欲重宣此义，而说偈言……

注释

①**无价宝珠系其衣里：** 简称"系珠"，法华七喻之一，得到为足是权，后来显示衣内所系宝珠是实。

译文

那时，五百罗汉在佛的面前得到授记之后，都非常欢喜，奔踊跳跃，于是，他们从座位上站起来，到佛面前，以自己的头礼佛世尊之足，忏悔己过，自责己错。他们说："世尊，我们经常这样想：自己已经得到了究竟灭度。现在我们才知道，其实我们同无智慧者一样。为什么这样说呢？我们理应得到如来智慧的，但是我们都以得小智为满足。世尊，譬如有人到亲友家去做客，喝醉了酒，醉卧不醒。这时，亲友家因为官事，必须马上外出去办，所以就把无价宝珠系在他的衣服里，给了他宝珠就走了。这人因为醉卧，对此全然不知。后来到另外一国，为了衣服和食物之需，努力求取，但很难得到。即使得到很少一点，他也非常满足了。后来他正好遇见那位亲友，亲友对他说：'呸！大丈夫汉为什么连衣食之需都落到这种地步？我当年为了使你得安逸快乐，五欲满足，在某年某月某日曾将无价宝珠系在你衣服中，而到现在你还不知道，还在为衣食而勤劳辛苦，忧虑烦恼，以这种方式求生存，真是太痴了啊！你现在可以用这件宝物去换取你的生活所需，就能长久如意过活，没有短缺了。'

　　"佛也是这样，佛为菩萨时，就教化我们，使我们发起一切智心，而我们却全然忘记了，一点都不知道了。得阿罗汉道之后，我们就自认为已经得灭度了，修证之道非常艰难，而我们稍有少得，便十分满足了，但实际上我们所有的智慧和愿力，仍在心中，并未丧失。现在世尊为了使我们觉悟，而这样说：'比丘们，你们目前的所证所得，并非究竟灭度，我一直要你们播种善根，以方便法门而显示涅槃相，而你们却认为实际上这是得到灭度了。'世尊，我现在才知道，这其实是菩萨受佛授记，将来定能证成无上正等正觉。因为这个因缘，而非常欢喜，得从未曾有的法门。"这时，阿若憍陈如等人为了重申此意，而说偈颂……

授学无学人记品第九

尔时，阿难、罗睺罗而作是念：我等每自思惟，设得授记，不亦快乎？即从座起，到于佛前，头面礼足，俱白佛言："世尊，我等于此亦应有分，唯有如来我等所归。又我等为一切世间天、人、阿修罗所见知识，阿难常为侍者，护持法藏。罗睺罗是佛之子。若佛见授阿耨多罗三藐三菩提记者，我愿既满，众望亦足。"尔时，学无学声闻弟子二千人，皆从座起，偏袒右肩，到于佛前，一心合掌，瞻仰世尊，如阿难、罗睺罗所愿，住立一面。

尔时，佛告阿难："汝于来世当得作佛，号山海慧自在通王如来①、应供、正遍知、明行足、善逝、世间解、无上士、调御丈夫、天人师、佛世尊。当供养六十二亿诸佛，护持法藏，然后得阿耨多罗三藐三菩提，教化二十千万亿恒河沙诸菩萨等，令成阿耨多罗三藐三菩提。国名常立胜幡，其土清净，琉璃为地。劫名妙音遍满，其佛寿命无量千万亿阿僧祇劫，若人于千万亿无量阿僧祇劫中算数校计，不能得知。正法住世倍于寿命，像法住世复倍正法。阿难，是山海慧自在通王佛，为十方无量千万亿恒河沙等诸佛如来所共赞叹，称其功德。"

尔时，世尊欲重宣此义，而说偈言……

尔时，会中新发意菩萨八千人咸作是念：我等尚不闻诸大菩萨得如是记，有何因缘而诸声闻得如是决？

尔时，世尊知诸菩萨心之所念，而告之曰："诸善男子，我与阿难等于空王佛②所同时发阿耨多罗三藐三菩提心。阿难常乐多闻，我常勤精进，是故我已得成阿耨多罗三藐三菩提，而阿难护持我法，亦护将来诸佛法藏，教化成就诸菩萨众。其本愿如是，故获斯记。"

阿难面于佛前，自闻授记及国土庄严，所愿具足，心大欢喜，得未曾有，即时忆念过去无量千万亿诸佛法藏，通达无碍，如今所闻，亦识本愿。尔时，阿难而说偈言……

尔时，佛告罗睺罗："汝于来世当得作佛，号蹈七宝华如来③、应供、正遍知、明行足、善逝、世间解、无上士、调御丈夫、天人师、佛世尊。当供养十世界微尘等数诸佛如来，常为诸佛而作长子，犹如今也。是蹈七宝华佛国土庄严，寿命劫数、所化弟子、正法像法，亦如山海慧自在通王如来无异，亦为此佛而作长子。过是已后，当得阿耨多罗三藐三菩提。"尔时，世尊欲重宣此义，而说偈言……

尔时，世尊见学无学二千人，其意柔软，寂然清净，一心观佛。佛告阿难："汝见是学无学二千人不？""唯然，已见。""阿难，是诸人等当供养五十世界微尘数诸佛如来，恭敬尊重，护持法藏，末后同时于十方国各得成佛，皆同一号，名曰宝相如来、应供、正遍知、明行足、善逝、世间解、无上士、调御丈夫、天人师、佛世尊。寿命一劫，国土庄严、声闻菩萨、正法像法，皆悉同等。"尔时，世尊欲重宣此义，而说偈言……

尔时，学无学二千人闻佛授记，欢喜踊跃，而说偈言：

> 世尊慧灯明，我闻授记音，
> 心欢喜充满，如甘露见灌。

注释

①山海慧自在通王如来：阿难在来世成佛后的佛名。
②空王佛：过去世中的一个佛。
③蹈七宝华如来：罗睺罗在来世成佛后的佛名号。

译文

这时，阿难和罗睺罗就这样想：我们常常暗自思量，如果能得授记，不也是很庆快的事情吗？于是就从座位上站起，来到佛的面前，以自己的头和面部礼佛之足。礼毕，他们对佛说："世尊，我们在这里，对于授记，亦应当说是有缘分的，我们所愿归趣的，唯有如来。而且，我们是被一切世间的天、人、阿修罗所共同见到的知识，阿难是侍者，专门护持佛法宝藏，罗睺罗则是佛世尊的法子。如果佛能授我们无上正等正觉记，那么，我们的愿望已经满足，大家的愿望也都满足了。"这时，学无学声闻弟子共有二千人，他们都从座位中站起，偏袒右肩，来到佛的面前，一心合掌，瞻仰世尊容颜。他们心中都许下同阿难和罗睺罗一样的愿望。礼毕，都退立一边。

这时，佛对阿难说："你在来世定能成佛，佛号为山海慧自在通王如来、应供、正遍知、明行足、善逝、世间解、无上士、调御丈夫、天人师、佛世尊。你将供养六十二亿诸佛，保护奉持佛法宝藏，然后就能证得无上正等正觉，教化二十千万亿恒河沙数般的诸菩萨，使他们都能成就无上正等正觉。你的国名是常立胜幡，国内土地清净，以琉璃为地。你的劫名叫作妙音遍满，佛寿为无数千万亿的阿僧祇劫，劫数之长，如果有人在这千万亿无数阿僧祇劫中来计算，也不能知道究竟有多长。你将正法住世历时一倍于你的寿命数，像法住世时间则又一倍于你的正法期。阿难，这个山海慧自在通王佛受到十方世界无数千万亿恒河沙数般的诸佛的共同赞叹，他们都称颂这位如来的功德。"这时，世尊想重申此意，而说偈颂……

这时，法会中的新发意菩萨共八千人也都这样想：我们还没有听说过诸大菩萨都得到了这样的授记，为什么诸声闻也能这样？

这时，世尊知道这些菩萨心中所想，就告诉他们说："善男子们，我和阿难等人同在空王佛那里齐发无上正等正觉之心。阿难的特点是常乐多闻，而我则是常勤于精进，因此我已经成就了无上正等正觉，阿难则保护奉持我的法门，他也护持将来诸佛的佛法宝藏，教化和成就各位菩萨。他的本来愿心就是这样，因此能获得这样的授记。"

阿难在佛面前亲耳听到授记以及他将来的国土庄严，本愿得到满足，心中生起大欢喜，得从未曾有的法门，立即就回忆起过去无量千万亿诸佛的佛法宝藏，通达无碍，如今日所闻所听。已经了达本愿，不复有疑。这时，阿难说偈颂……

这时，佛又告诉罗睺罗说："你在来世定能成佛，佛号是七宝华如来、应供、正遍知、明行足、善逝、世间解、无上士、调御丈夫、天人师、佛世尊。你将供养十世界微尘之数一样的诸佛如来，经常做诸佛的大法子，就像现在这样。你的佛国，以七宝华庄严国土，你的佛寿和劫数，以及所教化的弟子数量，正法期、像法期，都和山海慧自在通王佛是一样的。你也将做这位佛的大法子，在此之后，就一定能得无上正等正觉。"那时，世尊想重申此意，而说偈颂……

那时，世尊发现学无学二千人，他们的心中，意气柔软，寂然清净，一心观想佛世尊。佛就告诉阿难说："你发现这二千个学无学人了吗？""是的，我已发现。""阿难，这些众生，将来供养五十个世界的微尘数量一般的诸佛如来，恭敬佛，尊重佛，保护奉持佛法宝藏，最后，他们将同时在十方各国内成佛，都是同一佛号，名叫宝相如来、应供、正遍知、明行足、善逝、世间解、无上士、调御丈夫、天人师、佛世尊。寿命为一劫，国土庄严、声闻、菩萨、正法期和像法期，也都相同。"这时，世尊重申此意，而说偈颂……

那时，二千个学无学人听到佛的授记，都生大欢喜，踊跃不已，而说偈颂：

> 世尊智慧光明，我们得佛授记，
> 心中充满欢喜，如同甘露浇灌。

法师品第十

尔时，世尊因药王菩萨告八万大士："药王，汝见是大众中无量诸天、龙王、夜叉、乾闼婆、阿修罗、迦楼罗、紧那罗、摩睺罗伽、人与非人，及比丘、比丘尼、优婆塞、优婆夷、求声闻者、求辟支佛者、求佛道者？如是等类，咸于佛前闻《妙法华经》，一偈一句，乃至一念随喜①者，我皆与授记，当得阿耨多罗三藐三菩提。"

佛告药王："又如来灭度之后，若有人闻《妙法华经》，乃至一偈一句，一念随喜者，我亦与授阿耨多罗三藐三菩提记。若复有人受持读诵、解说书写《妙法华经》，乃至一偈，于此经卷敬视如佛，种种供养，华香璎珞，末香、涂香、烧香，缯盖幢幡，衣服伎乐，乃至合掌恭敬。药王，当知是诸人等，已曾供养十万亿佛，于诸佛所成就大愿，愍众生故，生此人间。

"药王，若有人问：'何等众生于未来世当得作佛？'应示是诸人等，于未来世必得作佛。何以故？若善男子善女人于《法华经》，乃至一句受持读诵、解说书写，种种供养经卷，华香璎珞，末香、涂香、烧香，缯盖幢幡，衣服伎乐，合掌恭敬，是人一切世间所应瞻奉，应以如来供养而供养之，当知此人是大菩萨，成就阿耨多罗三藐三菩提，哀愍众生，愿生此间，广演分别《妙法华经》，何况尽能受持种种供养者？

"药王，当知是人自舍清净业报，于我灭度后愍众生故，生于恶世，广演此经。若是善男子善女人，我灭度后，能窃为一人说《法华经》，乃至一句，当知是人则如来使②，如来所遣，行如来事，何况于大众中广为人说？药王，若有恶人以不善心于一劫中现于佛前，常毁骂佛，其罪尚轻。若人以一恶言毁呰在家、出家读诵《法华经》者，其罪甚重。

"药王，其有读诵《法华经》者，当知是人以佛庄严而自庄严，则为如来肩所荷担，其所至方，应随向礼，一心合掌，恭敬供养，尊重赞叹，华香璎珞，末香、涂香、烧香，缯盖幢幡，衣服肴馔，作诸伎乐，人中上供而供养之，应持天宝而以散之，天上宝聚，应以奉献。所以者何？是人欢喜说法，须臾闻之，即得究竟阿耨多罗三藐三菩提故。"尔时，世尊欲重宣此义，而说偈言……

注释

①**一念随喜：** 皈依佛法而信服的心念。

②**如来使：** 如来灭度后能弘扬经法的人称如来使。

译文

那时，世尊因药王菩萨之请而对八万菩萨说道："药王，你看到这些众生之中无数的诸天、龙王、夜叉、乾闼婆、阿修罗、迦楼罗、紧那罗、摩睺罗伽、人与非人，以及比丘和比丘尼、优婆塞和优婆夷，还有求声闻的人、求辟支佛的人、求佛道的人了吗？像这些众生，都在佛面前听闻《妙法莲华经》，只要聆听到一偈或一句，甚至哪怕只是一念间随喜，我都给他们授记，都将得无上正等正觉。"

佛告诉药王说："在如来灭度之后，如果有人听《妙法莲华经》，哪怕仅听一句一偈，甚至只是一念间随喜，我也给他们授无上正等正觉记。如果又有人能信受、奉持、解说和书写《妙法莲华经》，甚至只有一偈，并且敬重此经如同敬重佛，以香华璎珞，末香、涂香和烧香等香料以及缯盖幢幡，衣服伎乐等供具来供养此经，甚至只是合掌恭敬此经，药王，你应当知道，这些人已经供养过十万亿佛，在诸佛那里已经成就了大愿，因为怜悯众生的缘故，才下生到人世间。

"药王，如果有人问你：'哪一类众生在未来世将会成佛？'你应告诉他像刚刚提到的这些众生，在未来世中定能成佛。为什么呢？如果善男子、善女人对于《法华经》，即使是仅对经中的一句，加以信受奉持、朗读念诵、解说书写，并以香华璎珞，末香、涂香、烧香和缯盖幢幡，衣服伎乐等供养经卷，合掌恭敬经卷，这人应受到一切世间众生的瞻仰敬奉，应当以供养如来的规格来供养他，应当明白，这人就是大菩萨，成就了无上正等正觉，哀怜同情众生，而愿意下生这个人世间，广泛演说和分别《妙法华经》。既然如此，何况那些能够信受奉持并以种种方式供养全部《法华经》的人呢？

"药王，应当知道这种人已经超脱了业报，自在清净，在我灭度之后，因为他怜惜众生的缘故，因而下生到这个恶浊之世，广泛演释此经。如果这些善男子和善女人能够在我灭度之后即使私下为一个人说《法华经》，甚至只说一句，应当知道这个人就是如来的特使，受如来所遣，为如来做事。既然这样，何况那些公开在大众中广泛为人演说该经的呢？药王，如果有人以不善的心在一劫之中出现在佛的面前，经常诋毁诟骂佛如来，他的罪行还算是轻的。如果有人用一句恶言来污辱在家或出家读诵《法华经》的人，那么他的罪行就很严重了。

"药王，凡是朗读念诵《法华经》者，应当知道，这个人就能以佛的庄严作为自己的庄严，如来就会将他荷担，不论到哪里，人们都向他行礼，一心合掌，恭敬他，供养他，尊重他，赞叹他，以华香和璎珞，末香、涂香和烧香，缯盖幢幡，衣服和佳肴美馔来供养他，又作歌舞来供养他，以人道当中最上等的供养来供养他，还应当拿天宝奉献给他。为什么呢？因为这类人喜爱说法，一刹那间听到说法，就能得到究竟无上正等正觉。"这时，世尊想重申此意，而说偈颂……

原典

　　尔时，佛复告药王菩萨摩诃萨："我所说经典无量千万亿，已说、今说、当说，而于其中，此《法华经》最为难信难解。药王，此经是诸佛秘要之藏，不可分布妄授与人，诸佛世尊之所守护，从昔已来未曾显说。而此经者，如来现在犹多怨嫉，况灭度后？药王，当知如来灭后，其能书持、读诵、供养、为他人说者，如来则为以衣覆之，又为他方现在诸佛之所护念，是人有大信力①及志愿力，诸善根力。当知是人与如来共宿，则为如来手摩其头。

　　"药王，在在处处，若说若读，若诵若书，若经卷所住处，皆应起七宝塔，极令高广严饰，不须复安舍利。所以者何？此中已有如来全身。此塔应以一切华香璎珞、缯盖幢幡、伎乐歌颂供养恭敬，尊重赞叹。若有人得见此塔，礼拜供养，当知是等皆近阿耨多罗三藐三菩提。

"药王，多有人在家出家行菩萨道，若不能得见闻、读诵、书持、供养是《法华经》者，当知是人未善行菩萨道。若有得闻是经典者，乃能善行菩萨之道，其有众生求佛道者，若见、若闻是《法华经》，闻已信解、受持者，当知是人得近阿耨多罗三藐三菩提。

"药王，譬如有人渴乏须水，于彼高原穿凿求之。犹见干土，知水尚远。施功不已，转见湿土，遂渐至泥，其心决定知水必近。菩萨亦复如是，若未闻未解，未能修习是《法华经》者，当知是人去阿耨多罗三藐三菩提尚远。若得闻解，思惟修习，必知得近阿耨多罗三藐三菩提。所以者何？一切菩萨阿耨多罗三藐三菩提皆属此经。此经开方便门，示真实相。是《法华经》藏，深固幽远，无人能到，今佛教化成就菩萨而为开示。药王，若有菩萨闻是《法华经》，惊疑怖畏，当知是为新发意菩萨。若声闻人闻是经惊疑怖畏，当知是为增上慢者。

"药王，若有善男子善女人，如来灭后，欲为四众说是《法华经》者，云何应说？是善男子善女人，入如来室②，着如来衣③，坐如来座④，尔乃应为四众广说斯经。如来室者，一切众生中大慈悲心是；如来衣者，柔和忍辱心是；如来座者，一切法空是。安住是中，然后以不懈怠心为诸菩萨及四众广说是《法华经》。

"药王，我于余国遣化人为其集听法众，亦遣化比丘、比丘尼、优婆塞、优婆夷听其说法。是诸化人，闻法信受，随顺不逆。若说法者在空闲处，我时广遣天龙、鬼神、乾闼婆、阿修罗等听其说法。我虽在异国，时时令说法者得见我身。若于此经忘失句读，我还为说，令得具足。"尔时，世尊欲重宣此义，而说偈言……

注释

①**大信力**：信心功德广大之意。"信"是指信佛而不疑。

②**入如来室**：佛对药王菩萨开示为末世众生弘扬《妙法莲华经》的三种法则，称"三轨弘经"。这是三轨之一，即慈悲室，弘经者应首先具足大慈悲心。天台宗中为资成轨。

③**着如来衣**：三轨之二，即忍辱衣，弘经者应披忍辱衣，具足忍辱之心，才能忍受一切险恶之事。天台宗中为观照轨。

④**坐如来座**：三轨之三，即法空座，弘经者应悟空理。天台宗中为真性轨。

译文

那时，佛又告诉药王菩萨说："我所说的经典，包括已经说过的、现在说出的、将要说出的，数量极多，为无数千万亿部，而其中以《法华经》最为难以信奉，难以理解。药王，此经是诸佛的秘密而又重要的宝藏，不可以分散流布，随意授予他人，诸佛世尊一直守护着这部经，从过去到现在，没有公开演说过。而且因为这部经，如来现在就遭到许多怨恨和嫉妒，何况在如来灭度之后呢？药王，应当知道在如来灭度之后，凡是能书写、奉持、朗读、念诵、供养并且为他人演说这部经的人，如来就用衣服覆盖他身体，又为他方现在诸佛的道场保护着他，惦念着他，这个人也定有大信念力、大志愿力及各种善根之力。这人将和如来同宿，如来用手摩他的头。

"药王，不论何时何地，不管是讲说或朗读，念诵或书写该经，凡是经卷在某处出现，都应在该处造起七宝塔，最大限度地使这高大宽广的宝塔庄严华饰，而不必再在塔中安放舍利了。为什么呢？因为其中已经有了如来的全部身体了。这个宝塔应该用一切华香璎珞、缯盖幢幡以及伎乐歌舞来加以歌颂、供养、恭敬、尊重和赞叹。如果有人见到此塔，能礼拜和供养此塔，那么他就十分接近于得到无上正等正觉了。

"药王，很多人或在家或出家行菩萨道时，如果不能看到《法华经》，不能朗读、念诵、书写、奉持和供养《法华经》，那么他就不会行菩萨道。只有闻说这部经的人，才能实行菩萨道。如果有众生在求佛法之道时，能看到或听到这《法华经》，听到之后又能信仰、理解并接受奉持此经，那么他就接近于无上正等正觉了。

"药王，譬如有人又渴又疲乏，需要喝水，在那高原之上，挖井求水。挖见干土，知道离水还远着呐！继续挖下去，见到湿土了，逐渐有湿泥了，他的信心坚定，知道离出水不远了。菩萨也是这样，如果没有听说过，也不理解，没有修习这部《法华经》，那么，他离无上正等正觉就很远。如果听说过并且理解此经，思虑和修习此经，那么就必定知道离无上正等正觉很近了。为什么呢？因为，一切菩萨所证得的无上正等正觉，都属于这部经。这部经开启方便法门，示现真实之相。这部经一直深藏不现，没有人能找到，现在佛如来为了教化和成就菩萨而加以开示。药王，如果有菩萨听到这部《法华经》后，心中感到惊奇、疑虑、恐怖和畏惧的话，那么他就是新发意菩萨。如果声闻乘人听到此经后也生起惊奇、疑虑、恐怖和畏惧之心的话，那么他就是增上慢人。

"药王，如果能有善男子或善女人在如来灭度之后而想为四众弟子演说这部《法华经》，为什么应该说呢？他们入如来奥室，穿如来法衣，坐如来法座，所以应当为四众弟子广泛演说这部经典。所谓如来室，是指一切众生的大慈大悲之心；所谓如来衣，就是众生的柔和忍辱之心；所谓如来座，就是指一切法皆是空。他们安住于这三者之中，然后以不懈怠之心为各位菩萨以及四众弟子广泛演说这部《法华经》。

　　"药王，我从其他国土派人为他们招集听法的众生，也派比丘、比丘尼、优婆塞和优婆夷去听他们说法。这些人听法后，就信奉受持，随顺此法，而不逆转。如果说法的人是在空闲之处，我就大量派遣天龙、鬼神、乾闼婆、阿修罗等去听他们说法。我虽然身处异国，但时时使说法者能看到我。如果他们说法时有所遗忘缺失，那么我还将为他们说法，使他们具足此经之法。"这时，世尊为了重申此意，而说偈颂……

见宝塔品第十一

原典

尔时，佛前有七宝塔，高五百由旬，纵广二百五十由旬，从地涌出①，住在空中，种种宝物而庄校之，五千栏楯，龛室千万，无数幢幡，以为严饰。垂宝璎珞、宝铃万亿而悬其上，四面皆出多摩罗跋栴檀之香，充遍世界。其诸幡盖，以金、银、琉璃、砗磲、玛瑙、真珠、玫瑰七宝合成，高至四天王宫。三十三天，雨天曼陀罗华，供养宝塔。余诸天、龙、夜叉、乾闼婆、阿修罗、迦楼罗、紧那罗、摩睺罗伽、人非人等千万亿众，以一切华香璎珞、幡盖伎乐供养宝塔，恭敬、尊重、赞叹。

尔时，宝塔中出大音声，叹言："善哉！善哉！释迦牟尼世尊能以平等大慧②教菩萨法，佛所护念，《妙法华经》，为大众说。如是！如是！释迦牟尼世尊，如所说者，皆是真实。"尔时，四众见大宝塔住在空中，又闻塔中所出音声，皆得法喜，怪未曾有。从座而起，恭敬合掌，却住一面。尔时，有菩萨摩诃萨，名大乐说，知一切世间天、人、阿修罗等心之所疑，而白佛言："世尊，以何因缘有此宝塔从地涌出，又于其中发是音声？"

①**从地涌出**：佛在听到说《法华经》时而出现的一种神通变化。

②**平等大慧**：佛说《法华》的真实智慧，也是一切佛的真实智，平等无二，众生证得佛智，也与佛平等无二。

译文

这时，在佛面前，从地上涌起一座七宝和合而成的宝塔，塔高五百由旬，纵横各二百五十由旬，立住在空中。宝塔以种种宝物庄严，塔上有栏楯五千个，佛龛成千上万个，还有无数的幢和幡作为装饰。塔上垂挂了上万亿个的宝璎珞和宝铃，塔的四周散发出多摩罗跋栴檀的香气，香气充满世界。各个幡、盖之类，也都是以金、银、琉璃、砗磲、玛瑙、珍珠和玫瑰这七宝合成，其高度一直高到四天王宫。三十三天都下天曼陀罗华雨，以此供养宝塔。其余的天、龙、夜叉、乾闼婆、阿修罗、迦楼罗、紧那罗、摩睺罗伽以及人非人等等共一千万亿众生，则以一切华香、璎珞、幡盖和伎乐来供养宝塔，恭敬、尊重和赞叹宝塔。

这时，塔中传出宏伟的声音，赞叹道："好啊！好啊！释迦牟尼世尊能够以平等大智慧而教授菩萨法门，为大家说诸佛所护念的《妙法莲华经》。确实，确实，释迦牟尼世尊所说的，都是真实法门。"这时，四众弟子发现大宝塔停住在空中，又听到塔中传出声音，都得到了法喜，惊疑这从未出现过的事情。于是，他们站起来，对宝塔恭敬合掌，然后退立在一旁。这时，有一位名叫大乐说的菩萨，了达一切世间的天、人、阿修罗等等心中的疑惑，因而对佛说："为什么会从地上涌起这个宝塔？为什么塔中又会发出声音呢？"

原典

尔时，佛告大乐说菩萨："此宝塔中有如来全身，乃往过去东方无量千万亿阿僧祇世界，国名宝净，彼中有佛，号曰多宝①。其佛行菩萨道时，作大誓愿：'若我成佛灭度之后，于十方国土有说《法华经》处，我之塔庙为听是经故，涌现其前，为作证明，赞言善哉！'彼佛成道已，临灭度时，于天人大众中告诸比丘：'我灭度后，欲供养我全身者，应起一大塔。'其佛以神通愿力，十方世界，在在处处，若有说《法华经》者，彼之宝塔皆涌出其前，全身在于塔中，赞言：'善哉！善哉！'大乐说，今多宝如来塔②闻说《法华经》故，从地涌出，赞言：'善哉！善哉！'"

是时，大乐说菩萨以如来神力故，白佛言："世尊，我等愿欲见此佛身。"

佛告大乐说菩萨摩诃萨："是多宝佛有深重愿：'若我宝塔为听《法华经》故出于诸佛前时，其有欲以我身示四众者，彼佛分身③诸佛，在于十方世界说法，尽还集一处，然后我身乃出现耳。'大乐说，我分身诸佛在于十方世界说法者，今应当集。"

大乐说白佛言："世尊，我等亦愿欲见世尊分身诸佛，礼拜供养。"

尔时，佛放白毫一光，即见东方五百万亿那由他恒河沙等国土诸佛，彼诸国土皆以玻璃为地，宝树宝衣以为庄严，无数千万亿菩萨充满其中，遍张宝幔宝网罗上，彼国诸佛以大妙音而说诸法。及见无量千万亿菩萨遍满诸国，为众说法。南、西、北方，四维上下，白毫相光所照之处，亦复如是。尔时十方诸佛各告众菩萨言："善男子，我今应往娑婆世界释迦牟尼佛所，并供养多宝如来宝塔。"

时娑婆世界即变清净，琉璃为地，宝树庄严，黄金为绳，以界八道，无诸聚落、村营、城邑、大海、江河、山川、林薮。烧大宝香，曼陀罗华遍布其地，以宝网幔罗覆其上，悬诸宝铃。唯留此会众，移诸天人置于他土。

是时，诸佛各将一大菩萨以为侍者，至娑婆世界，各到宝树下，一一宝树高五百由旬，枝叶华果，次第庄严。诸宝树下，皆有师子之座，高五由旬，亦以大宝而校饰之。尔时，诸佛各于此座结跏趺坐，如是展转，遍满三千大千世界，而于释迦牟尼佛一方所分之身犹故未尽。

注释

　　①多宝：即多宝如来，东方宝净世界的佛，入灭后本愿起全身舍利塔，如果有佛说《法华经》，他必要在其面前涌现。

　　②多宝如来塔：即多宝塔，释迦牟尼在灵鹫山说《法华经》时，此塔忽然从地下涌现。该塔中置有多宝如来全身舍利。

　　③分身：诸佛为了以方便力化度各处有缘众生，变化出许多佛身，在十方世界显现佛相。

译文

　　这时，佛告诉大乐说菩萨道："这个宝塔中藏有如来的全身，在过去世的东方世界无数千万亿阿僧祇的地方，有一国叫宝净，国中有佛叫多宝。多宝佛在行菩萨道时，曾经立下宏誓：'如果在我成佛并灭度之后，十方国土之中凡是有演说《法华经》的地方，我的塔庙为了听经的缘故，就出现在这个地方，为讲经者做证明，并且赞叹他们说：好啊！'这个佛成道之后，将要灭度时，在天、人等大众之中告诉各位比丘说道：'在我灭度之后，想供养我的全身的人，就应该建造一个大塔。'由于这位佛世尊宏誓的神通之力，十方世界之中，不论何时何地，如果有演说《法华经》的，他的宝塔就在面前涌现，全身藏于塔中赞叹说：'好啊！好啊！'大乐说，今天多宝如来塔听到演说《法华经》，所以就涌现出来，赞叹说：'好啊！好啊！'"

这时，大乐说菩萨以如来的神力而对佛说："世尊，我们希望能看看这塔中的佛身。"

佛告诉大乐说菩萨道："这位多宝佛立过深宏誓愿：'如果我的宝塔因为听《法华经》的原因而涌现在诸佛的面前时，他们要是有人希望我的全身现出让四众瞻仰时，那么他们必须分化出许多佛身，在十方世界说法，然后又能集中在一处，这样，我才现出全身。'大乐说，我的分身佛们已在十方世界说法了，今天该还集于一身了。"

大乐说对佛讲道："世尊，我们也希望能看到您的分身的诸佛，并礼拜和供养他们。"

这时，佛放射出白毫光，就立即看到东方五百万亿那由他的恒河沙数一般的国土中的诸佛，那些国土中都以玻璃为地，以宝树和宝衣作为庄严，国中充满了无数千万亿的菩萨，到处都是宝幔和宝网，众佛在用大妙音演说各种法门。又能看到无数千万亿的菩萨在为众生说法。南方、西方和北方，四维上下，凡是被白毫之光所照着的地方，都是这种情形。这时，十方诸佛都告诉菩萨们说："善男子，我今天应该到娑婆世界释迦牟尼佛那儿去了，要去供养多宝如来宝塔。"

这时，娑婆世界立刻变得清净，以琉璃为地，用宝树作庄严，又以黄金为绳，作为八条大道的界绳，且没有聚居部落、乡村城镇、江河湖海以及山川森林之类。烧起大宝香，曼陀罗华遍布各地，地面上张起宝网和幔罗等，上面又挂着各种宝铃。只把在这法会中的大众留住了，而将天、人之类移送到其他佛土。

这时，诸分身佛各带一位随侍菩萨，来到娑婆世界，来到宝树下。这些宝树每一棵都是高五百由旬，枝叶上开满华，结满果，以华果为庄严。宝树下又都各有一个狮子座，座高五由旬，也以大宝树作为庄严。这时，诸位分身佛都在狮子座上结跏趺坐，他们充满了三千大千世界，即使这样，也没有显尽释迦牟尼一佛所分化出的佛身。

原典

时释迦牟尼佛欲容受所分身诸佛故，八方各更变二百万亿那由他国，皆令清净，无有地狱、饿鬼、畜生及阿修罗，又移诸天人置于他土。所化之国亦以琉璃为地，宝树庄严，树高五百由旬，枝叶华果，次第严饰。树下皆有宝师子座，高五由旬，种种诸宝以为庄校。亦无大海江河，及目真邻陀山[①]、摩诃目真邻陀山、铁围山、大铁围山、须弥山等诸山王，通为一佛国土，宝地平正，宝交露幔遍覆其上，悬诸幡盖，烧大宝香，诸天宝华遍布其地。

释迦牟尼佛为诸佛当来坐故，复于八方各更变二百万亿那由他国，皆令清净，无有地狱、饿鬼、畜生及阿修罗，又移诸天人置于他土。所化之国，亦以琉璃为地，宝树庄严，树高五百由旬，枝叶华果，次第庄严。树下皆有宝师子座，高五由旬，亦以大宝而校饰之。亦无大海江河及目真邻陀山、摩诃目真邻陀山、铁围山、大铁围山、须弥山等诸山王，通为一佛国土，宝地平正，宝交露幔遍覆其上，悬诸幡盖，烧大宝香，诸天宝华遍布其地。

尔时，东方释迦牟尼所分之身，百千万亿那由他恒河沙等国土中诸佛，各各说法，来集于此。如是次第十方诸佛皆悉来集，坐于八方。尔时，一一方四百万亿那由他国土诸佛如来遍满其中。是时，诸佛各在宝树下坐师子座，皆遣侍者问讯释迦牟尼佛，各赍宝华满掬而告之言："善男子，汝往诣耆阇崛山释迦牟尼佛所，如我辞曰：'少病少恼，气力安乐，及菩萨、声闻众悉安隐不？'以此宝华散佛供养，而作是言：'彼某甲佛与欲开此宝塔。'"诸佛遣使，亦复如是。

注释

①**目真邻陀山**：目真邻陀是龙王的名字，意思是"解脱"。这是以所住之龙而命山的名字。

译文

这时，释迦牟尼佛为了容纳接受这些分身佛们，又在八方世界分别变化出更多的佛土，有二百万亿那由他之多，都使这些佛土清净，没有地狱、饿鬼、畜生以及阿修罗，又把那些天、人之众移到其他国土去安置。他变化出的国土也都以琉璃为地，以宝树作庄严，宝树高五百由旬，枝叶上以华果依次严饰。树下都有宝狮子座，座高五由旬，也以种种宝物作为庄严。国土中也没有江河大海以及目真邻陀山、摩诃目真邻陀山、铁围山、大铁围山和须弥山等大山王，通国为一平正佛宝地，地面上普遍覆盖着以宝珠交错而结成的交露幔，悬挂着各种幡盖，烧着大宝香，各种天华散遍各地。

释迦牟尼佛为给各位分身佛来后安排坐处，又在八方世界变化出二百万亿那由他的国土，那些国土也都清净无污，没有地狱、饿鬼和阿修罗等恶道，又移天、人等众到其他国土安置。又都以琉璃为地，以宝树作庄严，树高五百由旬，树以枝叶上的华果作庄严。树下又都有狮子座，座高五由旬，也以大宝物作庄严。又没有江河大海以及目真邻陀山、摩诃目真邻陀山、铁围山、大铁围山和须弥山等各个大山王，通国是一片平正佛国宝地，地上到处覆盖着由宝珠交织成的交露幔，悬满各种幡盖，烧着大宝香，各种天华散于各地。

这时候，东方世界中释迦牟尼佛所分化出的百千万亿那由他恒河沙数等国土中的众佛们，都一一说法，聚集到娑婆世界来。这样，各方的佛依次到这里来坐定，每一方世界中的四百万亿那由他国土的诸佛如来，都坐遍了四面八方。这时，众佛都在宝树下的狮子座上入座，都派使者去问讯释迦牟尼，都双手捧满宝华而对自己的使者说："善男子，你到耆阇崛山的释迦牟尼佛那儿，转告我的问候：'是否少病少恼，气力安乐？诸菩萨和声闻众生是否都很安隐？'再将这宝华撒在佛身上作为供养，并对佛说：'听说佛要为那位某某开启这宝塔？'"其他各位佛派遣使者，也是这样交代的。

原典

尔时，释迦牟尼佛见所分身佛悉已来集，各各坐于师子之座，皆闻诸佛与欲同开宝塔，即从座起，住虚空中。一切四众起立合掌，一心观佛。于是，释迦牟尼佛以右指开七宝塔户，出大音声，如却关钥，开大城门。即时一切众会皆见多宝如来于宝塔中坐师子座，全身不散，如入禅定。又闻其言："善哉！善哉！释迦牟尼佛，快说是《法华经》，我为听是经故而来至此。"

尔时，四众等见过去无量千万亿劫灭度佛说如是言，叹未曾有，以天宝华聚散多宝佛及释迦牟尼佛上。尔时，多宝佛于宝塔中，分半座①与释迦牟尼佛，而作是言："释迦牟尼佛，可就此座。"即时，释迦牟尼佛入其塔中，坐其半座，结跏趺坐。

尔时，大众见二如来在七宝塔中师子座上结跏趺坐，各作是念：佛坐高远，惟愿如来以神通力，令我等辈俱处虚空。即时释迦牟尼佛以神通力，接诸大众皆在虚空，以大音声普告四众："谁能于此娑婆国土广说《妙法华经》，今正是时，如来不久当入涅槃。佛欲以此《妙法华经》，付嘱有在。"尔时，世尊欲重宣此义，而说偈言……

①**半座**：多宝如来分半座给释迦牟尼，比喻释迦牟尼同多宝佛一样，同是得灭度者。

译文

这时，释迦牟尼看到各个分身之佛都已经会集齐了，都坐在狮子座上，都听说了要同开宝塔，于是就从狮子座上站起来，停住在空中。所有四众弟子都起立合掌，一心观佛。于是，释迦牟尼佛以右手指打开七宝塔门，塔内立刻传出大声音，好比打开了关锁，开启大城门一般。大家马上看到多宝如来坐在塔内的狮子座上，全身没有散动，如同入禅定一样。大家又听到他说："好啊！好啊！释迦牟尼，赶快为我说《法华经》，我就是为了听这部经而到这儿来的。"

那时，大家听到在过去无数千万亿劫时就已经灭度的佛还能说这样的话，都赞叹这从未曾见的事情，并以天上的宝华供养在多宝佛和释迦牟尼身上。这时，多宝佛在宝塔中分出半个座位来给释迦牟尼佛，对释迦牟尼说："释迦牟尼可以到这位子上来坐。"释迦牟尼马上入塔中坐在半座上，结跏趺坐。

　　那时，大家看到二位如来在七宝塔中的狮子座上结跏趺坐，都这样想到：佛坐高远，只希望如来以神通力使我们都处在虚空界就满足了。这时，释迦牟尼果然以神通力接大家到虚空之中，以大妙音告诉大家说："有谁能够在娑婆世界广为宣说《妙法华经》，现在正是好时候了，如来马上要入涅槃，想以《法华经》付嘱你们。"那时，世尊想重述此意，而说偈颂……

提婆达多品第十二

提婆达多品①第十二

尔时，佛告诸菩萨及天人四众："吾于过去无量劫中求《法华经》，无有懈倦，于多劫中常作国王，发愿求于无上菩提，心不退转。为欲满足六波罗蜜，勤行布施，心无吝惜，象马七珍，国城妻子，奴婢仆从，头目髓脑，身肉手足，不惜躯命。时世人民寿命无量，为于法故，捐舍国位，委政太子，击鼓宣令，四方求法：谁能为我说大乘者，吾当终身供给走使。

"时有仙人②来白王言：'我有大乘，名《妙法华经》，若不违我，当为宣说。'王闻仙言，欢喜踊跃，即随仙人，供给所须，采果汲水，拾薪设食，乃至以身而为床座，身心无倦。于时奉事，经于千岁，为于法故，精勤给侍，令无所乏。"尔时，世尊欲重宣此义，而说偈言……

佛告诸比丘："尔时，王者则我身是，时仙人者，今提婆达多是。由提婆达多善知识故，令我具足六波罗蜜、慈悲喜舍、三十二相、八十种好、紫磨金色、十力、四无所畏、四摄法、十八不共神通道力，成等正觉，广度众生，皆因提婆达多善知识故。"

告诸四众："提婆达多却后过无量劫当得成佛，号曰天王如来、应供、正遍知、明行足、善逝、世间解、无上士、调御丈夫、天人师、佛世尊。世界名天道。时天王佛住世二十中劫，广为众生说于妙法，恒河沙众生得阿罗汉果，无量众生发缘觉心，恒河沙众生发无上道心，得无生忍，至不退转。

"时天王佛般涅槃后，正法住世二十中劫，全身舍利起七宝塔，高六十由旬，纵广四十由旬。诸天人民悉以杂华，末香、烧香、涂香，衣服璎珞，幢幡宝盖，伎乐歌颂，礼拜、供养七宝妙塔，无量众生得阿罗汉果，无量众生悟辟支佛，不可思议众生发菩提心，至不退转。"

注释

①**提婆达多品：**此品译文系齐永明八年达磨摩提所出，真谛重译，安入罗什译本中。提婆达多，意译为天授、天热，是斛饭王之子，阿难之兄，佛的从弟。

②**仙人：**外道中的德行高者，也指称佛，这里指提婆达多。

译文

　　那时，佛告诉各位菩萨及天人、四众弟子们说："我在过去无数劫中，追求《法华经》，没有懈怠疲倦之心，在这些劫中，经常做国王。我发宏愿，誓求无上菩提，永不退转。为了想满足六波罗蜜，经常行布施，从不吝惜财物，象、马、七珍、国土、城市、妻子、儿子、奴婢、仆从，以及自己的头、眼、身体、大脑，还有身上的肉、手、足等，都用来布施，不惜身命。当时，人民的寿命很长，为了求法，我舍弃王位，把政务委托给太子，就击鼓号令四方，说我要求佛法，如果有谁能为我讲大乘佛法，我将终身给他做奴仆。

　　"这时，有仙人来对国王说：'我有大乘，名叫《妙法莲华经》，如果你不违逆我，我将为你宣说。'王听到仙人这样说，十分欢喜，就跟随仙人，供给其所需，采果子，汲饮水，拾柴薪，设饮食，甚至以身体作为仙人的床座，也毫无倦怠。于是，奉事《法华经》达千岁，为了求法，精心殷勤地侍奉仙人，使他不致缺乏。"那时，世尊为了重新宣说这个思想，而说了这样的偈颂……

　　佛对比丘们说："那时这位国王就是我，那个仙人，就是现在的提婆达多。由于提婆达多善知识的原因，使我具足了六度、慈悲喜舍、三十二种相、八十种好、紫磨金色、十力、四无所畏、十八不共法等，具足神通之力，成就正等正觉，普度众生。这些都是因为提婆达多善知识的缘故。"

佛告诉四众弟子说："提婆达多灭度后，经过无数个劫，就能成佛，佛号是天王如来、应供、正遍知、明行足、善逝、世间解、无上士、调御丈夫、天人师、佛世尊。他的国土世界为天道国。天王佛住世达到二十个中劫，在这样的长劫中，他为众生广说妙法，使得恒河沙数的众生得阿罗汉果，使无数众生发起缘觉心，使恒河沙数的众生发起无上道心，得无生忍法，而达到不退转的境界。

"那时，天王佛涅槃后，正法期经过二十个中劫，他全身的舍利生起七宝佛塔，塔高六十由旬，范围有四十由旬。各层天中的众生，都以杂色鲜华、末香、烧香、涂香，衣服璎珞，幢幡宝盖，伎乐及歌颂，礼拜和供养这座七宝妙塔，因而使无数众生得到阿罗汉果位，使无数众生悟出辟支佛不可思议境界，众生发起菩提心，达到不退转境地。"

原典

佛告诸比丘："未来世中，若有善男子、善女人闻

《妙法华经·提婆达多品》，净心信敬，不生疑惑者，不堕地狱、饿鬼、畜生，生十方佛前。所生之处，常闻此经。若生人天中，受胜妙乐；若在佛前，莲华化生。"

于时，下方多宝世尊所从菩萨，名曰智积，白多宝佛，当还本土。释迦牟尼佛告智积曰："善男子，且待须臾，此有菩萨，名文殊师利，可与相见，论说妙法，可还本土。"

尔时，文殊师利坐千叶莲华，大如车轮。俱来菩萨，亦坐宝莲华，从于大海娑竭罗龙宫①自然涌出，住虚空中，诣灵鹫山，从莲华下至于佛所，头面敬礼二世尊足。修敬已毕，往智积所，共相慰问，却坐一面。智积菩萨问文殊师利："仁往龙宫所化众生，其数几何？"

文殊师利言："其数无量，不可称计，非口所宣，非心所测。且待须臾，自当证知。"

所言未竟，无数菩萨坐宝莲华，从海涌出，诣灵鹫山，住在虚空。此诸菩萨皆是文殊师利之所化度，具菩萨行，皆共论说六波罗蜜。本声闻人，在虚空中说声闻行，今皆修行大乘空义。文殊师利谓智积曰："于海教化，其事如是。"

尔时，智积菩萨以偈赞曰：

大智德勇健，化度无量众，

今此诸大会，及我皆已见。

演畅实相义，开阐一乘法，

广导众生，令速成菩提。

注释

①**大海娑竭罗龙宫**：娑竭罗龙王的宫殿。娑竭罗是海之名，此海中所居的龙，称娑竭罗龙。

译文

佛告诉比丘们说："未来世中如果有善男子、善女人听闻《妙法莲华经》中的《提婆达多品》，清净之心能信受、恭敬，不生疑惑，就不会堕入地狱、饿鬼、畜生三恶道中，而生于十方佛面前。在所生处，也能经常听到此经。如果生在人、天道中，就能受到胜妙之乐；如果生在佛的面前，就会莲华化生。"

在这个时候，下方世界多宝世尊身边的一位叫智积的菩萨，对多宝佛说要回本土去。释迦牟尼佛告诉智积说："善男子，暂且等一会儿，这里有个菩萨叫文殊师利，你可以和他相见，讨论妙法，这样就可以回本土去了。"

那时，文殊师利正坐在千叶莲华之中，莲华大如车轮。与文殊一起的菩萨，也都坐在莲华之中，从大海中的娑竭罗龙宫自然地涌现而出，停住在虚空当中，然后往灵鹫山去，从莲华座上下来，前往佛处所，以头面恭敬礼拜佛世尊的双足。施礼完之后，就到智积的住所去，一起慰问，对面坐下。智积菩萨问文殊师利说："仁者往龙宫，所度化的众生有多少？"

文殊师利菩萨说："数量极多，无法计量，也不是嘴能说得清，心能度量得了的。但只要须臾之间，自然会证知此事。"

文殊师利话还未说完，就有无数菩萨的莲华座从海中涌现出来，往灵鹫山去，住在虚空中。这些菩萨都是文殊师利所化度出来的，都具足菩萨行，都一起讨论六波罗蜜法。本来是声闻乘人，在虚空中说声闻法的，现在都修大乘空法。文殊师利对智积说："菩萨教化之事，就是这样的。"

那时，智积菩萨用偈颂赞叹这件事说：

> 大德以智慧力，化度无数众生，
> 今天这个法会，都是我所亲见。
> 畅演实相之义，开示一乘佛法，
> 广泛引导众生，使之速成佛道。

文殊师利言：“我于海中唯常宣说《妙法华经》。”

智积问文殊师利言：“此经甚深微妙，诸经中宝，世所希有。颇有众生勤加精进，修行此经，速得佛不？”

文殊师利言：“有娑竭罗龙王女，年始八岁，智慧利根，善知众生诸根行业，得陀罗尼，诸佛所说甚深秘藏，悉能受持，深入禅定，了达诸法，于刹那顷发菩提心，得不退转，辩才无碍。慈念众生，犹如赤子，功德具足，心念口演，微妙广大，慈悲仁让，志意和雅，能至菩提。”

智积菩萨言：“我见释迦如来于无量劫难行苦行，积功累德，求菩提道，未曾止息。观三千大千世界，乃至无有如芥子许非是菩萨舍身命处，为众生故，然后乃得成菩提道。不信此女于须臾顷便成正觉。”

言论未讫，时龙王女忽现于前，头面礼敬，却住一面，以偈赞曰：

> 深达罪福相，遍照于十方。
>
> 微妙净法身，具相三十二，
>
> 以八十种好，用庄严法身。
>
> 天人所戴仰，龙神咸恭敬，
>
> 一切众生类，无不宗奉者。

又闻成菩提，唯佛当证知。

我阐大乘教，度脱苦众生。

时舍利弗语龙女言："汝谓不久得无上道，是事难信。所以者何？女身垢秽，非是法品，云何能得无上菩提？佛道悬旷，经无量劫，勤苦积行，具修诸度，然后乃成。又女人身犹有五障：一者不得作梵天王，二者帝释，三者魔王，四者转轮圣王，五者佛身。云何女身速得成佛？"

尔时龙女有一宝珠，价直三千大千世界，持以上佛，佛即受之。龙女谓智积菩萨、尊者舍利弗言："我献宝珠，世尊纳受，是事疾不？"

答言："甚疾。"

女言："以汝神力观我成佛，复速于此。"当时众会皆见龙女忽然之间变成男子，具菩萨行，即往南方无垢世界①，坐宝莲华，成等正觉，三十二相，八十种好，普为十方一切众生演说妙法。"

尔时，娑婆世界菩萨、声闻、天龙八部②、人与非人，皆遥见彼龙女成佛③，普为时会人天说法，心大欢喜，悉遥敬礼。无量众生闻法解悟，得不退转。无量众生得受道记，无垢世界六反震动，娑婆世界三千众生住不退地，三千众生发菩提心，而得授记。智积菩萨及舍利弗，一切众会，默然信受。

注释

①**无垢世界**：龙女成佛的世界之名。

②**天龙八部**：或称龙神八部、八部众，指天、龙、夜叉、乾闼婆、阿修罗、迦楼罗、紧那罗、摩睺罗伽等天神，其中天与龙最显神通。

③**龙女成佛**：龙女刹那间发菩提心，顿成正觉，与佛无异，是为顿悟成佛。

译文

文殊师利说："我在娑竭罗龙王的王宫中，经常只宣讲一部经，那就是《妙法华经》。"

智积问文殊师利说："这部经典非常深奥微妙，是众经中之宝典，世上稀有。许多众生殷勤精进，修行此经，能迅速成佛吗？"

文殊师利说："娑竭罗龙王有一个女儿，年方八岁，智慧了达，根性猛利。她非常了解众生的根性及所做的行为，所造的业，得到了陀罗尼，众佛所讲的佛法秘密宝藏，都能信受奉持，深入禅定，了悟诸法本性，在刹那间就发起菩提心，达到不退转境界，圆通无碍。她以慈悲心念护众生，如同赤子一般，具足无量功德，心中念想微妙广大法，口中演说微妙广大法，慈爱悲悯，仁义谦让，志气心意，中和雅正，所以能达到菩提境。"

智积菩萨说："我发现释迦如来在无数个劫中都是修苦行，积累功德，寻求成就菩提的方法，一直没有停歇。为了求菩提，不惜放舍身体和生命，三千大千世界中，小至芥子，没有一物不是菩萨放弃、舍却身体、生命的地方，是为了救度众生的缘故。如此，然后才能成就菩提之道。我不相信这个龙女能在一刹那间就成就正觉。"

智积菩萨话音未落，龙女忽然显现在他面前，以头和面部施礼完毕，站在一旁，以偈颂赞叹说：

深知罪相福相，遍照十方世界。
微妙清净法身，具足三十二相，
以及八十种好，庄严清净法身。
天人爱戴敬仰，龙神都来恭敬，
一切众生之类，没有不宗奉的。
听说我得菩提，此事只有佛知。
我讲大乘教法，度脱受苦众生。

这时，舍利弗对龙女说："你说你刹那而得无上菩提，这事很难使人相信。为什么呢？女人身子非常污秽，并不是成法之器，怎么能够得无上菩提呢？佛法真谛，高悬放旷，必须经过无数个劫的殷勤苦修，具修六度，才能修成。再者，女人的身体有五道障碍：一是不能成为梵天王，二是不能成为帝释天，三是不能成为魔王，四是不能成为转轮圣王，五是不能成就佛身。为什么以女人身而能迅速成佛呢？"

那时，龙女有一颗宝珠，价值三千大千世界，龙女把宝珠献给佛，佛接受了。龙女对智积菩萨和舍利弗尊者说："我献宝珠，世尊接受，这件事快速不快速？"

他们回答说："非常迅速。"

龙女说："按照你们的神力来观察我如何成佛，也是这样迅速。"当时在场的大众，都看见龙女忽然之间变成了男子，具足菩萨行，就到南方无垢世界去了，坐在莲华宝座中，成就正等正觉，具备三十二种相，八十种好，普遍地为十方世界的一切众生演说微妙法门。

那时，娑婆世界中的菩萨、声闻、天龙八部、人与非人，都远远地看到了龙女成佛，并且普遍地为法会中的天、人们说法的情形，心中十分欢喜，都向龙女遥施礼拜。无数的众生闻龙女说法后，都得觉悟，到不退转境地。无数众生，受到佛的授记，因而，无垢世界中，大地震动，娑婆世界的三千众生，都达到了不退转境界，三千众生发起菩提心，得到授记。智积菩萨、舍利

弗，以及法会中的一切大众，都默然地非常信服龙女顿
成正觉这件事。

持品第十三

尔时，药王菩萨摩诃萨及大乐说菩萨摩诃萨与二万菩萨眷属俱，皆于佛前作是誓言："惟愿世尊不以为虑，我等于佛灭后，当奉持、读诵、说此经典。后恶世众生，善根转少，多增上慢，贪利供养，增不善根，远离解脱。虽难可教化，我等当起大忍力，读诵此经，持说书写，种种供养，不惜身命。"

尔时，众中五百阿罗汉得授记者白佛言："世尊，我等亦自誓愿于异国土广说此经。"

复有学无学八千人得授记者从座而起，合掌向佛作是誓言："世尊，我等亦当于他国土广说此经。所以者何？是娑婆国中人多弊恶，怀增上慢，功德浅薄，嗔浊谄曲，心不实故。"尔时佛姨母摩诃波阇波提①比丘尼与学无学比丘尼六千人，俱从座而起，一心合掌，瞻仰尊颜，目不暂舍。

于时，世尊告憍昙弥："何故忧色而视如来？汝心将无谓我不说汝名，授阿耨多罗三藐三菩提记耶？憍昙弥，我先总说一切声闻皆已授记，今汝欲知记者，将来之世当于六万八千亿诸佛法中为大法师，及六千学无学比丘尼俱为法师。汝如是渐渐具菩萨道，当得作佛，号一切众生喜见如来、应供、正遍知、明行足、善逝、世间解、无上士、调御丈夫、天人师、佛世尊。憍昙弥，是一切众生喜见佛及六千菩萨转次授记，得阿耨多罗三藐三菩提。"

尔时，罗睺罗母耶输陀罗比丘尼作是念：世尊于授记中独不说我名。

佛告耶输陀罗："汝于来世百千万亿诸佛法中修菩萨行，为大法师，渐具佛道，于善国中当得作佛，号具足千万光相如来、应供、正遍知、明行足、善逝、世间解、无上士、调御丈夫、天人师、佛世尊，佛寿无量阿僧祇劫。"

尔时，摩诃波阇波提比丘尼及耶输陀罗比丘尼并其眷属，皆大欢喜，得未曾有，即于佛前而说偈言：

> 世尊导师，安隐天人，
> 我等闻记，心安具足。

诸比丘尼说是偈已，白佛言："世尊，我等亦能于他方国土广宣此经。"

尔时，世尊视八十万亿那由他诸菩萨摩诃萨，是诸菩萨皆是阿惟越致②，转不退法轮，得诸陀罗尼。即从座起，至于佛前，一心合掌而作是念：若世尊告敕我等持说此经者，当如佛教广宣斯法。复作是念：佛今默然不见告敕，我当云何？

时，诸菩萨敬顺佛意，并欲自满本愿，便于佛前作师子吼，而发誓言："世尊，我等于如来灭后，周旋往反十方世界，能令众生书写此经，受持、读诵、解说其义，如法修行，正忆念。皆是佛之威力，惟愿世尊在于他方遥见守护。"即时，诸菩萨俱同发声而说偈言……

注释

①**摩诃波阇波提**：佛的姨母，意译为大爱道、大生主。憍昙弥是其姓。佛向她授记，未来成佛，佛号为一切众生喜见如来，称"憍昙弥授记"。

②**阿惟越致**：又作阿鞞跋致，意译为不退转，不退转成佛进路，是菩萨的阶位，须经一大阿僧祇劫的修行，才能到此位。

译文

这时，药王菩萨和大乐说菩萨和二万个菩萨眷属，都在佛面前立下这样的誓言："请世尊不要忧虑，我们在佛灭后一定奉持和读诵、宣说这部经典。往后的恶世之中，众生善根将逐渐转少，而多有增上慢者，他们贪图利益和供养，增长不善之根，因而远离解脱。虽然难以教化，但我们一定发起大忍力，朗读和念诵此经，奉持、宣说和书写此经，供以种种供养，甚至不惜身家性命。"

这时，大众中得佛授记的五百罗汉也对佛说："世尊，我们也立下誓愿，在异国广泛宣说此经。"

又有八千位得佛授记的学无学人从座中站起，合掌向佛，立这样的誓言："世尊，我们也一定在诸国土广泛宣说此经。为什么呢？因为在这个娑婆世界中，人们大多怀有恶性以及增上慢，功德浅薄，嗔恚污浊，谄媚偏邪，这都是因为内心不充实的缘故。"这时，佛的姨妈摩诃波阇波提比丘尼，和学无学人中的六千个比丘尼一起，都从座位上站起来，一心合掌，瞻仰世尊容颜，目光没有一刻离开。

于是，世尊就告诉憍昙弥说："为什么你要以忧虑的目光看如来呢？你不要认为我没有提你的名字，就没给你授无上正等正觉记了。憍昙弥，我先总起来说过一切声闻都得到我的授记了，现在你想知道我给你的授记内容，你在来世中，一定能成为六万八千亿诸佛的佛法中的大法师，也是六千学无学比丘尼的法师。你就这样逐渐具足菩萨道，最终定能成佛，佛号为一切众生喜见如来、应供、正遍知、明行足、善逝、世间解、无上士、调御丈夫、天人师、佛世尊。憍昙弥，这一切众生喜见佛以及六千菩萨也得授记，成就无上正等正觉。"

这时，罗睺罗的母亲耶输陀罗比丘尼就想：世尊在授记中为什么唯独不提我的名字呢？

佛就告诉耶输陀罗说："你在来世百千万亿诸佛的佛法中修菩萨行，是大法师，渐渐具足佛法之道，在善国土中，定能成佛，佛号是具足千万光相如来、应供、正遍知、明行足、善逝、世间解、无上士、调御丈夫、天人师、佛世尊，佛寿有无数阿僧祇劫。"

这时，摩诃波阇波提比丘尼和耶输陀罗比丘尼以及她们的眷属都非常欢喜，得未曾有的法门，于是就在佛面前说偈颂：

> 世尊大导师，安隐众天人。
> 我们得授记，心中得安逸。

这些比丘尼说完这偈后，就对佛说："世尊，我们也能在他方异国广泛宣说此经。"

这时，世尊就注视那八十万亿那由他诸菩萨，这些菩萨都是阿惟越致，转不退转法轮，得到了各种陀罗尼。他们就从座位上起来，到佛的面前，一心合掌，都这样想：如果世尊要求我们奉持宣说此经的话，我们一定像佛所教化的那样广泛宣说这一法门。他们又这样想：佛世尊现在默然不语，并不告诉我们，我们该怎么办呢？

这时，各位菩萨都恭敬随顺佛意，并想自己实践达成自己的本愿，于是便在佛面前作狮子吼，发下誓言："世尊，我们在如来灭度之后，来往于十方世界之间，能使众生书写此经，受持、读诵并讲解宣说经义，按照佛法修行，端正忆念。这都是佛的威力，请世尊在他方异域遥相守护我们。"这时，各位菩萨同声诵偈……

5　卷五

安乐行品第十四

原典

　　尔时，文殊师利法王子菩萨摩诃萨白佛言："世尊，是诸菩萨，甚为难有，敬顺佛故，发大誓愿，于后恶世护持、读说是《法华经》。世尊，菩萨摩诃萨于后恶世，云何能说是经？"

　　佛告文殊师利："若菩萨摩诃萨于后恶世欲说是经，当安住四法①。一者，安住菩萨行处、亲近处②，能为众生演说是经。

　　"文殊师利，云何名菩萨摩诃萨行处③？若菩萨摩诃萨住忍辱地，柔和善顺而不卒暴，心亦不惊。又复于法无所行，而观诸法如实相，亦不行不分别，是名菩萨摩诃萨行处。

"云何名菩萨摩诃萨亲近处④？菩萨摩诃萨不亲近国王、王子、大臣、官长，不亲近诸外道、梵志、尼犍子等，及造世俗文笔赞咏外书，及路伽耶陀、逆路伽耶陀者。亦不亲近诸有凶戏、相叉相扑，及那罗等种种变现之戏。又不亲近㺃陀罗，及畜猪、羊、鸡、狗、畋猎、渔捕，诸恶律仪。如是人等，或时来者，则为说法，无所希望。又不亲近求声闻比丘、比丘尼、优婆塞、优婆夷，亦不问讯。若于房中，若经行处，若在讲堂中，不共住止。或时来者，随宜说法，无所希求。

"文殊师利，又菩萨摩诃萨不应于女人身取能生欲想相而为说法，亦不乐见。若入他家，不与小女、处女、寡女等共语，亦复不近五种不男⑤之人，以为亲厚。不独入他家，若有因缘须独入时，但一心念佛。若为女人说法，不露齿笑，不现胸臆，乃至为法，犹不亲厚，况复余事？不乐畜年少弟子，沙弥小儿，亦不乐与同师。常好坐禅，在于闲处，修摄其心。文殊师利，是名初亲近处⑥。

"复次，菩萨摩诃萨观一切法空如实相，不颠倒，不动，不退，不转，如虚空无所有性，一切语言道断，不生，不出，不起，无名无相，实无所有，无量无边，无碍无障，但以因缘有、从颠倒生故说。常乐观如是法相，是名菩萨摩诃萨第二亲近处⑦。"

尔时，世尊欲重宣此义，而说偈言⋯⋯

注释

①**安住四法**：即四安乐行，身安乐行、口安乐行、意安乐行和誓愿安乐行。

②**安住菩萨行处、亲近处**：即四安乐行之一，身安乐行。身应当远离十事，才能坐禅摄心，而得安乐。十事是：第一豪势，第二神人邪法，第三凶险嬉戏，第四旃陀罗，第五二乘众，第六欲想，第七五种不男之人，第八危害之处，第九讥嫌之事，第十畜养沙弥小儿。

③**菩萨摩诃萨行处**：简称菩萨行处，菩萨行六度，观诸法实相。

④**菩萨摩诃萨亲近处**：简称菩萨亲近处，包括了初亲近处和第二亲近处两类。

⑤**五种不男**：不成完全的男性，有一种解释是，第一生不男，先天男根不发育。第二犍不男，以刀割去男根者。第三妒不男，因见到他人的淫事才因妒而勃兴。第四变不男，具备男女双根，遇男则起女根，遇女则起男根。第五半不男，半月是男根，半月又不是。

⑥**初亲近处**：即身远离十事。

⑦**第二亲近处**：亲近诸法实相，观一切皆空。

译文

那时，文殊师利菩萨对佛说："世尊，这些菩萨都非常难得，他们因为恭敬顺受佛的缘故，发宏大誓愿，在后来的恶世中，决心护持、诵读和宣说这部《法华经》。世尊，菩萨们在以后的恶世之中，怎么样演说这部经呢？"

佛告诉文殊师利说："如果菩萨们想在后世演说这部经典的话，必须安住四种方法：一是安住菩萨行处和菩萨亲近处，这样就能为众生演说这部经典。

"文殊师利，什么是菩萨所行处？如果菩萨安住在忍辱地，柔和、友善、温顺，不狂暴，心不惊慌。再加上能够洞达诸法实相，对万法无所施为，这种不行作，不加分别，就是菩萨摩诃萨所应该具备的修行原则。

"什么是菩萨的亲近处呢？菩萨摩诃萨不应该亲近国王、王子、大臣、官吏，不应该亲近外道、梵志、尼犍子等，以及世俗之义，佛教之外的思想，不亲近教导物欲主义的外道及违背世情世道的外道论。也不应该亲近那些凶险的游戏，相扑、角力、摔跤等等。又不亲近屠肉者，不亲近畜养猪、羊、鸡、狗的行为以及捕猎等恶相。如果这些人出现时，为他们说法的话，不希望他们有所成就。又不亲近追求声闻乘的比丘、比丘尼、优婆塞和优婆夷，也不去询问这些人的情况。在房屋中，在行路处，在讲经处，都不与他们共处。如果他们来向你求法，你就随机施设方便，不要有什么希求。

　　"文殊师利，菩萨摩诃萨也不应该对女人的肉体有所欲望而为她说法，也不应该喜爱看女人。如果到人家去，不应该和小女孩、处女和寡妇等说话，也不应该和五种不男之人，即生、犍、妒、变、半，相处亲近。不应该单独到他们家中去，如果因故一定得独自去时，要一心念佛。如果为女人说法，不应该露齿而笑，也不能显示心中所想。甚至为了弘扬佛法，也不可以与她们有亲厚的关系，何况是为了其他的杂事？也不应该畜养少年弟子、小沙弥等，不能与他们同入一个师门。应该喜爱坐禅，坐在闲静处，慑服自心。文殊师利，这就叫作初亲近处。

　　"还有，菩萨观照一切法空，观照诸法实相，而能不颠倒，不动作，不退转，犹如虚空，没有自性，于一切而能言语道断，不生成，不出离，不生起，没有名言，没有相状，实在空无所有，无限量，无边际，无妨碍，无遮障。但以因缘和合而有，从颠倒生，故说生死轮转。常乐观如是法相，是名菩萨摩诃萨第二个亲近处。"

那时，世尊为了重新宣说这层意思，就诵出这样的偈……

原典

"又，文殊师利，如来灭后，于末法中欲说是经，应住安乐行①，若口宣说，若读经时，不乐说人及经典过，亦不轻慢诸余法师，不说他人好恶长短。于声闻人，亦不称名说其过恶，亦不称名赞叹其美。又，亦不生怨嫌之心。善修如是安乐心故，诸有听者不逆其意，有所难问，不以小乘法答，但以大乘而为解说，令得一切种智。"

尔时，世尊欲重宣此义，而说偈言……

注释

①**住安乐行：**这指四安乐行之二的口安乐行。口应远离四种语言，即第一不说他人及经典之过，第二不轻慢他人，第三不赞叹也不诋毁他人，第四不生悲恨心。口能这样，能得安乐。

译文

"还有，文殊师利，如来灭度之后，在末法时代想宣说这部经典，应当住安乐行。在宣说此经时，在诵读此经时，不应该喜好说别人的过失，不说经典的过失，不轻视怠慢其余的法师，也不对人说长说短，说好说恶。对于声闻乘人，也不指其名而说他们的过失和恶处，也不指其名而赞颂称叹他们的优美之处，对他们也不生起抱怨嫌弃之心。好好按照这样的要求修安乐心，凡是有听你说法者，都不会违逆经意，如果他们有问题要问，你不以小乘佛法回答，而应以大乘佛法来为他们解说，使他们得到一切种智。"

那时，世尊为了重新宣说这个思想，而诵出偈颂……

原典

"又，文殊师利，菩萨摩诃萨于后末世法欲灭时受持、读诵斯经典者，无怀嫉妒、谄诳之心，亦勿轻骂学佛道者，求其长短。若比丘、比丘尼、优婆塞、优婆夷、求声闻者、求辟支佛者、求菩萨道者，无得恼之，令其疑悔，语其人言：'汝等去道甚远，终不能得一切种智。所以者何？汝是放逸之人，于道懈怠故。'又，亦不应戏论诸法，有所诤竞。当于一切众生起大悲想，于诸如来起慈父想，于诸菩萨起大师想，于十方诸大菩萨常应深心恭敬礼拜，于一切众生平等说法，以顺法故，不多不少，乃至深爱法者亦不为多说。

"文殊师利，是菩萨摩诃萨于后末世法欲灭时，有成就是第三安乐行①者，说是法时，无能恼乱，得好同学共读诵是经，亦得大众而来听受，听已能持，持已能诵，诵已能说，说已能书，若使人书，供养经卷，恭敬、尊重、赞叹。"

尔时，世尊欲重宣此义，而说偈言……

注释

①**第三安乐行**：即意安乐行，意必须远离四种过失，第一嫉诳，第二轻骂，第三以大行诃骂小行之人，第四争竞。意离四过，则常好安乐，修养其心，因而称为意安乐行。

译文

"还有，文殊师利，菩萨摩诃萨在后世末法时代佛法要灭的时候，受持读诵这部经典，应该没有嫉妒心、谄媚心、欺诳心，也不应该轻视和辱骂学佛的人，说长说短。至于比丘、比丘尼、优婆塞、优婆夷中的追求声闻乘、辟支佛乘和菩萨乘的众生，不能恼怒他们而使他们生怀疑或后悔的心。不能这样对他们说：'你们离佛教之道还远着呐，你们终究不会得到一切种智。为什么呢？因为你们都太放旷安逸，对道的追求非常松懈怠慢。'还有，也不应该对佛法用戏论来理解，而产生争讼。应当对一切众生生起大悲悯心，对如来们看作是你的慈父，把菩萨们看作是你的大师，对十方世界的大菩萨们应该经常从内心深处恭敬礼拜他们，对一切众生都应以平等心为他们说法，因为顺受佛法的缘故，不多说法，也不少说法，即使深心挚爱佛法的众生，也不能对他多说佛法。

"文殊师利，这些菩萨摩诃萨如果在后世末法时期佛法将灭时，而能成就这个第三安乐行，演说佛法时能不生烦恼心、杂乱心，能有好同学一起诵读此经，能有大众前来听受此经，听完后能奉持此经，奉持之后自己也能诵读此经，诵读完后也能演说此经，演说之后也能书写此经，不但自己书写，也能使他人书写并供养此经，恭敬此经，尊重此经，赞叹此经。"

那时，世尊为了重新宣说这一意义，而说偈颂……

原典

"又，文殊师利，菩萨摩诃萨于后末世法欲灭时，有持是《法华经》者，于在家出家人中生大慈心，于非菩萨人中生大悲心，应作是念：如是之人则为大失。如来方便随宜说法，不闻、不知、不觉、不问、不信、不解。其人虽不问、不信、不解是经，我得阿耨多罗三藐三菩提时，随在何地以神通力、智慧力引之，令得住是法中。

"文殊师利，是菩萨摩诃萨于如来灭后有成就此第四法①者，说是法时，无有过失，常为比丘、比丘尼、优婆塞、优婆夷、国王、王子、大臣、人民、婆罗门、居士等供养恭敬，尊重赞叹。虚空诸天为听法故，亦常随侍。若在聚落城邑、空闲林中有人来欲难问者，诸天昼夜常为法故而卫护之，能令听者皆得欢喜。所以者何？此经是一切过去、未来、现在诸佛神力所护故。文殊师利，是《法华经》于无量国中乃至名字不可得闻，何况得见受持读诵？

"文殊师利，譬如强力转轮圣王欲以威势降伏诸国，而诸小王不顺其命，时转轮王起种种兵而往讨伐。王见兵众战有功者，即大欢喜，随功赏赐，或与田宅、聚落、城邑，或与衣服严身之具，或与种种珍宝：金、银、琉璃、砗磲、玛瑙、珊瑚、琥珀、象、马、车乘、奴婢、人民，唯髻中明珠②不以与之。所以者何？独王顶上有此一珠，若以与之，王诸眷属必大惊怪。

"文殊师利，如来亦复如是，以禅定智慧力得法国土，王于三界，而诸魔王不肯顺伏。如来贤圣诸将与之共战，其有功者，心亦欢喜，于四众中为说诸经，令其心悦。赐以禅定解脱无漏根力诸法之财，又复赐与涅槃之城，言得灭度，引导其心，令皆欢喜，而不为说是《法华经》。

"文殊师利，如转轮王见诸兵众有大功者心甚欢喜，以此难信之珠久在髻中，不妄与人，而今与之。如来亦复如是，于三界中为大法王，以法教化一切众生。见贤圣军与五阴魔、烦恼魔、死魔共战，有大功勋，灭三毒，出三界，破魔网，尔时，如来亦大欢喜。此《法华经》，能令众生至一切智，一切世间多怨难信，先所未说，而今说之。

"文殊师利，此《法华经》是诸如来第一之说，于诸说中最为甚深，末后赐与。如彼强力之王久护明珠，今乃与之。文殊师利，此《法华经》，诸佛如来秘密之藏，于诸经中最在其上，长夜守护，不妄宣说，始于今日乃与汝等而敷演之。"

尔时，世尊欲重宣此义，而说偈言……

注释

①**第四法**：即四安乐行中的第四誓愿安乐行，向那些不闻、不知、不觉这《法华经》的众生，起大悲心，在得无上正等正觉之后，愿以神通力和智慧力引导他们，使其入此法。发起这一誓愿，得誓愿安乐行。

②**髻中明珠**：即顶珠，喻诸法实相，或诸佛如来秘密之藏的《法华经》，是法华七喻之一，随功赏赐是权，最后给顶珠是实。

译文

"还有，文殊师利，菩萨摩诃萨在后世末法时代佛法将灭时，能奉持这部《法华经》，对在家和出家信徒都应生大慈爱心，对非菩萨人要生大悲悯心，应当这样想：像这些人，真是大过失。如来的方便施设，随机说法，他们都没听过，都不知道，都不觉悟，都不生疑问，不相信，也不理解。这些人虽然不讯问、不相信、不理解这部经，当我证得无上正等正觉之时，随时在任何地方都要用神通力和智慧力去接引他们，使他们也能达到法华的境界。

"文殊师利，这个菩萨摩诃萨在如来灭度后如果能成就这个第四安乐法，讲说这种法时，没有过失，就能经常受比丘、比丘尼、优婆塞、优婆夷、国王、王子、大臣、人民、婆罗门、居士等大众的供养恭敬，尊重赞叹。虚空界的众天，为了能听法，也经常跟随。如果在聚居地区、城镇、空闲林地中有人想来提出设难，众天就经常昼夜护法，而使听法者都得欢喜。为什么呢？这部经典是受到一切过去、未来、现在众佛的神通力护卫的。文殊师利，这部《法华经》在无数个国土中，甚至连这部经的名字都没有听到过，更不用说去受持、诵读了。

"文殊师利，就譬如强力转轮圣王想用他的威严势力来降伏各国，而各位小国之王又不服他的命令，这时，转轮圣王就兴许多的军队前往讨伐。他看到士兵中战斗有功的，就非常欢喜，按功行赏，或赏赐田宅、村落、城镇，或者是赏给衣服及其他庄严身相的物品，或者是赏赐许多珍宝：金、银、琉璃、砗磲、玛瑙、珊瑚、琥珀、大象、骏马、车乘、奴婢和人民等等，就是自己头髻中的那颗明珠不给。为什么呢？因为只有转轮王头顶上有这一颗珠，如果给他们，大王的眷属们必然会大大惊异责怪的。

"文殊师利，如来也是如此，如来以禅定力，智慧力而取得佛法国土，成为三界之王，而魔王们则不肯顺服于如来。如来手下的圣贤众将与魔王们作战，其中的有功之臣，如来也很欢喜，在四众之中为他们演说佛经，使他们心生喜悦。赏赐他们的财物是禅定解脱、无漏根力，又赐给他们涅槃之城，使他们得灭度，引导他们的心，使他们都生欢喜，但恰恰不为他们讲这部《法华经》。

"文殊师利，就像转轮圣王看到士兵们有战功，心里很高兴，但这颗难以置信的宝珠却久在髻中，不肯轻易给人，而今天终于给他们了。如来也是这样，在三界中是一位大法王，用佛法教化一切众生。当如来看到他的贤圣之军与五阴之魔、烦恼之魔、死亡之魔战斗有功，灭除三毒，出三界火宅，破除了魔网，那时候，如来也非常欢喜。这部《法华经》能使众生得到一切智，但是，由于世间怨愤多，众生难以相信，所以如来起初没有说，而现在说这部经。

"文殊师利，这《法华经》是如来们的第一之说，在许多的说法中，这一法最为深妙，所以最后才赐予。就像那位强力转轮圣王，长久以来，都护卫他的明珠，最后才赏赐出去。文殊师利，这《法华经》是诸佛如来的秘密之藏，在众佛经中在最上层，所以长夜之间，如来加以守护，不轻易宣说，直到今天才开始对众生演说此经。"

那时，世尊想重新宣说这段佛法，而说偈颂……

从地涌出品第十五

尔时，他方国土诸来菩萨摩诃萨，过八恒河沙数，于大众中起，合掌作礼，而白佛言："世尊，若听我等于佛灭后在此娑婆世界勤加精进、护持读诵、书写供养是经典者，当于此土而广说之。"

尔时，佛告诸菩萨摩诃萨众："止！善男子，不须汝等护持此经。所以者何？我娑婆世界自有六万恒河沙等菩萨摩诃萨，一一菩萨各有六万恒河沙眷属。是诸人等能于我灭后护持、读诵、广说此经。"佛说是时，娑婆世界三千大千国土地皆振裂，而于其中有无量千万亿菩萨摩诃萨同时涌出①。是诸菩萨身皆金色，三十二相，无量光明。先尽在此娑婆世界之下，此界虚空中住。是诸菩萨闻释迦牟尼佛所说音声，从下发来。一一菩萨皆是大众唱导②之首，各将六万恒河沙眷属，况将五万、四万、三万、二万、一万恒河沙等眷属者，况复乃至一恒河沙、半恒河沙、四分之一，乃至千万亿那由他分之一。况复千万亿那由他眷属，况复亿万眷属，况复千万、百万，乃至一万，况复一千、一百，乃至一十，况复将五、四、三、二、一弟子者，况复单己乐远离行。如是等比，无量无边，算数、譬喻所不能知。

是诸菩萨从地出已，各诣虚空七宝妙塔，多宝如来、释迦牟尼佛所，到已，向二世尊头面礼足，及至诸宝树下师子座上佛所，亦皆作礼，右绕三匝，合掌恭敬，以诸菩萨种种赞法而以赞叹，住在一面，欣乐瞻仰于二世尊。是诸菩萨摩诃萨从初涌出，以诸菩萨种种赞法而赞于佛，如是时间，经五十小劫。是时释迦牟尼佛默然而坐，及诸四众亦皆默然。五十小劫，佛神力故，令诸大众谓如半日。"

尔时，四众亦以佛神力故，见诸菩萨遍满无量百千万亿国土虚空，是菩萨众中有四导师：一名上行，二名无边行，三名净行，四名安立行。是四菩萨于其众中最为上首唱导之师，在大众前各共合掌，观释迦牟尼佛而问讯言："世尊，少病少恼，安乐行不？所应度者受教易不？不令世尊生疲劳耶？"尔时，四大菩萨而说偈言……

尔时，世尊于菩萨大众中而作是言："如是，如是，诸善男子，如来安乐，少病少恼，诸众生等，易可化度，无有疲劳。所以者何？是诸众生世世已来常受我化，亦于过去诸佛恭敬尊重，种诸善根。此诸众生始见我身，闻我所说，即皆信受，入如来慧。除先修习学小乘者，如是之人，我今亦令得闻是经，入于佛慧。"

尔时，诸大菩萨而说偈言：

善哉善哉！大雄世尊，

诸众生等，易可化度。

能问诸佛，甚深智慧，

闻已信行，我等随喜。

注释

①**涌出**：这里是指恒河沙大菩萨从地涌出，这些菩萨都是释迦如来久远以前所教化的，由此可知释迦如来的寿量。

②**唱导**：宣唱佛法而化导众生。从事唱导的人称为唱导师或导师。

译文

这时，他方国土的菩萨，他们的数量超过八条恒河之沙的数目，都从大众中站起，合掌礼敬，对佛说："世尊，如果允许我们在佛灭后就在这个娑婆世界上时时加以精进、守护、奉持、朗读、念诵、书写和供养此经的话，我们定会在这块佛土上广泛宣说这部经。"

这时，佛告诉各位菩萨说："停！善男子们，不需要你们守护奉持这部经。为什么呢？我的娑婆世界自然会有六万恒河沙数般的菩萨，而且每一位菩萨又各带有六万恒河沙数般的眷属，这些人能在我灭度后守护、奉持、朗读、念诵和广泛宣说这部经。"佛说这些话时，娑婆世界中三千大千国土的土地全都震动而裂开，其中涌现出无数千万亿菩萨来，他们都身染金黄色，有三十二相，放无量光明。他们原先是在这娑婆世界之下，此界的虚空中居住的，当他们听到释迦牟尼佛说法的声音时，都从下面出来了。他们每一位菩萨都是大众中的唱导之首，每位都带六万恒河沙的眷属，除此之外，况且还带有五万、四万、三万、二万和一万恒河沙的眷属的菩萨，又有甚至仅带一恒河沙、半恒河沙、四分之一恒河沙数或者千万亿那由他分之一恒河沙数眷属的菩萨。况且这千万亿那由他的眷属又带有亿万个眷属，千万、百万甚至一万个眷属，甚至一千、一百、一十个眷属，甚至只带五个、四个、三个、二个或者一个弟子。况且也有的喜好自己一个人远行。所有这些，无边无量，无法譬喻。

这么多的菩萨从地下涌现出来之后，都到虚空中的七宝妙塔多宝如来和释迦牟尼那儿，到了之后，向二位世尊行礼，以自己的头和脸面礼佛足，又到宝树下的狮子座上的各位佛那儿，一一向他们施礼，右向绕行三圈，合掌恭敬，用菩萨的种种赞叹来赞叹众佛，然后退立一旁，以欣喜欢乐之心仰望二位世尊。这些菩萨从刚涌出到向佛礼赞，这段时间就有五十小劫。这时，释迦牟尼佛默然而坐，其余四众弟子，也都这样。由于佛的神力作用，五十个小劫在大家看来，像是半天时间。

这时，四众弟子也因为佛的神力的作用，发现菩萨遍布无数无量百千万亿国土和虚空，这些菩萨中有四位导师：一是上行，二是无边行，三是净行，四是安立行。他们四位在众菩萨中是最上首的唱导师，他们在大众面前，一起合掌瞻仰释迦牟尼佛，问道："世尊，您是否少病痛少烦恼？是否安乐？救度众生，这事是否容易？是否感到疲劳？"这时，四大菩萨说偈颂……

这时，世尊在菩萨大众中说："是这样！是这样！善男子们，如来得安乐，少病少烦恼，教化众生也很容易，不会劳倦的。为什么呢？因为这些众生世世代代以来，一直都是受我的教化的，况且他们在过去诸佛那儿也常行恭敬和尊重之礼，种下了各种善根种子。他们开始见我时，听到我的说法，立刻就信仰受持，得如来智慧了。除去原先是修习小乘的人，而现在这些人我也让他们听了此经，也得到了佛智慧了。"

这时，各位大菩萨就说偈颂：

妙啊真妙啊！大雄佛世尊，

将各位众生，轻松地化度。

能向佛世尊，求教佛智慧，

而能信和行，我们也随喜。

原典

于时，世尊赞叹上首诸大菩萨："善哉！善哉！善男子，汝等能于如来发随喜心。"尔时，弥勒菩萨及八千恒河沙诸菩萨众皆作是念：我等从昔已来不见不闻如是大菩萨摩诃萨众从地涌出，住世尊前，合掌供养，问讯如来。时弥勒菩萨摩诃萨知八千恒河沙诸菩萨等心之所念，并欲自决所疑，合掌向佛以偈问曰……

尔时，释迦牟尼分身诸佛从无量千万亿他方国土来者，在于八方诸宝树下师子座上结跏趺坐，其佛侍者，各各见是菩萨大众于三千大千世界四方从地涌出，住于虚空，各白其佛言："世尊，此诸无量无边阿僧祇菩萨大众从何所来？"尔时，诸佛各告侍者："诸善男子，且待须臾，有菩萨摩诃萨，名曰弥勒，释迦牟尼佛之所授记次后作佛，已问斯事，佛今答之，汝等自当因是得闻。"

尔时，释迦牟尼佛告弥勒菩萨："善哉！善哉！阿逸多，乃能问佛如是大事。汝等当共一心，被精进铠，发坚固意。如来今欲显发、宣示诸佛智慧，诸佛自在神通之力①，诸佛师子奋迅之力②，诸佛威猛大势之力。"尔时，世尊欲重宣此义，而说偈言……

　　尔时，世尊说此偈已，告弥勒菩萨："我今于此大众宣告汝等，阿逸多，是诸大菩萨摩诃萨无量无数阿僧祇从地涌出，汝等昔所未见者，我于是娑婆世界得阿耨多罗三藐三菩提已，教化示导是诸菩萨，调伏其心，令发道意。此诸菩萨皆于是娑婆世界之下，此界虚空中住，于诸经典，读诵通利，思惟分别，正忆念。阿逸多，是诸善男子等不乐在众多有所说，常乐静处，勤行精进，未曾休息，亦不依止人天而住。常乐深智，无有障碍，亦常乐于诸佛之法，一心精进，求无上慧。"

　　尔时，世尊欲重宣此义，而说偈言……

注释

　　①**自在神通之力：**即自在力和神通力。

　　②**师子奋迅之力：**狮子奋迅时，诸根开张，狮毛全竖，现出威猛怒吼之相。喻佛奋起一佛乘之身，开大悲根门，竖大悲毛之先导，显现应机之威，吼一乘之法门。

译文

　　在这时候，世尊赞叹上首大菩萨道："善哉！善哉！善男子，你们能够发随喜如来之心。"这时，弥勒菩萨以及八千恒河沙菩萨都这样想：我们从来没见过也没听说过大菩萨能从地下涌现出来，到世尊面前，合掌供养，并向如来问候。那时，弥勒菩萨知道这八千恒河沙数的菩萨心中所想，于是就自己解答他们的疑惑，他合掌向佛以偈问道……

这时，释迦牟尼分身的诸佛从无数千万亿他方世界的国土而来，坐在八方宝树下的狮子座上，结跏趺坐，他们的侍者，都看到三千大千世界四方的菩萨从地下涌出，停住在虚空。于是，他们都对自己的佛说："世尊，这无数无边阿僧祇菩萨是从什么地方来的呢？"这时，诸位分身佛就告诉自己的侍者说："善男子们，先等一会儿，有位菩萨名叫弥勒，释迦牟尼为他授记，在释迦牟尼之后做佛，他已经问了这个问题了，佛今天要回答，你们因此也可以听到了。"

这时，释迦牟尼佛告诉弥勒菩萨说："善哉！善哉！阿逸多，你能够提出这样的大问题。你们应该一心一意，披上精进铠甲，发起坚固意志。如来现在想显扬、阐发、弘宣、示现诸佛的智慧，以及诸佛的自在神通之力，诸佛的狮子奋迅之力，诸佛的威猛大势之力。"这时，世尊想重申此意，而说偈颂……

那时，世尊说完偈颂之后，就告诉弥勒菩萨说："我现在就在这些大众面前向你们宣告。阿逸多，这些大菩萨，无数无量阿僧祇的大菩萨从地下涌现出来，这是你们过去所没有看到过的。我在这个娑婆世界得成无上正等正觉之后，就教化开示唱导这些菩萨，调伏他们的心境，使他们发起道心。这些菩萨都在这个娑婆世界之下，此界的虚空中居住，他们对各种经典都常朗读念诵，通达其利，也能分别诸经，思惟诸经，端正忆念。阿逸多，这些善男子不喜好在大众中多说什么，而爱好在闲静处常行精进，而不休息，也不修到天、人就停止。他们喜好佛的甚深智慧而没有障碍，也常喜欢对于某一佛法行精进力，求无上智慧。"

这时，世尊想重申此意，而说偈颂……

原典

尔时，弥勒菩萨摩诃萨及无数诸菩萨等，心生疑惑，怪未曾有，而作是念：云何世尊于少时间教化①如是无量无边阿僧祇诸大菩萨，令住阿耨多罗三藐三菩提？即白佛言："世尊，如来为太子时，出于释宫，去伽耶城不远坐于道场，得成阿耨多罗三藐三菩提。从是已来，始过四十余年，世尊云何于此少时，大作佛事，以佛势力，以佛功德，教化如是无量大菩萨众，当成阿耨多罗三藐三菩提？世尊，此大菩萨众，假使有人于千万亿劫，数不能尽，不得其边。斯等久远已来，于无量无边诸佛所，植诸善根，成就菩萨道，常修梵行。

"世尊，如此之事，世所难信。譬如有人，色美发黑，年二十五，指百岁人，言是我子。其百岁人亦指年少，言是我父，生育我等。是事难信。佛亦如是，得道已来，其实未久，而此大众诸菩萨等，已于无量千万亿劫为佛道故，勤行精进，善入出住无量百千万亿三昧，得大神通。久修梵行，善能次第习诸善法，巧于问答，人中之宝，一切世间甚为希有。今日世尊方云得佛道时，初令发心教化示导，令向阿耨多罗三藐三菩提。

"世尊得佛未久，乃能作此大功德事，我等虽复信佛，随宜所说，佛所出言未曾虚妄，佛所知者皆悉通达。然诸新发意菩萨，于佛灭后，若闻是语，或不信受，而起破法罪业因缘。唯然世尊，愿为解说，除我等疑，及未来世诸善男子闻此事已，亦不生疑。"尔时，弥勒菩萨欲重宣此义，而说偈言……

注释

①**于少时间教化：**释迦如来在成道四十多年间的极少时间内，能教化无数众生，这种不可思议的事，世人难信。这说明释迦的寿量无数，实际上已经成佛无数劫了。

译文

　　这时，弥勒菩萨以及无数其他菩萨心中都生起疑惑，疑惑这未曾有过的事，因而都这样想：为什么世尊用很少的时间就能教化出这么多的大菩萨，使他们都成就无上正等正觉？于是他们就对佛说："世尊，如来在当年做太子时，出王宫，到伽耶城附近去坐道场，证成无上正等正觉。从那时以来，只过了四十多年，世尊为何能在这么短的时间内大做佛事，以佛的势力、佛的功德教化这么多的无量大菩萨，并使他们都成就无上正等正觉？世尊，这些大菩萨的数量，即使有人在千万劫中来过数，也都数不完。他们很久以来，一直在无数无边的诸佛那儿，种下了善根种子，成就了菩萨道，并常修梵行。

　　"世尊，这类事情，世人难以置信。譬如有人，貌美发黑，二十五岁，但他却指着百岁老人说：'这是我的儿子。'而百岁老人也指少年说：'这是我的父亲，生我育我。'这事就难以置信。佛也是这样，得道以来，其实时间不长，而这些大众中的各位菩萨，却已经在无量千万亿劫之前，就为了求佛道而常行精进，自在出入各种三昧之中，得到大神通了。他们长久以来就修梵行，能够依次修习各种善法，善于回答各种问题。他们是人中之宝，一切世间也都很少有见的。现在世尊说您得佛道时，就要他们发心修道，就教化开示和唱导他们，使他们得无上正等正觉。

"世尊成佛时间也不长，却能做出这样的大功德来，我们虽然都相信佛，佛往往随机说法，佛所言说，不会虚妄，佛所知道的，都能通达无碍。但是，那些新发意菩萨们，在佛灭度后，就听不到佛的这些话语了，有的可能会不相信，不受持，因而出现破坏佛法的罪业因缘来。请世尊给我们说说此事，以便消除我们的疑虑，也使来世诸善男子闻说此事之后，也不会生疑惑。"这时，弥勒菩萨想重申此意，而说偈颂……

如来寿量品第十六

原典

尔时，佛告诸菩萨及一切大众："诸善男子，汝等当信解如来诚谛之语。"复告大众："汝等当信解如来诚谛之语。"又复告诸大众："汝等当信解如来诚谛之语。"

是时菩萨大众，弥勒为首，合掌白佛言："世尊，惟愿说之，我等当信受佛语。"如是三白已，复言："惟愿说之，我等当信受佛语。"

尔时，世尊知诸菩萨三请不止，而告之言："汝等谛听，如来秘密神通之力，一切世间天、人及阿修罗，皆谓今释迦牟尼佛出释氏宫，去伽耶城不远，坐于道场，得阿耨多罗三藐三菩提。然善男子，我实成佛已来，无量无边百千万亿那由他劫。譬如五百千万亿那由他阿僧祇三千大千世界，假使有人抹为微尘，过于东方五百千万亿那由他阿僧祇国，乃下一尘，如是东行，尽是微尘。诸善男子，于意云何？是诸世界可得思惟校计，知其数不？"

弥勒菩萨等俱白佛言："世尊，是诸世界无量无边，非算数所知，亦非心力所及。一切声闻、辟支佛，以无漏智，不能思惟知其限数。我等住阿惟越致地，于是事中亦所不达。世尊，如是诸世界，无量无边。"

尔时，佛告大菩萨众："诸善男子，今当分明宣语汝等。是诸世界，若着微尘，及不着者，尽以为尘。一尘一劫^①，我成佛已来，复过于此百千万亿那由他阿僧祇劫。自从是来，我常在此娑婆世界说法教化，亦于余处百千万亿那由他阿僧祇国导利众生。诸善男子，于是中间，我说然灯佛等，又复言其入于涅槃。如是皆以方便分别。

"诸善男子，若有众生来至我所，我以佛眼，观其信等诸根利钝，随所应度^②。处处自说名字不同，年纪大小，亦复现言当入涅槃。又以种种方便说微妙法，能令众生发欢喜心。诸善男子，如来见诸众生乐于小法，德薄垢重者，为是人说。我少出家，得阿耨多罗三藐三菩提，然我实成佛已来，久远若斯。但以方便教化众生，令入佛道，作如是说。

注释

①**一尘一劫**：释迦牟尼成佛的久远劫数，无法计数。以五百千万亿那由他阿僧祇三千大千世界为一个微尘，以这一微尘为一劫之喻的话，释迦牟尼成佛以来，已经历了百千万亿那由他阿僧祇的劫。

②**随所应度**：根据众生不同的根器而施以相应的化

度方法。

译文

这时，佛告诉各位菩萨及一切大众说："善男子们，你们应该相信和理解如来的话。"又告诉大家："你们应当相信和理解如来的话。"又告诉大家："你们应当相信和理解如来的话。"

这时，以弥勒为首的菩萨们都合掌对佛说："世尊，请您说吧！请您说吧！我们一定相信和受持佛的话语。"如此说了三遍之后，又说："请您说吧！我们一定相信和受持佛的话语。"

这时，世尊知道这些菩萨三请之后仍没有停止，就告诉他们说："你们听着，这是如来的秘密神通之力。一切世间的天、人、阿修罗等等，都认为释迦牟尼佛出了王宫，到伽耶城附近坐道场去了之后，得到无上正等正觉。但是，善男子，实际上我已经成佛无量无边百千万亿那由他劫了。譬如五百千万亿那由他阿僧祇的三千大千世界，这么多的世界假设都磨成粉末，那么这些微尘粉末在东方五百千万亿那由他阿僧祇国内，仍是一颗微尘而已，而像这样的微尘，东方世界有无数无尽。善男子们，你们认为怎么样？这些世界是可以用思惟来校计而能知道其数量的吗？"

弥勒菩萨等都对佛说："世尊，这些世界无数无量，难以算数，也不是我们的心力所能理解得了的，一切声闻、辟支佛用他们的无漏智，也不能够理解这些世界的限量数目。我们虽然都住在阿惟越致，对于这种事情也无能为力。世尊，这些世界无量无数，无边无际。"

　　这时，佛就告诉大菩萨们说："善男子们，现在该明确地告诉你们了。这些世界，不管讲不讲微尘之喻，都是微尘。我以一微尘为一劫，我成佛已经超过这百千万亿那由他的阿僧祇劫了。从那时以来，我就常在这娑婆世界中说法，教化众生，同时也在其余百千万亿那由他阿僧祇的国土中唱导和利益众生。善男子们，其间我又告诉燃灯佛等，告诉他们将要进入涅槃。这些都是用方便法门分别说法。

　　"善男子们，如果有众生到我这儿来，我就用佛眼看他的信根等各个根性是利是钝，再随机化度。我能说出他们的不同名字，年纪大小，也对他们说一定能入涅槃。我又以种种方便法门说微妙大法，使众生发起欢喜之心。善男子们，如来看到众生们喜好小法，德性薄而垢污重时，就为他们说法。我少时出家，得无上正等正觉，但我其实成佛很久了，为了以种种方便教化众生，使他们得成佛道，才这样说法。

原典

"诸善男子，如来所演经典皆为度脱众生。或说己身，或说他身；或示己身，或示他身；或示己事，或示他事。诸所言说，皆实不虚。所以者何？如来如实知见^①三界之相，无有生死，若退若出，亦无在世及灭度者，非实非虚^②，非如非异^③，不如三界，见于三界。如斯之事，如来明见，无有错谬。以诸众生有种种性，种种欲，种种行，种种忆想分别故，欲令生诸善根，以若干因缘、譬喻、言辞，种种说法。所作佛事，未曾暂废。如是我成佛已来，甚大久远，寿命无量阿僧祇劫，常住不灭。

"诸善男子，我本行菩萨道，所成寿命，今犹未尽，复倍上数。然今非实灭度^④，而便唱言当取灭度。如来以是方便教化众生。所以者何？若佛久住于世，薄德之人，不种善根，贫穷下贱，贪着五欲，入于忆想、妄见网中。若见如来常在不灭，便起憍恣，而怀厌怠，不能生难遭之想，恭敬之心。是故如来以方便说。比丘当知，诸佛出世，难可值遇。所以者何？诸薄德人，过无量百千万亿劫，或有见佛，或不见者。以此事故，我作是言，诸比丘，如来难可得见。斯众生等闻如是语，必当生于难遭之想，心怀恋慕，渴仰于佛，便种善根。是故如来虽不实灭，而言灭度。

注释

①**如实知见**：所知所见都如实相，与实相无异。

②**非实非虚**：如来所说经典，为中道第一义理。一佛乘非实，开三乘而显；一佛乘非虚，会三乘归一乘。

③**非如非异**：也是对诸法实相的表述。如指真如、实相，异指事相。实相非如，开方便而显；实相非异，方便事相都归于真如一理。

④**非实灭度**：不是真灭度，而是为了使众生发起怀恋心而假说灭度，所说灭度，也是方便。

译文

"善男子们，如来演说经典，都是为了度脱众生。有时说自己的身，有时说他人的身；有时显示自己身，有时又显示他人身；有时讲自己的事，有时又讲他人的事。凡是如来所言所说，都是真实不虚的。为什么呢？因为如来具有真实的知见，如来认为三界之相没有生死出没之别，没有在世或灭度之别，非实非虚，非出世真如，也非世间隔异。这种看法就不同于在三界内看三界的观点了。像这样的事，如来都明察洞见，没有错误。

因为众生有种种根性，种种欲望，种种造作，种种忆想分别之心的缘故，所以如来想使他们生长善根，因而就用许多因缘、譬喻和言辞来进行种种说法。所做的佛事，一直没有片刻的停止。像这样，我成佛以来，已经非常久远了，我的寿命有无量阿僧祇劫，常住而不灭。

"善男子们，我一直行菩萨道，我的寿命，现在并没有到尽头，而且又数倍于上面这个寿命年数。但是现在我并不是真要灭度，却说灭度。如来是以这种方便说法来教化众生的。为什么呢？如果佛长久地在这个世界上住下去，那么有些薄德之人就不想去种植善根了，而贫穷和下贱的众生则贪染五欲，堕入忆想和妄念之网。他们如果发现如来常住不灭，就会生起憍情恣意，而心怀厌倦和懈怠之心，却不会生起此佛住世，难遇难求，现在佛已住世，应当恭敬这样的想法。所以，如来以方便说法。比丘们，应该明白，诸佛出世是很难遇上一次的，为什么呢？那些德性微薄的人在无量百千万亿劫中，有的见到佛，有的还见不到。因此我说'比丘们，如来很难见到'。这些众生听到这句话后，一定会生起如来难以遭见之想，因而就心怀爱恋敬慕，渴望能瞻仰如来，以利于种植善根。所以，如来虽然不灭，却说灭度。

原典

"又，善男子，诸佛如来法皆如是，为度众生皆实不虚。譬如良医①，智慧聪达，明练方药，善治众病。其人多诸子息，若十、二十，乃至百数。以有事缘，远至余国。诸子于后饮他毒药，药发闷乱，宛转于地。是时其父还来归家，诸子饮毒，或失本心②，或不失者，遥见其父，皆大欢喜。拜跪问讯：'善安隐归，我等愚痴，误服毒药，愿见救疗，更赐寿命。'

"父见子等苦恼如是，依诸经方，求好药草，色香美味，皆悉具足。捣筛和合，与子令服，而作是言：'此大良药③，色香美味，皆悉具足。汝等可服，速除苦恼，无复众患。'其诸子中不失心者，见此良药色香俱好，即便服之，病尽除愈。余失心者，见其父来，虽亦欢喜问讯，求索治病，然与其药而不肯服。所以者何？毒气深入，失本心故。于此好色香药而谓不美。父作是念：此子可愍，为毒所中，心皆颠倒，虽见我喜，求索救疗，如是好药而不肯服。我今当设方便，令服此药。

"即作是言：'汝等当知，我今衰老，死时已至。是好良药，今留在此，汝可取服，勿忧不差。'作是教已，复至他国，遣使还告：'汝父已死。'是时，诸子闻父背丧，心大忧恼，而作是念：若父在者，慈愍我等，能见救护，今者舍我远丧他国。自惟孤露，无复恃怙，常怀悲感，心遂醒悟，乃知此药色香美味，即取服之，毒病皆愈。其父闻子悉已得差，寻便来归，咸使见之。

"诸善男子，于意云何？颇有人能说此良医虚妄罪不？"

"不也，世尊。"

佛言："我亦如是，成佛已来，无量无边百千万亿那由他阿僧祇劫，为众生故，以方便力言当灭度，亦无有能如法说我虚妄过者。"尔时，世尊欲重宣此义，而说偈言……

注释

①**良医**：医子喻，法华七喻之一，假说父亡为权，令子服药是实。

②**本心**：自心的本来状态。本心不失，而能悟诸法实相。失去本心，则需要通过方便来开示。

③**大良药**：治病的上好之药，这里用来比喻诸法实相，一佛乘法。

译文

"还有，善男子，诸佛如来的法门都是这样的，都是为了度脱众生，都真实不虚。譬如良医，有大智慧，聪明通达，对用药开处方等很精通，也善于治病。他的孩子较多，十个、二十个，甚至数百个。这良医因为有事，就远涉他国，而他的孩子们在家中喝了他的毒药，药性发作，在地上翻滚。这时，父亲回来了，由于都服了毒药，有的失去了本心，有的仍旧未失，他们远远地看到父亲回来了，都很欢喜，都跪拜问候，对父亲说：'太好了，父亲平安归来。我们真是愚蠢痴顽，误服了毒药，请父亲救我们，给我们治疗，并赐我们寿命吧！'

"父亲看到孩子们如此苦恼，便依照各种医方，用上好药草，色香味俱全，然后调和好，给孩子们喝，他说：'这是良药，色香味俱全，你们喝下，病就可以好了，再也不会有各种病患了。'那些没有失去本心的孩子们，看到这良药色香味俱全，马上就喝下去了，所有的病全都好了。其余那些失去本心的孩子们，看到父亲来了，虽然也很欢喜，也上去问候，要父亲给他们治病，但良药给他们了，却又不肯服。为什么呢？因为他们由于毒气深入，而失去了本来心，所以见到这色香俱全的好药却认为不美。父亲看到此情此景，想到：这孩子真可怜，被毒药所害，心意颠倒，虽然看到我还能表示欢喜，要求我为他们治疗，但这样的好药都不愿意服。我现在要设想一个方便法门，使他们服药。

"于是，父亲就说：'你们要知道，孩子们，现在我已经老了，死期已到了。这是良药，现在留放在这儿，你们可以拿去服下，不要担心这药不好。'说完，他又到其他国家去了，并派遣使者回来告诉他们说：'你们的父亲已经死了。'这时，孩子们听到父亲亡故的消息，心中都非常忧伤和苦恼，他们想：要是父亲在的话，就会同情可怜我们，我们就有救了，现在父亲离我们而去，还死在他国。因而他们都感到孤单无助，再也没有可以依靠的人了，心中常怀悲痛，这才醒悟过来，才知道这药色香味都很美，于是就把药服下了，毒气尽除，病也全好了。他们的父亲听说孩子们都得痊愈，便回来了，让孩子们都来见他。

　　"善男子们，你们认为怎么样啊？是不是有人认为这个良医有虚妄之罪啊？"

　　"不，世尊。"

　　佛说："我也是这样，成佛已经有无量无边百千万亿那由他阿僧祇劫了，但为了化度众生的缘故，以方便之力，说我将灭度，这也没有谁能说我的法门就是虚妄的啊！"这时，世尊为了重申此意，而说偈颂……

分别功德品第十七

尔时，大会闻佛说寿命劫数长远如是无量无边阿僧祇，众生得大饶益。于时，世尊告弥勒菩萨摩诃萨："阿逸多，我说是如来寿命长远时，六百八十万亿那由他恒河沙众生得无生法忍，复有千倍菩萨摩诃萨得闻持陀罗尼门，复有一世界微尘数菩萨摩诃萨得乐说无碍辩才，复有一世界微尘数菩萨摩诃萨得百千万亿无量旋陀罗尼①，复有三千大千世界微尘数菩萨摩诃萨能转不退法轮，复有二千中国土微尘数菩萨摩诃萨能转清净法轮，复有小千国土微尘数菩萨摩诃萨八生当得阿耨多罗三藐三菩提，复有四四天下微尘数菩萨摩诃萨四生当得阿耨多罗三藐三菩提，复有三四天下微尘数菩萨摩诃萨三生当得阿耨多罗三藐三菩提，复有二四天下微尘数菩萨摩诃萨二生当得阿耨多罗三藐三菩提，复有一四天下微尘数菩萨摩诃萨一生当得阿耨多罗三藐三菩提，复有八世界微尘数众生皆发阿耨多罗三藐三菩提心。"

佛说是诸菩萨摩诃萨得大法利②时，于虚空中雨曼陀罗华、摩诃曼陀罗华，以散无量百千万亿宝树下师子座上诸佛，并散七宝塔中师子座上释迦牟尼佛，及久灭度多宝如来，亦散一切诸大菩萨及四部众。又雨细末旃檀、沉水香③等，于虚空中天鼓自鸣，妙声深远。又雨千种天衣，垂诸璎珞：真珠璎珞、摩尼珠璎珞、如意珠璎珞，遍于九方。众宝香炉烧无价香，自然周至，供养大会。一一佛上有诸菩萨执持幡盖，次第而上，至于梵天。是诸菩萨以妙音声歌无量颂，赞叹诸佛。尔时，弥勒菩萨从座而起，偏袒右肩，合掌向佛而说偈言……

注释

①**旋陀罗尼**：法华三陀罗尼之一，指具有对佛法的旋转自在之力。

②**大法利**：从佛法中得到的大利益。

③**沉水香**：略称沉香，梵音阿伽嚧，放在水中能下沉的一种香木的心节部分。

译文

这时，在大法会上听佛讲到佛的寿命劫数有这么长久，达到无量无边阿僧祇劫，众生都得大丰足利益。在这时候，世尊告诉弥勒菩萨说："阿逸多，我说如来寿命长远之时，六百八十万亿那由他恒河沙的众生都得到无生法忍，又有千倍于这个数目的菩萨得以听到和奉持陀罗尼门，又有一个世界微尘数的菩萨得到乐说无碍辩才，又有一个世界微尘之数的菩萨得到百千万亿的无数的旋陀罗尼，又有三千大千世界微尘数的菩萨能够转不退法轮，又有二千中等国土的微尘数的菩萨能转清净法轮，又有一千小国的微尘数的菩萨八生定能证得无上正等正觉，又有四四一十六个天下的微尘数量的菩萨四生定能证得无上正等正觉，又有三四一十二个天下的微尘数的菩萨三生能成无上正等正觉，又有八个天下的微尘数的菩萨二生定能成就无上正等正觉，又有四个天下的微尘数的菩萨一生定成无上正等正觉，又有八个世界微尘数的众生都发起无上正等正觉之心。"

当佛在说这些菩萨得到的大法利时，在虚空中撒下曼陀罗华和摩诃曼陀罗华雨，华雨散落在无数百千万亿宝树下狮子座上的诸佛身上，散落在七宝塔中狮子座上释迦牟尼佛身上以及久已灭度的多宝如来身上，也散落在一切大菩萨和四众弟子身上。虚空中又下起香雨，有栴檀香木的细末，也有沉香。虚空中天鼓自动鸣响，妙音深广幽远。又下天衣雨，垂下各种璎珞，有珍珠璎珞、摩尼珠璎珞、如意珠璎珞，这些璎珞遍于九方。无数的宝香炉内烧着各种无价大香，香飘四周，供养大法会。每一个佛的上方，有各位菩萨打着幡盖，自下而上，依次往高排列，直达大梵天。这些菩萨以妙音歌颂和赞叹众佛。这时，弥勒菩萨从座位上站起来，偏袒着右肩，合掌向佛，而说偈颂……

原典

　　尔时，佛告弥勒菩萨摩诃萨："阿逸多，其有众生闻佛寿命长远如是，乃至能生一念信解，所得功德，无有限量。若有善男子、善女人，为阿耨多罗三藐三菩提故，于八十万亿那由他劫行五波罗蜜①：檀波罗蜜、尸罗波罗蜜、羼提波罗蜜、毗梨耶波罗蜜、禅波罗蜜，除般若波罗蜜。以是功德，比前功德，百分、千分、百千万亿分，不及其一，乃至算数、譬喻所不能知。若善男子、善女人有如是功德，于阿耨多罗三藐三菩提退者，无有是处。"尔时，世尊欲重宣此义，而说偈言……

　　"又，阿逸多，若有闻佛寿命长远，解其言趣，是人所得功德无有限量，能起如来无上之慧，何况广闻是经？若教人闻，若自持，若教人持；若自书，若教人书。若以华香璎珞、幢幡缯盖、香油酥灯供养经卷，是人功德，无量无边，能生一切种智。阿逸多，若善男子、善女人闻我说寿命长远，深心信解，则为见佛常在耆阇崛山，共大菩萨诸声闻众，围绕说法。又见此娑婆世界，其地琉璃，坦然平正，阎浮檀金以界八道，宝树行列，诸台楼观皆悉宝成，其菩萨众咸处其中。若有能如是观者，当知是为深信解相②。

"又复如来灭后，若闻是经而不毁訾，起随喜心，当知已为深信解相，何况读诵受持之者？斯人则为顶戴如来③。阿逸多，是善男子、善女人不须为我复起塔寺，及作僧坊，以四事供养众僧。所以者何？是善男子、善女人受持、读诵是经典者，为已起塔、造立僧坊、供养众僧，则为以佛舍利起七宝塔。高广渐小，至于梵天。悬诸幡盖及众宝铃，华香璎珞，末香、涂香、烧香，众鼓伎乐，箫笛箜篌，种种舞戏，以妙音声歌呗、赞颂，则为于无量千万亿劫作是供养已。

"阿逸多，若我灭后闻是经典，有能受持，若自书，若教人书，则为起立僧坊，以赤栴檀作诸殿堂三十有二，高八多罗树④，高广严好，百千比丘于其中止。园林浴池，经行禅窟，衣服饮食，床褥汤药，一切乐具充满其中。如是僧坊堂阁若干百千万亿，其数无量，以此现前供养于我，及比丘僧。是故，我说如来灭后，若有受持、读诵，为他人说，若自书，若教人书，供养经卷，不须复起塔寺及造僧坊供养众僧，况复有人，能持是经，兼行布施、持戒、忍辱、精进？一心智慧，其德最胜无量无边。譬如虚空，东西南北、四维上下无量无边。是人功德亦复如是，无量无边，疾至一切种智。

"若人读诵、受持是经，为他人说，若自书，若教人书，复能起塔，及造僧坊，供养、赞叹声闻众僧，亦以百千万亿赞叹之法赞叹菩萨功德，又为他人种种因缘随义解说此《法华经》，复能清净持戒，与柔和者而共同止，忍辱无嗔，志念坚固，常贵坐禅，得诸深定，精进勇猛，摄诸善法，利根智慧，善答问难。

"阿逸多，若我灭后，诸善男子、善女人受持、读诵是经典者，复有如是诸善功德，当知是人已趣道场，近阿耨多罗三藐三菩提，坐道树下。阿逸多，是善男子、善女人若坐若立，若行处，此中便应起塔，一切天人皆应供养，如佛之塔。"尔时，世尊欲重宣此义，而说偈言……

注释

①**五波罗蜜**：即五度，布施、持戒、忍辱、精进和禅定。加上智慧度而成六度。六度之中，智慧是主，其余五度是从。得五度功德，是般若智慧之功。

②**深信解相**：以坚固之心信受、理解佛法。

③**顶戴如来**：礼敬如来，能见如来并向如来行恭敬礼。

④**多罗树**：意译为岸树，高者可达七八十尺。

译文

　　这时，佛告诉弥勒菩萨说："阿逸多，如果有众生听到佛寿有这样长远，那么，哪怕他生一念的信解之心，所得的功德就没有限量。如果有善男子、善女人为了求得无上正等正觉，而能在八十万亿那由他的劫中行五度，即布施度、持戒度、忍辱度、精进度和禅定度，除去智慧度。这个功德，比起前面一类众生的功德来，则那类功德不及这类功德的百分之一，千分之一，百千万亿分之一，甚至各种算法和譬喻都不能知晓。如果善男子、善女人有了这样的功德，而对无上正等正觉有退转之心，那么他就不对了。"这时，世尊想重宣此意，而说偈颂……

　　"还有，阿逸多，如果有人听到佛的寿命如此长远，并理解佛如来此话的宗旨，他所得到的功德就没有限量，能生起如来的无上智慧，何况那些广泛听受此经者？或者教化他人听受，或者自己奉持，或教他人奉持；或者自己书写，或者教他人书写此经。或者以华香璎珞、幢幡缯盖、香油酥灯供养经卷。这种人的功德无边无量，能生一切种智。阿逸多，如果有善男子、善女人在听到我说佛寿长远之后，又能深心相信和理解我的话，那么，他就能见到佛常在耆阇崛山，与大菩萨和声闻大众在一起，围绕说法。又能看到这个娑婆世界上，以琉璃为地，平坦方正，以阎浮檀金作为国土内八条道路的界线。又见宝树成行成列，各种台阁楼观都由宝物建造而成，菩萨大众就住在里面。如果有人能看到这些景象，那么说明他是深心相信和理解了我说的话了。

　　"还有，在如来灭度之后，如果有人在听到此经后却没有说此经的坏话，反而起随喜的心，那么这个人已经深心相信和理解此经了，何况那些朗读、念诵、信受和奉持这部经的众生呢？这种人就已经礼拜了如来。阿逸多，这种善男子、善女人，就不必要为我再来造寺建塔起僧寮，以四事即衣服、卧具、饮食和医药来供养众僧侣了。为什么呢？因为他们信受、奉持、朗读和念诵此经，就已经是建寺塔、造僧舍、供养僧侣了，就已经是以佛舍利造七宝佛塔了。塔高耸入梵天，塔宽广也不见尽头。塔上悬挂了各种幡盖以及宝铃，又有华香和璎珞，末香、涂香和烧香，又有各种钟鼓伎乐及箫笛箜篌等乐器，伴以种种舞蹈戏曲，以种种美妙的声音，唱梵呗，赞叹歌颂。这些众生就是已经在无量千万亿劫中这样供养过了。

　　"阿逸多，如果我灭度后，凡是能够在听到这部经典之后而信受奉持的众生，而且又能自己书写或教别人书写此经，那么，他就已经造起了僧寮，以赤栴檀香木做成三十二个殿堂，每个殿堂有八棵多罗树那么高，又高又宽广，非常庄严，成百上千的比丘在其中居住。其中又建有园林、浴池、经行之地、禅窟，还有衣服、饮食、床褥、汤药四事，总之，一切好的用具，僧寮中都有。这样规模的僧寮以及楼堂台阁等等还有许多个百千万亿的数目，这类众生就已经是用这无数的供具供养我和比丘了。所以我讲，如来灭后，如果有人能够信受、奉持、朗读、念诵和向他人说这部经，或者是自己书写，或教别人书写此经，并且供养此经，那么，就不须再造塔建庙立僧舍来供养众僧了，何况那些能够奉持此经，而且又能行布施、持戒、忍辱、精进、智慧的众生呢？他们的功德最大了，无边无际，无数无量。就譬如虚空一样，东南西北，四维上下，都没有限量。这种众生的功德也是这样，无量无边，能迅速地得到一切种智。

"如果有人能朗读、念诵、信受和奉持此经，向别人宣讲此经，或者自己书写，又或者教人书写此经，并且还建庙塔，造僧坊，供养和赞叹声闻乘的僧众，又用百千万亿的赞叹方法来赞叹菩萨的功德，又能根据别人的不同因缘，分别讲解宣说这《法华经》，又能持守戒行，自心清净，同那些心境温柔平和的人在一起，又能忍辱，没有嗔恚，意志信念十分坚固，经常坐禅，得到各种很高深的三昧，又能精进，勇猛无比，吸取各种善法，根性猛利，有大智慧，善于解答各种难题。

"阿逸多，要是在我灭度之后，善男子、善女人们能信受和奉持，朗读和念诵这部经典，而且又有如此种种善的功德，那么，他们已经走向佛道场，接近无上正等正觉，坐在菩提道树之下了。阿逸多，这些善男子、善女人，不管是坐是立或是行走，他们所在的地方都应该起宝塔，而且，一切天、人都应该供养这些如佛之塔。"这时，世尊为了重申此意，而说偈颂……

6 卷六

随喜功德品第十八

随喜功德①**品第十八**

尔时，弥勒菩萨摩诃萨白佛言："世尊，若有善男子、善女人闻是《法华经》随喜者，得几所福？"而说偈言：

> 世尊灭度后，其有闻是经，
> 若能随喜者，为得几所福？

尔时，佛告弥勒菩萨摩诃萨："阿逸多，如来灭后，若比丘、比丘尼、优婆塞、优婆夷，及余智者，若长若幼，闻是经随喜已，从法会出，至于余处，若在僧坊，若空闲地，若城邑巷陌，聚落田里。如其所闻，为父母宗亲、善友知识随力演说，是诸人等闻已随喜，复行转教。余人闻已，亦随喜转教②，如是展转至第五十。

"阿逸多，其第五十善男子、善女人随喜功德，我今说之，汝当善听。若四百万亿阿僧祇世界六趣四生众生，卵生、胎生、湿生、化生，若有形、无形，有想、无想，非有想、非无想，无足、二足、四足、多足，如是等在众生数者，有人求福，随其所欲娱乐之具，皆给与之，一一众生与满阎浮提金、银、琉璃、砗磲、玛瑙、珊瑚、琥珀诸妙珍宝，及象马车乘，七宝所成宫殿楼阁等。

"是大施主，如是布施满八十年已，而作是念：我已施众生娱乐之具，随意所欲。然此众生皆已衰老，年过八十，发白面皱，将死不久，我当以佛法而训导之。即集此众生，宣布法化，示教利喜，一时皆得须陀洹道、斯陀含道、阿那含道、阿罗汉道，尽诸有漏，于深禅定，皆得自在，具八解脱。于汝意云何？是大施主所得功德宁为多不？"

弥勒白佛言："世尊，是人功德甚多，无量无边，若是施主但施众生一切乐具，功德无量，何况令得阿罗汉果？"

佛告弥勒："我今分明语汝，是人以一切乐具施于四百万亿阿僧祇世界六趣众生，又令得阿罗汉果，所得功德，不如是第五十人闻《法华经》一偈随喜功德百分千分，百千万亿分，不及其一，乃至算数譬喻所不能知。阿逸多，如是第五十人展转闻《法华经》随喜功德尚无量无边阿僧祇，何况最初于会中闻而随喜者？其福复胜无量无边阿僧祇，不可得比。

"又，阿逸多，若人为是经故，往诣僧坊，若坐若立，须臾听受，缘是功德，转身所生，得好、上妙象马车乘，珍宝辇舆，及乘天宫。若复有人于讲法处坐，更有人来，劝令坐听，若分座令坐，是人功德，转身得帝释坐处，若梵王坐处，若转轮圣王所坐之处。

"阿逸多，若复有人语余人言：'有经名《法华》，可共往听。'即受其教，乃至须臾间闻。是人功德，转身得与陀罗尼菩萨共生一处，利根智慧，百千万世终不喑痖，口气不臭，舌常无病，口亦无病，齿不垢黑，不黄不疏，亦不缺落，不差不曲。唇不下垂，亦不褰缩，不粗涩，不疮胗，亦不缺坏，亦不㖞斜，不厚不大，亦不黧黑，无诸可恶。鼻不匾㔸，亦不曲戾，面色不黑，亦不狭长，亦不窊曲。无有一切不可喜相。唇舌牙齿，悉皆严好，鼻修高直，面貌圆满，眉高而长，额广平正，人相具足。世世所生，见佛闻法，信受教诲。阿逸多，汝且观是劝于一人令往听法功德如此，何况一心听说读诵而于大众为人分别，如说修行？"

尔时，世尊欲重宣此义，而说偈言……

注释

①**随喜功德**：佛灭后能听《法华》而随喜的人，功德无量。

②**转教**：《信解品》中的穷子喻，就是转教付财之意，天台宗立五时教中第四般若时，讲到佛故意让须菩提等在大乘菩萨中代说《般若经》。这里指听《法华》后，又能替佛宣讲教义。

译文

这时，弥勒菩萨对佛说："世尊，如果有善男子、善女人在听到这部《法华经》后而能随喜的话，将会得到多大的福德？"他说偈颂重宣此问题：

世尊灭度之后，听闻这部经者，
如果能够随喜，会得多少福报？

那时，佛告诉弥勒菩萨摩诃萨，说道："阿逸多，如来灭度之后，如果比丘和比丘尼，优婆塞和优婆夷，以及其余的有智慧者，或者是年长者，或者是年幼者，他们听到此经，随喜之后，从法会中出来，到其他地方去，或者在僧舍，或者在空闲之处，或者在城镇、街巷、村落、田间地头。在这些地方，按照他的所听所闻，为父母、亲眷、好友、善知识们随其能力而说法。这些人听他说法之后，又随喜并且说法，其他人听法后，又随喜并且说法，这样辗转到第五十次。

"阿逸多，这个第五十次的善男子和善女人的随喜功德，现在我来对你说，你要好好听着。像四百万亿阿僧祇世界中的六趣四生众生：卵生、胎生、湿生、化生。像有形、无形、有想、无想、非有想、非无想之类，或者无足、二足、四足、多足之类，这些众生，如果有人求福，应该随他们所要的娱乐之器，全都给他们，每一个众生，都给予他们满阎浮提的金、银、琉璃、砗磲、玛瑙、珊瑚、琥珀等各种奇妙珍宝，还要给他们象马之车乘、七宝宫殿、楼阁等。

"这个大施主这样布施了八十年之后就这样想：我已经向众生布施了娱乐器具，随他们的意欲而施。但这些众生都已经老了，年过八十岁了，头发也白了，脸上满是皱纹，不久就要死去了，我应当用佛法来训导他们。因此，就召集众生，宣示佛法教化，使众生欢喜，都得到利益。一时，众生得到了须陀洹道、斯陀含道、阿那含道、阿罗汉道，所有的有漏，全都在深层的禅定中除尽，都得到了大自在，具足八种解脱。弥勒，你认为怎么样？这个大施主所得的功德多吗？"

弥勒回答道："世尊，这个人的功德很多很多，无边无量。如果这位施主只施舍众生一切娱乐之具，就已经是功德无量了，况且他还使众生得到阿罗汉果位呢？"

佛对弥勒说："我今天明确告诉你，这个人把一切的娱乐器具都布施给了四百万亿阿僧祇世界中的六趣众生，又使他们得到阿罗汉果位，他所得到的功德，抵不上这第五十个人听《法华经》中的一偈后又随喜所得的功德的百分之一，千分之一，百千万亿分之一，不及其一，甚至任何算术数字及譬喻都不能说明。阿逸多，像这位第五十个人辗转听到了《法华经》之后的随喜功德尚且有无数个阿僧祇，何况最初在法会中听法而随喜的人的功德呢？他的福德，又胜过无数阿僧祇，都没法比量。

"再者，阿逸多，如果有人为了这部经，而到僧房中去，或者坐着，或者站着，哪怕仅听受一刹那间的工夫，因为这个功德，就能够在转世的来生中，得到非常好的象车和马车，能乘上珍宝装饰的辇舆，在天宫奔驰。如果还有人在说法的场所坐听，又有人来，请他让出一点位置来坐，他能够分让出座位，让这个听法者也坐下，那么，这个人的功德，在转世的来生中，将在帝释天中安坐，这个坐处，和梵王的坐处、转轮圣王的坐处是一样的。

"阿逸多，如果还有人对别人说：'有一部经叫《法华》，大家应该一起去听。'那些人便去受教，哪怕只是一刹那的工夫，这个人的功德，在来世转生中，能够和陀罗尼菩萨同生一处，根性猛利，智慧了达，在百千万世中，他的喉咙从来不会哑，口也不会有臭味，舌头不会得病，口也没有病，牙齿不会有牙垢或发黑、发黄，或稀疏、缺损等，也不差数，不弯曲。嘴唇不下垂，也不塞缩，不粗重干涩，不生脓疮，也不残缺损坏，不歪斜，不肥厚宽大，也不发黑，没有一切可恶之相。鼻子则不扁不歪，面色则不黑，脸形不狭长，也不洼曲，没有一切不可喜的形象。唇、舌、牙齿，都非常庄严美好，鼻子修长、高挺、笔直，面相圆润饱满，眉毛高而修长，额头宽广而又平正，这样的相貌，具足了人相，能够世世代代见到佛，听佛说法，相信并接受佛的教诲。阿逸多，你先观察一下，劝请一个人前往听法就有这样的功德，何况还要一心一意去听受和诵读这部经，并且在大众中为大家分别按照经意而去修行呢？"

这时，世尊想重新宣说这个思想，而说偈颂……

法师功德品第十九

　　尔时，佛告常精进菩萨摩诃萨："若善男子、善女人受持是《法华经》，若读若诵，若解说若书写，是人当得八百眼功德，千二百耳功德，八百鼻功德，千二百舌功德，八百身功德，千二百意功德。以是功德庄严六根①，皆令清净。是善男子、善女人，父母所生清净肉眼②，见于三千大千世界内外所有山林河海，下至阿鼻地狱，上至有顶。亦见其中一切众生，及业因缘果报生处，悉见悉知。"尔时，世尊欲重宣此义，而说偈言……

　　"复次，常精进，若善男子、善女人受持此经，若读若诵，若解说，若书写，得千二百耳功德，以是清净耳③，闻三千大千世界，下至阿鼻地狱，上至有顶，其中内外种种语言音声：象声、马声、牛声、车声，啼哭声、愁叹声，螺声、鼓声、钟声、铃声，笑声、语声，男声、女声、童子声、童女声，法声、非法声，苦声、乐声，凡夫声、圣人声，喜声、不喜声，天声、龙声、夜叉声、乾闼婆声、阿修罗声、迦楼罗声、紧那罗声、摩睺罗伽声，火声、水声、风声，地狱声、畜生声、饿鬼声，比丘声、比丘尼声，声闻声、辟支佛声、菩萨声、佛声。以要言之，三千大千世界中一切内外所有诸声，虽未得天耳，以父母所生清净常耳，皆悉闻知。如是分别种种音声，而不坏耳根。"尔时，世尊欲重宣此义，而说偈言……

注释

①**庄严六根**：奉持《法华经》的法师得六根清净的功德。总论法师功德。

②**清净肉眼**：眼根清净功德，具一切法。

③**清净耳**：耳根清净功德，能听一切声。

译文

这时，佛告诉常精进菩萨说："如果有善男子善女人能够听受和奉持这《法华经》，或读或诵，或解说或书写，这些人将得到八百眼功德，一千二百耳功德，八百鼻功德，一千二百舌功德，八百身功德，一千二百意功德，以这些功德来庄严六根，使六根清净。这些善男子、善女人能以他们的父母所生肉眼观察到三千大千世界内外的所有高山和林木，江河和湖海，下至阿鼻地狱，上至有顶天，都能看见。也能看到其中的一切众生以及他们的造业和因果报应，都能知道，都能看到。"这时，世尊想重宣此意，而说偈颂……

　　"还有，常精进，如果有善男子、善女人听受和奉持此经，或读或诵，或解说或书写，就能得到一千二百耳的功德，以这清净耳去听三千大千世界的话，那么下至阿鼻地狱，上至有顶天的内内外外的种种语言和声音：象声、马声、牛声、车声，啼哭声、愁叹声，螺声、鼓声、钟声、铃声，笑声、说话声、男人声、女人声、男孩声、女孩声，法声、非法声，痛苦声、快乐声，凡夫声、圣人声，喜悦声、不喜声，天声、龙声、夜叉声、乾闼婆声、阿修罗声、迦楼罗声、紧那罗声、摩睺罗伽声，火声、水声、风声，地狱声、畜生声、饿鬼声，比丘声、比丘尼声，声闻声、辟支佛声、菩萨声和佛声，等等。总而言之，三千大千世界中的一切内外的所有声音，虽然没有天耳，但以他们的父母所生的清净普通耳，都能听见。他们能这样分别种种声音，而不会损坏耳根。"这时，世尊想重宣此意，而说偈颂……

原典

　　"复次，常精进，若善男子、善女人受持是经，若读若诵，若解说若书写，成就八百鼻功德。以是清净鼻根①，闻于三千大千世界，上下内外种种诸香：须曼那华香、阇提华香、末利华香、蕅卜华香、波罗罗华香、赤莲华香、青莲华香、白莲华香、华树香、果树香、栴檀香、沉水香、多摩罗跋香、多伽罗香，及千万种和香，若末，若丸，若涂香。持是经者，于此间住，悉能分别。又复别知众生之香：象香、马香、牛羊等香，男香、女香、童子香、童女香，及草木丛林香，若近若远，所有诸香，悉皆得闻，分别不错。

"持是经者，虽住于此，亦闻天上诸天之香：波利质多罗拘鞞陀罗②树香，及曼陀罗华香、摩诃曼陀罗华香、曼殊沙华香、摩诃曼殊沙华香、栴檀、沉水、种种末香、诸杂华香。如是等天香和合所出之香，无不闻知。又闻诸天身香：释提桓因在胜殿上五欲娱乐嬉戏时香，若在妙法堂上为忉利诸天说法时香，若于诸园游戏时香，及余天等男女身香，皆悉遥闻。如是展转乃至梵世，上至有顶诸天身香，亦皆闻之，并闻诸天所烧之香。及声闻香、辟支佛香、菩萨香、诸佛身香，亦皆遥闻，知其所在。虽闻此香，然于鼻根不坏不错。若欲分别为他人说，忆念不谬。"尔时，世尊欲重宣此义，而说偈言……

注释

①**清净鼻根**：指鼻清净功德，能闻一切诸香。

②**波利质多罗拘鞞陀罗**：简称波利质多罗，是一种香树，意为"香遍"，也称天树王，长在忉利天上。

译文

"还有，常精进，如果善男子、善女人听受和奉持此经，或读或诵，或解说或书写，就能得到八百鼻的功德。他们用这清净鼻，能闻到三千大千世界中上下内外的种种香味：须曼那华香、阇提华香、茉莉华香、蒼卜华香、波罗罗华香、赤莲华香、青莲华香、白莲华香、华树香、果树香、栴檀香、沉水香、多摩罗跋香、多伽罗香，以及千万种混和香料的香气：或者做成末，或者是丸，或者涂香。奉持此经的众生，虽住在世俗世间，却能分别这许许多多种类的香。他们还知道众生之香，比如象香、马香、牛羊等香，男子香、女子香、童男香、童女香，以及草木丛林之香。不管远近，所有的香味，他们都能闻到，而且能分辨清楚。

"奉持此经的人，虽然住在这娑婆世界，也能闻到天上诸天的香：波利质多罗拘鞞陀罗树香，以及曼陀罗华香、摩诃曼陀罗华香、曼殊沙华香、摩诃曼殊沙华香、栴檀香、沉水香，还有种种末香之香、杂华之香。这么多的天国之香所和合而发出的香味，他们都能闻到，都能知道。还有，他们能闻到诸天的身体上的香味，比如能闻到释提桓因在胜殿上为满足五欲而娱乐嬉戏时散出的香味，在妙法堂上为忉利天的众天们说法时散发的香味，在各个乐园内游戏时散发出的香味。除了释提桓因外，其余诸天男女之身所散的香味，他们也能远远地闻到。这样辗转往上，甚至于从梵天到有顶天，诸天的身香，他们也都能闻到，而且还能闻到诸天烧香的香气。至于声闻香、辟支佛香、菩萨香、诸佛的身香，他们都能远远闻到这些香气，而且能知道香气在什么地方。虽然闻到这么多香，但是鼻根不坏也不会闻错。如果想要分别为他人说这些香，也不会说错的。"这时，世尊想重新宣说此意，因而说偈……

原典

"复次，常精进，若善男子、善女人受持是经，若读若诵，若解说若书写，得千二百舌功德①。若好若丑，若美不美，及诸苦涩物，在其舌根，皆变成上味，如天甘露，无不美者。若以舌根于大众中有所演说，出深妙声，能入其心，皆令欢喜快乐。又诸天子、天女，释梵诸天，闻是深妙音声，有所演说，言论次第，皆悉来听。及诸龙、龙女，夜叉、夜叉女，乾闼婆、乾闼婆女，阿修罗、阿修罗女，迦楼罗、迦楼罗女，紧那罗、紧那罗女，摩睺罗伽、摩睺罗伽女，为听法故，皆来亲近，恭敬供养。及比丘、比丘尼、优婆塞、优婆夷，国王、王子、群臣眷属，小转轮王、大转轮王，七宝千子内外眷属，乘其宫殿，俱来听法。以是菩萨善说法故，婆罗门居士、国内人民，尽其形寿，随侍供养。又诸声闻、辟支佛、菩萨、诸佛常乐见之，是人所在方面，诸佛皆向其处说法。悉能受持一切佛法，又能出于深妙法音。"尔时，世尊欲重宣此义，而说偈言……

"复次，常精进，若善男子、善女人受持是经，若读若诵，若解说若书写，得八百身功德，得清净身②，如净琉璃，众生喜见。其身净故，三千大千世界众生，生时死时，上下好丑，生善处恶处，悉于中现。及铁围山、大铁围山、弥楼山、摩诃弥楼山等诸山，及其中众生，悉于中现。下至阿鼻地狱，上至有顶所有及众生，悉于中现。若声闻、辟支佛、菩萨、诸佛说法，皆于身中现其色像。"尔时，世尊欲重宣此义，而说偈言……

"复次，常精进，若善男子、善女人，如来灭后受持是经，若读若诵，若解说若书写，得千二百意功德，以是清净意根③，乃至闻一偈一句，通达无量无边之义。解是义已，能演说一句一偈，至于一月、四月，乃至一岁，诸所说法随其义趣，皆与实相不相违背。若说俗间经书，治世语言，资生业等，皆顺正法。三千大千世界六趣众生，心之所行，心所动作，心所戏论，皆悉知之。虽未得无漏智慧，而其意根清净如此，是人有所思惟筹量言说，皆是佛法，无不真实，亦是先佛经中所说。"尔时，世尊欲重宣此义，而说偈言……

注释

①**舌功德**：即得舌根清净功德，能以深妙音说法。

②**清净身**：即得清净身功德，身如净琉璃，能现一切境及众生。

③**清净意根**：即意根清净功德，能通达经义，悟诸法实相。

译文

"还有，常精进，如果善男子、善女人能听受奉持此经，或读或诵，或解说或书写，就能得到一千二百舌这个功德。不管是好是坏，是美是丑，以及各种苦涩的东西，在他们的舌头上，都变成了上好的味道，如同天上所降的甘露，没有一样不是美味。如果用舌头在诸天大众中演说佛法的话，能发出深心妙音，深入听众内心，使他们欢喜快乐。还有，天上的天子天女们，帝释天和梵天等天，听到这种美妙的声音在演说，都来听讲。以及诸龙和龙女，夜叉、夜叉女，乾闼婆和乾闼婆女，阿修罗和阿修罗女，迦楼罗和迦楼罗女，紧那罗和紧那罗女，摩睺罗伽和摩睺罗伽女，为了听法，都来亲近他们，恭敬和供养他们。比丘和比丘尼，优婆塞和优婆夷，国王和王子，以及君臣眷属，小转轮王和大转轮王则带着七宝及一千个法子、内外眷属，又乘坐着宫殿，前来听法。因为这些菩萨善于说法，所以婆罗门居士及其国内人民，都尽形寿，毕生随时侍奉和供养他们。声闻、辟支佛、菩萨和佛则喜欢能够经常看到他们，不论他们在哪里，诸佛都会向他们所在的方向说法。他们都能受持一切佛法，而且又能发出深远美妙的说法声音。"这时，世尊想重新宣说此意，就说偈颂……

"还有，常精进，如果有善男子、善女人能够信受和奉持此经，或读或诵，或解说或书写，就能够得到八百身的功德，得到清净的如净琉璃般的身，众生非常喜欢看到这种清净之身。由于色身清净的缘故，三千大千世界的众生，不管是生是死，是上是下，是好是丑，是生在善的地方或恶的地方，都在清净身中显现。铁围山、大铁围山、弥楼山、摩诃弥楼山等山及山上的众生，都在清净身中显现。下至阿鼻地狱，上至有顶天的无情之物和有情众生，都在色身中显现。声闻、辟支佛、菩萨和众佛说法，也在这清净身中显现他们说法时的形象。"这时，世尊想重新宣说此意，而说偈颂……

"还有，常精进，如果有善男子、善女人在如来灭度后能信受奉持此经，或读或诵，或解说或书写，就得到一千二百意的功德，他们用这种清净意根，甚至只要听到一偈一句，都能通达无量无边的佛法大义。在理解了经义之后，他们如果能演讲宣说此经，演说一句或一偈，进而演说一个月、四个月，甚至一年，他们所说的佛法，不管意义旨趣有多少差别，但都与诸法实相符合。要是讲到世俗的经书及其治国之道、养民之法，也都符合佛教正法。三千大千世界的六道众生，心中所想，心中所念，心中的戏论，他们都能知道。虽然他们还没有得到无漏智慧，但他们的意念如此清净，凡是他们有所思惟、度量、言语等，都是佛法，没有不真实的，也都是先佛早在经中所说过的。"这时，世尊想重新宣说此意，而说偈颂……

常不轻菩萨品第二十

常不轻菩萨①品第二十

　　尔时，佛告得大势菩萨摩诃萨："汝今当知，若比丘、比丘尼、优婆塞、优婆夷持《法华经》者，若有恶口，骂詈诽谤，获大罪报如前所说，其所得功德如向所说，眼、耳、鼻、舌、身、意清净。得大势，乃往古昔过无量无边不可思议阿僧祇劫，有佛名威音王如来②、应供、正遍知、明行足、善逝、世间解、无上士、调御丈夫、天人师、佛世尊，劫名离衰，国名大成。其威音王佛于彼世中为天、人、阿修罗说法，为求声闻者说应四谛法，度生老病死，究竟涅槃；为求辟支佛者说应十二因缘法，为诸菩萨，因阿耨多罗三藐三菩提，说应六波罗蜜法，究竟佛慧。得大势，是威音王佛寿四十万亿那由他恒河沙劫，正法住世劫数如一阎浮提微尘，像法住世劫数如四天下微尘。其佛饶益众生已，然后灭度。正法像法灭尽之后，于此国土复有佛出，亦号威音王如来、应供、正遍知、明行足、善逝、世间解、无上士、调御丈夫、天人师、佛世尊。如是次第有二万亿佛，皆同一号。

"最初威音王如来既已灭度，正法灭后，于像法中，增上慢比丘有大势力。尔时，有一菩萨比丘名常不轻，得大势，以何因缘名常不轻？是比丘凡有所见，若比丘、比丘尼、优婆塞、优婆夷，皆悉礼拜赞叹，而作是言：'我深敬汝等，不敢轻慢。所以者何？汝等皆行菩萨道，当得作佛。'而是比丘不专读诵经典，但行礼拜，乃至远见四众，亦复故往礼拜赞叹，而作是言：'我不敢轻于汝等，汝等皆当作佛。'

"四众之中有生嗔恚，心不净者，恶口骂詈言：'是无智比丘，从何所来？自言我不轻汝，而与我等授记当得作佛。我等不用如是虚妄授记。'如此经历多年，常被骂詈，不生嗔恚，常作是言：'汝当作佛。'说是语时，众人或以杖木瓦石而打掷之，避走远住，犹高声唱言：'我不敢轻于汝等，汝等皆当作佛。'以其常作是语故，增上慢比丘、比丘尼、优婆塞、优婆夷，号之为'常不轻'。

"是比丘临欲终时，于虚空中具闻威音王佛先所说《法华经》二十千万亿偈，悉能受持，即得如上眼根清净，耳、鼻、舌、身、意根清净。得是六根清净已，更增寿命二百万亿那由他岁，广为人说是《法华经》。于时增上慢四众比丘、比丘尼、优婆塞、优婆夷轻贱是人为作不轻名者，见其得大神通力、乐说辩力、大善寂力，闻其所说，皆信伏随从。是菩萨复化千万亿众，令住阿耨多罗三藐三菩提。

"命终之后，得值二千亿佛，皆号日月灯明，于其法中，说是《法华经》。以是因缘，复值二千亿佛，同号云自在灯王，于此诸佛法中受持读诵，为诸四众说此经典，故得是常眼清净，耳、鼻、舌、身、意诸根清净，于四众中说法，心无所畏。得大势，是常不轻菩萨摩诃萨供养如是若干诸佛，恭敬、尊重、赞叹，种诸善根，于后复值千万亿佛，亦于诸佛法中说是经典，功德成就，当得作佛。

"得大势，于意云何？尔时常不轻菩萨岂异人乎？则我身是。若我于宿世不受持、读诵此经为他人说者，不能疾得阿耨多罗三藐三菩提。我于先佛所受持、读诵此经为人说故，疾得阿耨多罗三藐三菩提。得大势，彼时四众比丘、比丘尼、优婆塞、优婆夷以嗔恚意轻贱我故，二百亿劫常不值佛，不闻法，不见僧，千劫于阿鼻地狱受大苦恼。毕是罪已，复遇常不轻菩萨教化阿耨多罗三藐三菩提。

"得大势，于汝意云何？尔时四众常轻是菩萨者岂异人乎？今此会中跋陀婆罗等五百菩萨、师子月等五百比丘尼、思佛等五百优婆塞，皆于阿耨多罗三藐三菩提不退转者是。得大势，当知是《法华经》大饶益诸菩萨摩诃萨，能令至于阿耨多罗三藐三菩提，是故诸菩萨摩诃萨于如来灭后，常应受持、读诵、解说、书写是经。"尔时，世尊欲重宣此义，而说偈言……

注释

①**常不轻菩萨**：在过去无数阿僧祇劫时的威音王佛的像法时期，有一位菩萨比丘称常不轻，外表体现为出家沙门，因而说他是比丘，但他又具足菩萨的根性，所以又称他菩萨。他常修不轻之行，故名。不轻之行，是指他见到四众，就礼拜他们，对他们说：我不敢轻慢你们，你们都将做佛。他是释迦牟尼的前身。

②**威音王如来**：过去无限劫时的一个佛，他的劫名为离衰，国名为大成。后来禅宗常借威音王佛以示时间久远，或者向上本分事。

译文

这时，佛告诉得大势菩萨说："你现在要知道，如果比丘、比丘尼、优婆塞、优婆夷能奉持《法华经》，那么，即使他们曾经以恶口诋毁、诽谤过此经，并且有过罪业报应，报应情形如《法师品》中所说，但现在也能得到大功德，这种功德，也如同《法师品》中所说，能够得到清净无污的眼、耳、鼻、舌、身、意功德。得大势，在过去无量无边不可思议阿僧祇劫，有一个佛，佛名叫威音王如来、应供、正遍知、明行足、善逝、世间解、无上士、调御丈夫、天人师、佛世尊，他的劫名是离衰，国名是大成。这位威音王佛在那些世中，为天、人、阿修罗们说法，为求声闻的人说四谛法门，度脱他们的生老病死之苦，达到究竟涅槃；又为求辟支佛的众生说十二因缘法门，为菩萨们说达到无上正等正觉的六波罗蜜法门，说佛的究竟智慧。得大势，这威音王佛寿命为四十万亿那由他恒河沙一样多的劫，正法期为一个阎浮提微尘数的劫，像法期为四个天下微尘数的劫。他在使众生充分得到大利益后，就灭度了。正法期和像法期之后，这个国土上又有佛出现了，佛号也是威音王如来、应供、正遍知、明行足、善逝、世间解、无上士、调御丈夫、天人师、佛世尊。这样，这些佛依次生灭，先后有二万亿个佛都是这同一个佛号。

"在最初那个威音王如来已经灭度，正法灭度之后，在像法期中的增上慢比丘势力很大。那时有一个比丘叫作常不轻菩萨，得大势，为什么称他常不轻呢？因为这个比丘不管看到谁，比丘或比丘尼，优婆塞或优婆夷，都加以礼拜赞叹，说：'我深深地崇敬你们，不敢轻慢。为什么呢？因为你们都奉行菩萨道，定能成佛。'而

他不大读经，只行礼拜，甚至远远地看到四众弟子们，他也特意前往礼拜赞叹，说：'我不敢轻慢你们，你们都将成为佛。'

"四众弟子中有的生起嗔恚心、不净心，以恶言恶语骂他道：'这个没有智慧的比丘是从哪儿来的？在这里自己说我不敢轻慢你们，来为我们授记，说我们定能成佛。我们用不着你这样虚妄的授记。'就这样经过多年，常常被别人痛骂，但他从来也没有产生嗔恚之心，而经常这样说：'你将会成佛。'说这话时，众人有的用棍杖木棒、瓦砾石块打他，他一面躲避到远处，一面还是高声说道：'我不敢轻慢你们，你们都会成佛的。'因为他经常这样说，所以那些增上慢比丘、比丘尼、优婆塞和优婆夷都称他为常不轻。

"这个比丘在将要命终时，就在虚空中听到那位威音王佛先前所说的《法华经》二万万亿偈，都能受持，于是就得到了像上面所讲到的清净眼，清净耳、鼻、舌、身、意。得到这清净六根之后，又增加寿命二百万亿那由他岁，并且为他人广泛宣说《法华经》。这时候，那些增上慢四众，比丘和比丘尼，优婆塞和优婆夷，曾经轻贱过他，称他为常不轻，现在看到他得到大神通力、乐说辩力、大善寂力，听到他所说之后，也都相信他，跟随他了。这个菩萨又化度千万亿众生，使他们得到无上正等正觉。

"常不轻命终之后又遇到二千亿个佛，这些佛都是称日月灯明，在这些佛的法会中，他就宣说《法华经》。由于这个因缘，他再次遇到二千亿个佛，都是同一个名号，称作云自在灯王，在这些佛的法会中，他受持和诵读《法华经》，并为大家宣说此经。由此而得眼清净，耳、鼻、舌、身、意清净，在四众弟子中说法，心中无所畏惧。得大势，这个常不轻菩萨供养那么多佛，恭敬佛，尊重佛，赞叹佛，种植各种善根，后来又遇到千万亿佛，也在这些佛的法会上宣说此经，而使功德成就，定能成佛。

"得大势，你认为怎么样？那时的常不轻菩萨难道会是别人吗？那就是我的前身。如果我在过去世中不受持和读诵此经，不为他人说此经，就不能迅速证得无上正等正觉。我在先前的佛那儿听受、奉持、朗读和念诵此经，并为他人宣说此经，所以就迅速证得了无上正等正觉。得大势，当初四众弟子，比丘和比丘尼，优婆塞和优婆夷，用嗔恚之心轻贱我，所以他们在二百亿劫中不能遇到佛，不能听到佛法，不能看到僧众，一千劫中都在阿鼻地狱中受大苦大烦恼。受完这些罪后，又遇到常不轻菩萨，受他的教化后，得无上正等正觉。

"得大势，你认为怎么样？那时的那些经常轻慢这菩萨的四众难道会是别人吗？在今天的法会中，跋陀婆罗等五百菩萨，师子月等五百个比丘尼，思佛等五百优婆塞，他们都在无上正等正觉方面不退转，他们就是当时的这四众弟子。得大势，应该明白，这《法华经》能使菩萨们得大利益，使他们得无上正等正觉，因此，菩萨们在如来灭度后，经常要信受奉持和诵读这部经，解说和书写这部经。"这时，世尊想重新宣说此意，而说偈颂……

如来神力品第二十一

原典

　　尔时，千世界微尘等菩萨摩诃萨从地涌出者，皆于佛前一心合掌，瞻仰尊颜，而白佛言："世尊，我等于佛灭后，世尊分身所在国土灭度之处，当广说此经。所以者何？我等亦自欲得是真净大法，受持、读诵、解说、书写，而供养之。"

　　尔时，世尊于文殊师利等无量百千万亿旧住娑婆世界菩萨摩诃萨，及诸比丘、比丘尼、优婆塞、优婆夷、天、龙、夜叉、乾闼婆、阿修罗、迦楼罗、紧那罗、摩睺罗伽、人非人等一切众前，现大神力①，出广长舌②，上至梵世。一切毛孔放于无量无数色光③，皆悉遍照十方世界。众宝树下师子座上诸佛亦复如是，出广长舌，放无量光。释迦牟尼佛及宝树下诸佛现神力时，满百千岁，然后还摄舌相，一时謦欬④，俱共弹指⑤。是二音声遍至十方诸佛世界，地皆六种震动⑥，其中众生，天、龙、夜叉、乾闼婆、阿修罗、迦楼罗、紧那罗、摩睺罗伽、人非人等，以佛神力故，皆见⑦此娑婆世界无量无边百千万亿众宝树下师子座上诸佛，及见释迦牟尼佛共多宝如来在宝塔中坐师子座。又见无量无边百千万亿菩萨摩诃萨及诸四众恭敬围绕释迦牟尼佛。既见是已，皆大欢喜，得未曾有。

即时诸天于虚空中高声唱⑧言："过此无量无边百千万亿阿僧祇世界，有国名娑婆，是中有佛，名释迦牟尼，今为诸菩萨摩诃萨说大乘经，名《妙法莲华》，教菩萨法，佛所护念。汝等当深心随喜，亦当礼拜、供养释迦牟尼佛。"

彼诸众生闻虚空中声已，合掌向娑婆世界作如是言："南无释迦牟尼佛⑨，南无释迦牟尼佛。"以种种华香、璎珞、幡盖，及诸严身之具，珍宝妙物，皆共遥散⑩娑婆世界。所散诸物从十方来，譬如云集，变成宝帐，遍覆此间诸佛之上。于时十方世界通达无碍⑪，如一佛土。

尔时，佛告上行等菩萨大众："诸佛神力如是，无量无边，不可思议。若我以是神力于无量无边百千万亿阿僧祇劫，为嘱累故，说此经功德，犹不能尽。以要言之，如来一切所有之法⑫，如来一切自在神力⑬，如来一切秘要之藏⑭，如来一切甚深之事⑮，皆于此经宣示显说。是故汝等于如来灭后，应一心受持、读诵、解说、书写，如说修行。所在国土若有受持、读诵、解说、书写，如说修行，若经卷所住之处，若于园中，若于林中，若于树下，若于僧坊，若白衣舍，若在殿堂，若山谷旷野，是中皆应起塔供养。所以者何？当知是处即是道场，诸佛于此得阿耨多罗三藐三菩提，诸佛于此转于法轮，诸佛于此而般涅槃。"

尔时，世尊欲重宣此义，而说偈言……

注释

①**现大神力**：如来为了付嘱佛法，而现十大神力，以显示《法华》的真实性。

②**出广长舌**：长舌显示不妄语，如来所说真实不虚。十神力之一。

③**一切毛孔放于无量无数色光**：十神力之二，喻究竟佛慧。

④**謦欬**：十神力之三，喻通畅而没有凝滞。

⑤**弹指**：十神力之四，喻随喜，随喜后世众生，得无上大法。

⑥**地皆六种震动**：指大地震动之六种相。

⑦**见**：即普见大会，十神力之六，表示诸佛道同。

⑧**虚空中高声唱**：即空中唱声，十神力之七，表示未来此法将流通。

⑨**南无释迦牟尼佛**：十神力之八，表示未来弟子众多。

⑩**遥散**：遥撒诸物，云集而来，十神力之九，表示未来能行布施。

⑪**通达无碍**：即十方通同，十神力之十，表示未来世中真理的存在。

⑫**如来一切所有之法**：法为一乘，方便说三。从《方便品》到《法师品》详论如来之法。

⑬**如来一切自在神力**：以神通力，而开示众生《法华》真实不虚。从《见宝塔品》到《持品》详论如来一切自在神力。

⑭**如来一切秘要之藏**：藏指法中最珍贵者，如大王的顶珠，不轻易示人，而最后赐予。《安乐行品》论如来秘密藏。

⑮**如来一切甚深之事**：事指事迹、经历。从《地涌出品》到《如来神力品》以佛自身之事说经，《嘱累品》之后以他事说经。

译文

那时，万千世界如微尘一样多的菩萨摩诃萨从地中涌现出来，都在佛面前一心合掌，瞻仰世尊颜容，对佛说："世尊，我们在佛灭度之后，在世尊之分身所在国土的灭度之处，一定要广泛演说这部经。为什么这样呢？因为我们自己也想得到这个真净大法，受持此经，诵读此经，解说此经，书写此经，并供养它。"

那时，世尊在文殊师利等无数个百千万亿过去住在娑婆世界的菩萨摩诃萨面前，以及众比丘和比丘尼、优婆塞和优婆夷面前，天、龙、夜叉、乾闼婆、阿修罗、迦楼罗、紧那罗、摩睺罗伽、人非人等一切众生面前，显现大神力，出示广长舌相，长舌过梵天世界。世尊的所有毛孔都放出无量无数的彩光，光芒遍照十方世界。在宝树下的狮子座上的众佛也是这样，现出广长舌相，放出无量的光明。当释迦牟尼佛以及宝树下的众佛们显现大神力时，共历时达百千岁，然后，收回广长舌相，同时轻咳一声，一起弹指。这轻咳、弹指两种声音传遍十方诸佛世界，十方世界，都产生六种震动，其中的众生、天、龙、夜叉、乾闼婆、阿修罗、迦楼罗、紧那罗、摩睺罗伽和人非人等等，因为佛的神力的缘故，都看见这个娑婆世界无数无边的百千万亿宝树下狮子座上的诸佛们，以及释迦牟尼和多宝如来在宝塔中，坐在狮子座上。又看到无量无边的百千万亿菩萨以及四众弟子们都恭敬围绕释迦牟尼佛。看到这些景象，他们都十分欢喜，得到未曾有过的收获。

这时候，诸天们在虚空中高声唱道："离这里无量的百千万亿阿僧祇世界，有一个国土，名叫娑婆，其中有一佛，名为释迦牟尼，现在为菩萨们演说大乘经，经的名字叫作《妙法莲华》，教给菩萨们那些佛一心护念的佛法。你们应该从内心深处生随喜的心，也应当礼拜和供养释迦牟尼佛。"

那些众生听到虚空中发出这样的声音后，都合掌向着娑婆世界说："南无释迦牟尼佛！南无释迦牟尼佛！"他们用种种华香、璎珞和幡盖，以及各种严饰身相的用品，种种珍宝和奇妙物品，都一起撒向遥远的娑婆世界。所散的物品，都来自十方世界，像云一样积集在一起，变成一顶大宝帐，普遍覆盖在这里的诸佛之上。于是，十方世界都通达无碍，和谐得就像同一个佛国土地。

那时，佛就告诉上行等菩萨们说："诸佛的神力就是这样无量无边，不可思议。如果我以这种神力，在无量无边百千万亿阿僧祇劫之中，为了付嘱佛法而演说这部经的功德，不可穷尽。举要而讲，如来的一切所有的佛法，如来的一切自在神力，如来的一切秘密之藏，如来的一切深妙之事，都可以在宣说此经中显现出来。因此，你们在如来灭度之后，应当一心一意地受持、读诵、解说和书写这部经，按照经中所说而修行。在你们所居住的国土之中，如果有受持、读诵、解说和书写这部经，并且按照经中所说而修行的人，如果有经卷存在的场所，像在园中，在林木间，在树下，在僧舍，在民舍，在殿堂，在山谷旷野中，都应该造佛塔加以供养。为什么呢？你们应该知道，这些地方都是道场，诸佛世尊就是在这些地方成就了无上正等正觉，诸佛世尊就是在这些地方转大法轮，诸佛世尊就是在这些地方而得大涅槃。"

那时，世尊想重新宣说这个思想，而说偈颂……

嘱累品第二十二

尔时，释迦牟尼佛从法座起，现大神力，以右手摩无量菩萨摩诃萨顶，而作是言："我于无量百千万亿阿僧祇劫修习是难得阿耨多罗三藐三菩提法，今以付嘱汝等，汝等应当一心流布此法，广令增益。"如是三摩^①诸菩萨摩诃萨顶，而作是言："我于无量百千万亿阿僧祇劫修习是难得阿耨多罗三藐三菩提法，今以付嘱汝等，汝等当受持读诵，广宣此法，令一切众生普得闻知。所以者何？如来有大慈悲，无诸悭吝，亦无所畏，能与众生佛之智慧、如来智慧、自然智慧。如来是一切众生之大施主，汝等亦应随学如来之法，勿生悭吝，于未来世，若有善男子、善女人信如来智慧者，当为演说此《法华经》，使得闻知，为令其人得佛慧故。若有众生不信受者，当于如来余深法中示教利喜。汝等若能如是，则为已报诸佛之恩。"

时诸菩萨摩诃萨闻佛作是说已，皆大欢喜，遍满其身，益加恭敬。曲躬低头，合掌向佛，俱发声言："如世尊敕，当具奉行，唯然世尊，愿不有虑。"诸菩萨摩诃萨众如是三反，俱发声言："如世尊敕，当具奉行，唯然世尊，愿不有虑。"

尔时，释迦牟尼佛令十方来诸分身佛各还本土，而作是言："诸佛各随所安，多宝佛塔还可如故。"说是语时，十方无量分身诸佛坐宝树下师子座上者，及多宝佛，并上行等无边阿僧祇菩萨大众，舍利弗等声闻四众，及一切世间天、人、阿修罗等，闻佛所说，皆大欢喜。

注释

①三摩：释迦如来三次抚摩众菩萨头顶而付嘱《法华经》，以示付嘱大法的庄重性。

译文

这时，释迦牟尼佛从法座上起来，用右手抚摩无数的菩萨的头顶，这样说："我在无量百千万亿阿僧祇劫中修习这极难证得的无上正等正觉之法，现在把它付嘱给你们，你们应当一心流通、传播这个法门，广泛地使它给众生带来大利益。"就这样三次摩菩萨顶，并这样说："我在无量百千万亿阿僧祇劫中修习这难得的无上正等正觉法门，现在付嘱给你们，你们应当受持和读诵，广泛宣说此法，使一切众生都能知道。为什么呢？因为如来有大慈爱心，大悲悯心，没有各种吝啬，也无所畏惧，能给众生以佛的智慧、如来智慧、自然智慧。如来是一切众生的大施主，你们也应该学习如来的大法门，不要吝啬，在来世中，如果有善男子、善女人相信如来智慧，你们就应当为他们宣讲这《法华经》，使他们都能听到，都能知道，使他们得佛智慧。如果有的众生不信受如来智慧，你们就应当用如来其他的深妙法门来教化他们，给他们利益，使他们欢喜。你们如果能这样，则就是已经报答了众佛的恩典。"

这时，各位菩萨听到佛这样说之后，都很欢喜，全身充满欢喜，对佛更加恭敬了。他们都屈身低头，合掌向着佛，都这样说："我们一定按照世尊的敕命，奉行此法，请世尊不必担忧。"众菩萨这样恭敬三次，都同声说道："我们一定按照世尊的敕命，奉行此法，请世尊不要担心。"

这时，释迦牟尼佛命令十方世界来的各位分身佛还是分别回到各自示现的国土，他说："你们都回去吧，多宝佛塔可以还归下方。"说这话的时候，十方世界的无数的坐在宝树之下狮子座上的分身各佛，以及多宝佛和上行菩萨等无边阿僧祇的菩萨大众，还有舍利弗等声闻四众弟子，一切世间的天、人、阿修罗等等，听到佛这样说，都很欢喜。

药王菩萨本事品第二十三

原典

药王菩萨本事①品第二十三

尔时宿王华菩萨白佛言："世尊，药王菩萨云何游于娑婆世界？世尊，是药王菩萨有若干百千万亿那由他难行苦行？善哉！世尊，愿少解说。"诸天、龙神、夜叉、乾闼婆、阿修罗、迦楼罗、紧那罗、摩睺罗伽、人非人等，又他国土诸来菩萨，及此声闻众，闻皆欢喜。

尔时，佛告宿王华菩萨："乃往过去无量恒河沙劫，有佛号日月净明德如来、应供、正遍知、明行足、善逝、世间解、无上士、调御丈夫、天人师、佛世尊。其佛有八十亿大菩萨摩诃萨，七十二恒河沙大声闻众，佛寿四万二千劫，菩萨寿命亦等。彼国无有女人、地狱、饿鬼、畜生、阿修罗等，及以诸难。地平如掌，琉璃所成，宝树庄严，宝帐覆上，垂宝华幡，宝瓶香炉周遍国界，七宝为台，一树一台，其树去台尽一箭道。此诸宝树皆有菩萨声闻而坐其下，诸宝台上各有百亿诸天作天伎乐，歌叹于佛，以为供养。

"尔时，彼佛为一切众生喜见菩萨，及众菩萨、诸声闻众说《法华经》。是一切众生喜见菩萨乐习苦行，于日月净明德佛法中精进经行，一心求佛，满万二千岁已，得现一切色身三昧②。得此三昧已，心大欢喜，即作念言：'我得现一切色身三昧，皆是得闻《法华经》力，我今当供养日月净明德佛及《法华经》。'

"即时入是三昧，于虚空中雨曼陀罗华、摩诃曼陀罗华，细末坚黑栴檀满虚空中，如云而下。又雨海此岸栴檀之香，此香六铢，价直娑婆世界，以供养佛。作是供养已，从三昧起，而自念言：我虽以神力供养于佛，不如以身供养③。即服诸香：栴檀、薰陆、兜楼婆、毕力迦、沉水胶香，又饮蘼卜诸华香油，满千二百岁已，香油涂身，于日月净明德佛前以天宝衣而自缠身，灌诸香油，以神通力愿而自然身，光明遍照八十亿恒河沙世界，其中诸佛同时赞言：'善哉！善哉！善男子，是真精进，是名真法供养如来。若以华香璎珞，烧香、末香、涂香，天缯幡盖，及海此岸栴檀之香，如是等种种诸物供养，所不能及。假使国、城、妻、子布施，亦所不及。善男子，是名第一之施④，于诸施中最尊最上，以法供养诸如来故。'

"作是语已，而各默然。其身火然千二百岁。过是已后，其身乃尽。一切众生喜见菩萨作如是法供养已，命终之后，复生日月净明德佛国中，于净德王家结跏趺坐，忽然化生，即为其父而说偈言：

> 大王今当知，我经行彼处，
>
> 即时得一切，现诸身三昧。
>
> 勤行大精进，舍所爱之身，
>
> 供养于世尊，为求无上慧。

"说是偈已，而白父言：'日月净明德佛今故现在，我先供养佛已，得解一切众生语言陀罗尼⑤。复闻是《法华经》八百千万亿那由他甄迦罗、频婆罗、阿閦婆⑥等偈。大王，我今当还供养此佛。'白已，即坐七宝之台，上升虚空，高七多罗树，往到佛所，头面礼足，合十指爪，以偈赞佛：

> 容颜甚奇妙，光明照十方，
>
> 我适曾供养，今复还亲觐。

注释

①**药王菩萨本事**：药王菩萨在过去为了供养《法华经》而自燃身、臂的故事。该菩萨在过去世常以药救病，而称药王菩萨。

②**现一切色身三昧**：简称普现三昧，能现种种身，为众生说《法华经》。

③**以身供养：**指燃身以供养《法华经》。

④**第一之施：**这种燃身供养，在各种布施中，是第一布施。

⑤**解一切众生语言陀罗尼：**法华十六三昧之一，得此三昧，能了解众生语言，随机说法。

⑥**甄迦罗、频婆罗、阿閦婆：**都是表示数量的名称。《俱舍论》卷十二中列六十位数，这三个数分别代表第十六、十八、二十数。

译文

这时，宿王华菩萨对佛说："世尊，药王菩萨为什么到娑婆世界来云游教化世间？世尊，这药王菩萨有许多个百千万亿那由他的极难修行的苦行，是吗？善哉！世尊，请您为我说一说吧！"这时，诸天、龙神、夜叉、乾闼婆、阿修罗、迦楼罗、紧那罗、摩睺罗伽、人非人等等，还有其他国土来的菩萨以及本国土的声闻大众，他们听到宿王华的问话后，都很欢喜。

这时，佛告诉宿王华菩萨说："在过去无数恒河沙数的劫时，有一位佛，佛号是日月净明德如来、应供、正遍知、明行足、善逝、世间解、无上士、调御丈夫、天人师、佛世尊。他有八十亿个大菩萨，七十二恒河沙数一样多的大声闻众生，他的寿长四万二千劫，菩萨寿命也是如此。他的国土没有女人、地狱、饿鬼、畜生、阿修罗等，也没有各种灾难。国土平如佛掌，由琉璃构成，以宝树作庄严，上面覆盖着宝帐，帐上垂挂着宝华和宝幡，国内到处都充满宝瓶和香炉，以七宝做台，有一棵树，就建一个台，树离台有一箭之遥。树下都有菩萨、声闻在那儿禅坐，宝台上又各有百亿个天演出音乐歌舞，歌颂和赞叹佛如来，作为对佛的供养。

"这时，那位佛为一切众生喜见菩萨以及其他菩萨大众和声闻大众说《法华经》。这个一切众生喜见菩萨喜欢修习苦行，在日月净明德佛的法会中精进修行，一心想成佛，已经修行了一万二千岁，得到了现一切色身三昧。他得到这个三昧后，心中十分高兴，就想：我能得到现一切色身三昧，都是由于听了《法华经》的缘故，我现在应该供养日月净明德佛以及《法华经》。

"于是，他就入现一切色身三昧，在虚空中下起曼陀罗华雨、摩诃曼陀罗华雨，坚硬的黑栴檀香木的细末飘满虚空，如同云彩一样下来。又下起海的此岸的栴檀香木的香雨，这种香，六铢就有整个娑婆世界的价值，他以这种香供养佛。供养之后，就从三昧中出来，又想：我虽然用大神力供养了众佛，但还不如以我的身体作供养。于是，他就服用各种香料，这些香料是栴檀、薰陆、兜楼婆、毕力迦、沉水胶等香，又饮服薝卜等华提炼出的香油，这样过了一千二百岁后，他以香油涂在身上，在日月净明德佛之前用天宝衣将自己身体缠绕上，又灌浸各种香油，用神通力使自身燃烧，光明遍照八十亿恒河沙一样多的世界，这些世界中的诸佛同时赞叹道：'善哉！善哉！善男子，你这是真正的精进啊！是以真法供养如来啊！如果有人以华香和璎珞，烧香、末香和涂香，天缯幡盖之类，以及海的此岸所生长的栴檀香来供养，都不如你的这种供养。假使有人以他的国土、城池及妻子儿女来布施，也不如你的这种布施。善男子，你这是最上等的布施，在各种布施中是最尊贵最高级，因为你是以法来供养如来。'

"说完，他们都默然不语。他身上的大火烧了一千二百年，然后，他的身体就烧尽了。因为他做这样的供养，命终之后，又再生在日月净明德佛的国土中。当他在净德王的家中，结跏趺坐而忽然化生了，就对他父亲说这样的偈颂：

> 大王应当知道，我在那里经行，
>
> 立即得到一切，显现色身三昧。
>
> 经常持行精进，舍弃我的爱身，
>
> 供养如来世尊，为求无上智慧。

"说完偈后，他就对父亲说：'日月净明德佛现在仍然存在，我以前供养他之后，得到能理解一切众生语言的陀罗尼。又听受这《法华经》的八百千万亿那由他的甄迦罗、频婆罗、阿閦婆数的偈颂。大王，我现在还要供养此佛。'说完，就坐在七宝之台上，升到虚空中，高达七多罗树，来到佛那里，双手合起十指，用偈颂赞叹佛：

> 世尊容颜奇妙，光明遍照十方。
>
> 我曾供养世尊，现在还想供养。

原典

"尔时，一切众生喜见菩萨说是偈已，而白佛言：'世尊，世尊，犹故在世！'

"尔时，日月净明德佛告一切众生喜见菩萨：'善男子，我涅槃时到，灭尽时至，汝可安施床座，我于今夜当般涅槃。'又敕一切众生喜见菩萨：'善男子，我以佛法嘱累于汝，及诸菩萨大弟子，并阿耨多罗三藐三菩提法，亦以三千大千七宝世界诸宝树、宝台，及给侍诸天悉付于汝。我灭度后，所有舍利亦付嘱汝，当令流布，广设供养，应起若干千塔。'如是日月净明德佛敕一切众生喜见菩萨已，于夜后分入于涅槃。

"尔时，一切众生喜见菩萨见佛灭度，悲感懊恼，恋慕于佛，即以海此岸栴檀为蕌，供养佛身，而以烧之。火灭已后，收取舍利，作八万四千宝瓶，以起八万四千塔，高三世界，表刹庄严，垂诸幡盖，悬众宝铃。尔时，一切众生喜见菩萨复自念言：我虽作是供养，心犹未足。我今当更供养舍利。便语诸菩萨大弟子及天、龙、夜叉等一切大众：'汝等当一心念，我今供养日月净明德佛舍利。'作是语已，即于八万四千塔前然百福庄严臂①七万二千岁，而以供养，令无数求声闻众、无量阿僧祇人发阿耨多罗三藐三菩提心，皆使得住现一切色身三昧。

"尔时，诸菩萨、天、人、阿修罗等见其无臂，忧恼悲哀，而作是言：'此一切众生喜见菩萨是我等师，教化我者，而今烧臂，身不具足。'于时一切众生喜见菩萨于大众中立此誓言：'我舍两臂，必当得佛金色之身。若实不虚，令我两臂还复如故。'作是誓已，自然还复。由斯菩萨福德智慧淳厚所致，当尔之时，三千大千世界六种震动，天雨宝华，一切人天得未曾有。"

注释

①**然百福庄严臂**：即燃臂供养佛如来舍利。

译文

　　"这时，一切众生喜见菩萨说完这偈后，就对佛说：'世尊，世尊，还同过去一样在世啊！'

　　"这时，日月净明德佛告诉一切众生喜见菩萨说：'善男子，我要涅槃了，寂灭的时刻要到了，你可以安放好床座，我在今夜要入涅槃。'同时又敕告一切众生喜见菩萨说：'善男子，我把佛法付嘱给你，将各位菩萨大弟子和无上正等正觉法门，以及三千大千七宝世界的各种宝树宝台，还有侍奉它们的诸天，都付嘱给你。我灭度后，所有的舍利也给予你，你要将它们广泛传布，广泛施设供养，要建起好几千的舍利塔。'这样吩咐之后，日月净明德佛就在夜半时分入涅槃。

　　"这时，一切众生喜见菩萨看到佛已灭度，非常悲伤，他仍恋慕于佛，就用海此岸的栴檀为柴薪来供养佛身，烧取舍利。火灭后，收起舍利，做了八万四千个宝瓶，造起八万四千宝塔，塔高三个世界，以佛刹作为庄严，垂挂各种幡盖，悬挂各种宝铃。这时，一切众生喜见菩萨又自言自语道：我虽然做了这些供养，心中还嫌不满足，我现在应该更加地供养舍利。于是他便告诉各位菩萨大弟子以及天、龙、夜叉等一切大众说：'你们要一心一意地记住，我现在要供养日月净明德佛的舍利。'

说完，他就在八万四千塔之前，燃烧起百种福德作为庄严的手臂，烧了七万二千年，以此舍利作为供养，使无数的求声闻者，无数阿僧祇的人，都发起无上正等正觉之心，都使他们得到现一切色身三昧。

"这时，菩萨和天、人、阿修罗等大众看到他没有了双臂，都很忧虑和悲哀，说：'这位一切众生喜见菩萨，是我们的导师，为了教化我们，而把双臂烧了，身体不全备了。'这时，一切众生喜见菩萨在大众中立下了誓言：'我舍双臂供养，一定能成就金色佛身，如果我此话不假，那么就使我双臂复原如初。'誓毕，他的双臂自然复原了。由于他的福德智慧如此深厚，所以，致使他双臂复原时，三千大千世界中六种震动，天上撒下华雨，一切人、天都得到了未曾有过的佛法。"

原典

佛告宿王华菩萨："于汝意云何？一切众生喜见菩萨岂异人乎？今药王菩萨是也。其所舍身布施，如是无量百千万亿那由他数。宿王华，若有发心欲得阿耨多罗三藐三菩提者，能然手指，乃至足一指供养佛塔，胜以国城妻子，及三千大千国土，山林河池，诸珍宝物而供养者。若复有人以七宝满三千大千世界供养于佛，及大菩萨、辟支佛、阿罗汉，是人所得功德不如受持此《法华经》，乃至一四句偈，其福最多①。

"宿王华，譬如一切川流江河诸水之中，海为第一，此《法华经》亦复如是，于诸如来所说经中最为深大。又如土山、黑山、小铁围山、大铁围山，及十宝山。众山之中，须弥山为第一，此《法华经》亦复如是，于诸经中最为其上。又如众星之中，月天子最为第一，此《法华经》亦复如是，于千万亿种诸经法中，最为照明。又如日天子能除诸暗，此经亦复如是，能破一切不善之暗。

"又如诸小王中，转轮圣王最为第一，此经亦复如是，于众经中最为其尊。又如帝释，于三十三天中王，此经亦复如是，诸经中王。又如大梵天王，一切众生之父，此经亦复如是，一切贤圣、学无学，及发菩萨心者之父。又如一切凡夫人中，须陀洹、斯陀含、阿那含、阿罗汉、辟支佛为第一，此经亦复如是，一切如来所说，若菩萨所说，若声闻所说诸经法中，最为第一。有能受持是经典者，亦复如是，于一切众生中亦为第一。一切声闻、辟支佛中，菩萨为第一，此经亦复如是，于一切诸经法中最为第一。如佛为诸法王，此经亦复如是，诸经中王。

①**其福最多：**受持《法华经》功德最大，受福最多，因为此经在众经中最深大，最为上，最照明，最能破一切不善之暗，最尊贵，是诸经中王，一切众生之父，一切法中为第一。

译文

佛告诉宿王华菩萨："你认为怎么样？一切众生喜见菩萨难道会是别人吗？他就是现在的药王菩萨啊！他舍身布施的数量，达到无量百千万亿那由他。宿王华，如果有人发心想得到无上正等正觉，并能燃烧他的手指甚至脚上的一指来供养佛塔，就胜过以国土城池、妻子儿女，以及三千大千世界的山地森林、河湖池海、各种珍宝为供养。如果又有人以满三千大千世界的七宝来供养佛以及大菩萨、辟支佛、阿罗汉，那么他所得到的功德，不如受持这部《法华经》，即使受持一段四句偈，他得到的福德也最多。

"宿王华，譬如一切江河湖海，以海为第一，这《法华经》也是如此，在如来所说诸经中，最深，最大。还有，又譬如土山、黑山、小铁围山、大铁围山，及十宝山。众山之中，以须弥山为第一，这《法华经》也是这样，在众经中最为深广。又譬如在众星之中，月亮是第一，这《法华经》也是这样，在千万亿种经中最为照明。又譬如太阳能够驱除众多的黑暗，《法华经》也是这样，能够破除一切不善之暗。

"又譬如在各位小王中，转轮圣王是第一，《法华经》也是这样，在众经中最为尊贵。又譬如帝释在三十三天中是为王，此经也是如此，是众经之王。又譬如大梵天王是一切众生之父，此经也是这样，是一切贤人、圣人、学无学人，以及发菩提心者的父王。又譬如一切凡夫之中，须陀洹、斯陀含、阿那含、阿罗汉、辟支佛是第一，此经也是这样，一切如来所说，或菩萨所说，或声闻所说的各种经法当中，此经也是第一。如果有人能受持此经，也是这样，在众生之中也是第一。譬如一切声闻、辟支佛之中，菩萨是第一，此经也是这样，在一切经中法中是第一。譬如佛是诸法之王，此经也是这样，是诸经之王。

原典

"宿王华，此经能救一切众生者，此经能令一切众生离诸苦恼，此经能大饶益一切众生，充满其愿。如清凉池，能满一切诸渴乏者，如寒者得火，如裸者得衣，如商人得主，如子得母，如渡得船，如病得医，如暗得灯，如贫得宝，如民得王，如贾客得海，如炬除暗。此《法华经》亦复如是，能令众生离一切苦，一切病痛，能解一切生死之缚。

"若人得闻此《法华经》，若自书，若使人书，所得功德，以佛智慧筹量多少，不得其边。若书是经卷，华香璎珞，烧香、末香、涂香，幡盖衣服，种种之灯：酥灯、油灯、诸香油灯、薝卜油灯、须曼那油灯、波罗罗油灯、婆利师迦油灯、那婆摩利油灯供养，所得功德亦复无量。宿王华，若有人闻是《药王菩萨本事品》者，亦得无量无边功德。若有女人闻是《药王菩萨本事品》能受持者，尽是女身①，后不复受。若如来灭后，后五百岁中，若有女人闻是经典，如说修行，于此命终，即往安乐世界，阿弥陀佛大菩萨众围绕住处，生莲华中宝座之上，不复为贪欲所恼，亦复不为嗔恚、愚痴所恼，亦复不为憍慢、嫉妒诸垢所恼，得菩萨神通，无生法忍。

"得是忍已，眼根清净。以是清净眼根，见七百万二千亿那由他恒河沙等诸佛如来。是时，诸佛遥共赞言：'善哉！善哉！善男子，汝能于释迦牟尼佛法中受持、读诵、思惟是经，为他人说，所得福德，无量无边，火不能焚，水不能漂。汝之功德，千佛共说，不能令尽。汝今已能破诸魔贼，坏生死军，诸余怨敌皆悉摧灭。善男子，百千诸佛，以神通力共守护汝，于一切世间天人之中无如汝者，唯除如来。其诸声闻、辟支佛，乃至菩萨智慧禅定，无有与汝等者。'

"宿王华，此菩萨成就如是功德智慧之力，若有人闻是《药王菩萨本事品》能随喜赞善者，是人现世口中常出青莲华香，身毛孔中常出牛头栴檀之香，所得功德如上所说。是故宿王华，以此《药王菩萨本事品》嘱累于汝，我灭度后，后五百岁中，广宣流布于阎浮提，无令断绝，恶魔、魔民、诸天、龙、夜叉、鸠槃荼②等得其便也。

"宿王华，汝当以神通之力守护是经。所以者何？此经则为阎浮提人病之良药。若人有病，得闻是经，病即消灭，不老不死。宿王华，汝若见有受持是经者，应以青莲华盛满末香供散其上，散已作是念言：此人不久必当取草坐于道场，破诸魔军，当吹法螺，击大法鼓，度脱一切众生老病死海。是故求佛道者见有受持是经典人，应当如是生恭敬心。"

说是《药王菩萨本事品》时，八万四千菩萨得解一切众生语言陀罗尼。多宝如来于宝塔中赞宿王华菩萨言："善哉！善哉！宿王华，汝成就不可思议功德，乃能问释迦牟尼佛如此之事，利益无量一切众生。"

①**尽是女身**：由于闻说《药王菩萨本事品》而得到舍离女身的功德。

②**鸠槃荼**：鬼的名称，意为冬瓜鬼，也用来形容妇人老丑的样子。

译文

"宿王华，此经能救一切众生，能够使一切众生脱离各种烦恼，能够给众生带来大利益，满足众生一切愿望。譬如清凉池中水能够满足一切又渴又乏的众生，如寒冷的人得到火，没有衣穿的人得到衣服，商人得到买主，孩子得到母亲，如在渡口得到船，患病得到治疗，如黑暗中得到光明，穷人得到财宝，如百姓得到帝王，商贾得到海，如火炬除去黑暗。这《法华经》也是这样，能使众生脱离一切苦，一切病痛，能够解开一切生死之缚。

"如果有人听到这《法华经》，或自己书写，或让别人书写，他得到的功德，用佛的智慧来计算，也不能得到确切的限量。如果有人书写此经后，又加以供养，以华香璎珞，烧香、末香、涂香，幡盖衣服，以种种灯：酥灯、油灯、各种香油灯、蒼卜油灯、须曼那油灯、波罗罗油灯、婆利师迦油灯、那婆摩利油灯，来供养经卷，那么他所得到的功德也没有限量。宿王华，如果有人听到这个《药王菩萨本事品》，那么他也有无边无量的功德。如果有女人听到这《药王菩萨本事品》，并能信受奉持，那么她在这个女人身灭尽后就不再受女人身了。如果在如来灭度后的后五百年中，有女人听到此经，并按照经中所说的去修行，那么在她此生的命数完了之后，就能住在安乐世界了，阿弥陀佛和大菩萨们围绕着他的住处，生在莲华中的宝座之上，不再受贪欲的困扰，也不再受嗔恚和愚痴的困扰，也不再受憍慢和嫉妒等诟病的困扰，得到了菩萨的神通，得到了无生法忍。

"得到这无生法忍后，便眼根清净无污，他用这清净眼，能看到七百万二千亿那由他恒河沙一样多的诸佛如来。这时，这些佛都遥相赞颂他说：'善哉！善哉！善男子，你能在释迦牟尼的法会中受持、读诵和思考这部经典，并能为他人宣说此经，得到无量无边的功德，大火不能焚烧着你，大水也不能冲跑你。你的功德，即使由一千个佛来说，也说不尽的。你现在已经破除了各种魔障，超脱了生死，而且其余的各种烦恼之敌也都摧毁灭除了。成百上千的诸佛如来用神通力共同守护着你，一切世间的天、人之中，除了如来，没有谁可以与你相

比，都不如你。'

"宿王华，这位菩萨成就这样的功德和智慧，如果有人听到这《药王菩萨本事品》，并能随喜、赞叹，那么他在现世，口中能经常飘出青莲的香味，身上的毛孔中也能经常有牛头栴檀的香味，所得的功德，也同上面所说的一样。因此，宿王华，我以这《药王菩萨本事品》付嘱于你，在我灭度后的后五百岁中，能够在阎浮提广泛宣说和流通传播这一部经，不要使它断绝，那么，一切恶魔，诸种天、龙、夜叉和鸠槃荼等，就都能从中得到便利。

"宿王华，你要用神通力守护这部经。为什么呢？这部经是治疗阎浮提人所生疾病的良药。如果有人得病，听到这部经，病就立即消除，而能不老不死。宿王华，你如果看到有信受和奉持这部经的人，你就应当把青莲盛满香末，撒在他身上，并且想：这人不久以后必定能坐在佛道场，破除各种魔障，必定能吹起大法螺，击大法鼓，度脱一切众生出离生老病死之海。所以，凡是追求佛法之道的人，看到信受和奉持此经者，应当产生这样的恭敬之心。"

当释迦牟尼在说《药王菩萨本事品》时，八万四千菩萨得到了解一切众生语言陀罗尼。多宝如来在宝塔中赞叹宿王华说："善哉，善哉！宿王华，你成就不可思议

的功德，而能向释迦牟尼请教这样的问题，使无量无数
一切众生都得到利益。"

7　卷七

妙音菩萨品第二十四

原典

妙音菩萨[①]品第二十四

尔时，释迦牟尼佛放大人相，肉髻光明，及放眉间白毫相光，遍照东方百八万亿那由他恒河沙等诸佛世界。过是数已，有世界名净光庄严，其国有佛，号净华宿王智如来、应供、正遍知、明行足、善逝、世间解、无上士、调御丈夫、天人师、佛世尊。为无量无边菩萨大众恭敬围绕，而为说法，释迦牟尼佛白毫光明遍照其国。

尔时，一切净光庄严国中有一菩萨名曰妙音，久已植众德本，供养亲近无量百千万亿诸佛，而悉成就甚深智慧，得妙幢相三昧②、法华三昧③、净德三昧④、宿王戏三昧⑤、无缘三昧⑥、智印三昧⑦、解一切众生语言三昧、集一切功德三昧⑧、清净三昧⑨、神通游戏三昧⑩、慧炬三昧⑪、庄严王三昧⑫、净光明三昧⑬、净藏三昧⑭、不共三昧⑮、日旋三昧⑯，得如是等百千万亿恒河沙等诸大三昧。释迦牟尼佛光照其身，即白净华宿王智佛言："世尊，我当往诣娑婆世界，礼拜、亲近、供养释迦牟尼佛，及见文殊师利法王子菩萨、药王菩萨、勇施菩萨、宿王华菩萨、上行意菩萨、庄严王菩萨、药上菩萨。"

　　尔时，净华宿王智佛告妙音菩萨："汝莫轻彼国，生下劣想。善男子，彼娑婆世界高下不平，土石诸山，秽恶充满，佛身卑小，诸菩萨众，其形亦小。而汝身四万二千由旬，我身六百八十万由旬，汝身第一端正，百千万福，光明殊妙。是故汝往莫轻彼国，若佛、菩萨，及国土，生下劣想。"

　　妙音菩萨白其佛言："世尊，我今诣娑婆世界，皆是如来之力，如来神通游戏，如来功德智慧庄严。"于是，妙音菩萨不起于座，身不动摇，而入三昧。以三昧力，于耆阇崛山去法座不远化作八万四千众宝莲华，阎浮檀金为茎，白银为叶，金刚为须，甄叔迦宝以为其台。

注释

①**妙音菩萨**：过去世净光庄严国中的一位菩萨之名，他供养无数佛，能以美妙的声音弘此经，也称其为狮子吼菩萨。他得到十六种三昧，即"法华十六三昧"。

②**妙幢相三昧**：法华十六三昧之一，是三昧中最高的一种，譬如将军以法幢体现其大相。

③**法华三昧**：诸法实相所证得的一切称法华三昧，是十六三昧中之一。

④**净德三昧**：十六三昧之一，即性净无秽，具常乐我。

⑤**宿王戏三昧**：十六三昧之一，即照权智机，善巧方便。

⑥**无缘三昧**：十六三昧之一，又称灭尽定，灭一切色心而离所缘。

⑦**智印三昧**：十六三昧之一，得此三昧，能持智慧之印契，进入实相。

⑧**集一切功德三昧**：十六三昧之一，即集诸三昧之功德。

⑨**清净三昧**：十六三昧之一，得此三昧而能离垢染。

⑩**神通游戏三昧**：法华十六三昧之一，游诸世间，自在化度众生。

⑪**慧炬三昧：**法华十六三昧之一，如得此三昧，能发智慧的火炬，照世界之险难。

⑫**庄严王三昧：**法华十六三昧之一，简称庄严三昧，即性具万德，缘了庄严，融妙自在。

⑬**净光明三昧：**法华十六三昧之一，其性清净照明，离诸垢染。

⑭**净藏三昧：**法华十六三昧之一，即一念之净心能含摄权实一切功德。

⑮**不共三昧：**法华十六三昧之一，即不共浅劣之偏小。

⑯**日旋三昧：**法华十六三昧之一，如天子乘日宫殿，照诸众生，周而复始。

译文

这时，释迦牟尼佛现出大人相，肉髻上放出光明，眉间白毫毛也放出光明，遍照东方世界百八万亿那由他恒河沙一样多的诸佛世界。在这个世界数之外，有一个世界，名叫净光庄严，国中有佛，称净华宿王智如来、应供、正遍知、明行足、善逝、世间解、无上士、调御丈夫、天人师、佛世尊。这个佛被无数无边的菩萨大众所恭敬围绕，他为大众说法，释迦牟尼的白毫光明普遍照耀着他的国土。

那时，在他的国土中有一位名为妙音的菩萨，长久以来已经种下许多功德种子，供养和亲近无量百千万亿的佛，因而能够成就很深的智慧，得到妙幢相三昧、法华三昧、净德三昧、宿王戏三昧、无缘三昧、智印三昧、解一切众生语言三昧、集一切功德三昧、清净三昧、神通游戏三昧、慧炬三昧、庄严王三昧、净光明三昧、净藏三昧、不共三昧、日旋三昧，得到这样的百千万亿恒河沙一样多的三昧。释迦牟尼佛的光明照在他身上，他就对净华宿王智佛说："世尊，我想到娑婆世界去礼拜、亲近和供养释迦牟尼佛，并且去拜见文殊师利菩萨、药王菩萨、勇施菩萨、宿王华菩萨、上行意菩萨、庄严王菩萨、药上菩萨。"

这时，净华宿王智佛对妙音菩萨说："你不要轻侮那里的国土，不要产生一些不好的念头。善男子，那娑婆世界中，国土高低不平，到处是山川石块，充满了污秽恶心的东西，而且那里的佛身躯很瘦小，各位菩萨也是很小的。而你的身躯有四万二千由旬高，我的则有六百八十万由旬，再说你的身相最端正，具有成百上千上万的福德，有特别美妙的光明。所以你不能到了那里后就轻视那个国土，对那里的佛、菩萨以及国土产生不好的想法。"

妙音菩萨对佛说："世尊，我现在到娑婆世界去，都是由于如来的力量，如来的神通游戏，如来功德智慧庄严。"在这时候，妙音菩萨长坐不起，身心都不动摇，进入三昧。他又用这种三昧之力到耆阇崛山，在离释迦牟尼佛的法座不远的地方，化出八万四千多宝莲华，这些莲华以阎浮檀金作为茎，以白银为叶子，金刚为莲须，以甄叔迦宝为莲台。

原典

　　尔时，文殊师利法王子见是莲华而白佛言："世尊，是何因缘，先现此瑞，有若干千万莲华，阎浮檀金为茎，白银为叶，金刚为须，甄叔迦宝以为其台？"

　　尔时，释迦牟尼佛告文殊师利："是妙音菩萨摩诃萨，欲从净华宿王智佛国，与八万四千菩萨围绕，而来至此娑婆世界，供养、亲近、礼拜于我，亦欲供养听《法华经》。

　　文殊师利白佛言："世尊，是菩萨种何善本，修何功德，而能有是大神通力？行何三昧？愿为我等说是三昧名字，我等亦欲勤修行之。行此三昧，乃能见是菩萨色相大小，威仪进止。惟愿世尊以神通力，彼菩萨来，令我得见。"

　　尔时，释迦牟尼佛告文殊师利："此久灭度多宝如来当为汝等而现其相。"

时多宝佛告彼菩萨："善男子，来，文殊师利法王子欲见汝身。"于时，妙音菩萨于彼国没，与八万四千菩萨俱共发来，所经诸国，六种震动，皆悉雨于七宝莲华，百千天乐，不鼓自鸣。是菩萨目如广大青莲华叶，正使和合百千万月。其面貌端正复过于此，身真金色，无量百千功德庄严，威德炽盛，光明照曜，诸相具足，如那罗延①坚固之身。入七宝台，上升虚空，去地七多罗树，诸菩萨众恭敬围绕而来诣此娑婆世界耆阇崛山。

到已，下七宝台，以价直百千璎珞持至释迦牟尼佛所，头面礼足，奉上璎珞而白佛言："世尊，净华宿王智佛问讯世尊，少病少恼，起居轻利，安乐行不？四大调和不？世事可忍不？众生易度不？无多贪欲、嗔恚、愚痴、嫉妒、悭慢不？无不孝父母、不敬沙门、邪见不善心、不摄五情不？世尊，众生能降伏诸魔怨不？久灭度多宝如来在七宝塔中来听法不？又问讯多宝如来安隐少恼，堪忍久住不？世尊，我今欲见多宝佛身，惟愿世尊示我令见。"

尔时，释迦牟尼佛语多宝佛："是妙音菩萨欲得相见。"

时多宝佛告妙音言："善哉！善哉！汝能为供养释迦牟尼佛及听《法华经》并见文殊师利等，故来至此。"

①**那罗延：** 天上力士的名称，一说为梵天王的异名。

译文

这时，文殊师利法王子看到这莲华，就对释迦牟尼佛说："世尊，是什么原因，会出现这样的祥瑞，出现了好几千万的莲华，这些莲华以阎浮檀金为茎，以白银为莲叶，以金刚为莲须，以甄叔迦宝为莲台？"

这时，释迦牟尼佛对文殊师利说："这是妙音菩萨想从净华宿王智佛的国土，在八万四千菩萨众的围绕下，到娑婆世界上来供养、亲近和礼拜我，也想供养并听受《法华经》。"

文殊师利对佛说："世尊，这位妙音菩萨种下了什么样的善本，修持什么样的功德，而能有这样的大神通力？他修行什么样的三昧？请世尊为我们说一说这种三昧的名字，我们也想勤奋修行这一三昧，这样能够见到这位菩萨的模样、色身大小、威仪，以及行为举止。请世尊用神通力，让这菩萨来，令我能看见。"

这时，释迦牟尼佛告诉文殊师利说："这位久已灭度的多宝如来将为你们显示这位菩萨的形象。"

于是，多宝如来就对妙音菩萨说："善男子，来！

文殊师利法王子想看看你的模样。"在这时候，妙音菩萨从他所在的国土上消失，和八万四千菩萨一起到娑婆世界上来，途中所经过的国家，都是六种震动，都下七宝莲华雨，成百上千种天国乐器不奏自鸣。这位妙音菩萨双眼如同又宽广又宏大的青莲华叶子，好像是和合了百千万个的月亮。他的面部的端正程度还要超过双眼的端正，他的身体是真金的颜色，以无量百千的功德作庄严，威德炽盛，光明照耀，具足各种相，如同那罗延的坚固之身。他进入七宝台，升上虚空，离地七个多罗树高，菩萨们都恭敬他，围绕着他，一起来到这个娑婆世界的耆阇崛山。

他们到达之后，把价值极高的成百上千的璎珞，拿到释迦牟尼佛的道场，以自己的头面礼佛足，奉献上璎珞，对佛说："世尊，净华宿王智佛问候您是否少病痛，少烦恼，起居轻松便利，非常安乐？是否四大调和？世俗事务是否还能忍受？化度众生是否容易？是否没有那么多的贪欲、嗔恚、愚痴、嫉妒和悭慢？也没有不孝父母者、不敬沙门者、心怀邪见和不善之心者、不摄五情者吗？世尊，众生能够降伏各种魔障吗？灭度很久的多宝如来在七宝塔中来听法吗？他又问候多宝如来是否安隐？是否烦恼减少了？还能久住下去吗？世尊，我现在想看看多宝佛，请世尊让我看看。"

这时，释迦牟尼佛对多宝佛说："这位妙音菩萨想看看你。"

于是，多宝佛对妙音菩萨说："善哉！善哉！你能够为了供养释迦牟尼佛及听受《法华经》，并拜见文殊师利等菩萨而到这里来。"

原典

尔时，华德菩萨白佛言："世尊，是妙音菩萨种何善根，修何功德，有是神力？"

佛告华德菩萨："过去有佛，名云雷音王、多陀阿伽度、阿罗诃、三藐三佛陀，国名现一切世间，劫名喜见。妙音菩萨于万二千岁以十万种伎乐供养云雷音王佛，并奉上八万四千七宝钵。以是因缘果报，今生净华宿王智佛国，有是神力。华德，于汝意云何？尔时云雷音王佛所妙音菩萨伎乐供养奉上宝器者，岂异人乎？今此妙音菩萨摩诃萨是。华德，是妙音菩萨已曾供养亲近无量诸佛，久植德本，又值恒河沙等百千万亿那由他佛。

"华德，汝但见妙音菩萨其身在此，而是菩萨现种种身①，处处为诸众生说是经典，或现梵王身，或现帝释身，或现自在天身，或现大自在天身，或现天大将军身，或现毗沙门天王身，或现转轮圣王身，或现诸小王身，或现长者身，或现居士身，或现宰官身，或现婆罗门身，或现比丘、比丘尼、优婆塞、优婆夷身，或现长者居士妇女身，或现宰官妇女身，或现婆罗门妇女身，或现童男童女身，或现天、龙、夜叉、乾闼婆、阿修罗、迦楼罗、紧那罗、摩睺罗伽、人非人等身而说是经，诸有地狱、饿鬼、畜生及众难处，皆能救济，乃至于王后宫变为女身而说是经。

"华德，是妙音菩萨能救护娑婆世界诸众生者。是妙音菩萨如是种种变化现身，在此娑婆国土为诸众生说是经典，于神通变化、智慧无所损减。是菩萨以若干智慧明照娑婆世界，令一切众生各得所知。于十方恒河沙世界中，亦复如是。若应以声闻形得度者，现声闻形而为说法。应以辟支佛形得度者，现辟支佛形而为说法。应以菩萨形得度者，现菩萨形而为说法。应以佛形得度者，即现佛形而为说法。如是种种，随所应度，而为现形，乃至应以灭度而得度者，示现灭度。华德，妙音菩萨摩诃萨成就大神通智慧之力，其事如是。"

尔时，华德菩萨白佛言："世尊，是妙音菩萨深种善根。世尊，是菩萨住何三昧，而能如是在所变现度脱众生？"

佛告华德菩萨："善男子，其三昧名'现一切色身'，妙音菩萨住是三昧中，能如是饶益无量众生。"

说是《妙音菩萨品》时，与妙音菩萨俱来者八万四千人皆得现一切色身三昧，此娑婆世界无量菩萨亦得是三昧及陀罗尼。尔时，妙音菩萨摩诃萨供养释迦牟尼佛及多宝佛塔已，还归本土，所经诸国六种震动，雨宝莲华，作百千万亿种种伎乐。既到本国，与八万四千菩萨围绕至净华宿王智佛所，白佛言："世尊，我到娑婆世界饶益众生，见释迦牟尼佛及见多宝佛塔，礼拜供养。又见文殊师利法王子菩萨，及见药王菩萨、得勤精进力菩萨、勇施菩萨等，亦令是八万四千菩萨得现一切色身三昧。"

说是《妙音菩萨来往品》②时，四万二千天子得无生法忍，华德菩萨得法华三昧。

注释

①**现种种身**：即现一切色身三昧，经中列举了妙音三十三种身相。

②**《妙音菩萨来往品》**：即《妙音菩萨品》。

译文

这时，华德菩萨对佛说："世尊，这位妙音菩萨种下了什么样的善根种子，修成什么样的功德，而能有这样的神通力量？"

佛对华德菩萨说："过去世中有一位佛，佛号是云雷音王、多陀阿伽度、阿罗诃、三藐三佛陀，佛国的名字是现一切世间，他的劫的名字是喜见。妙音菩萨在一万二千年中，以十万种伎乐歌舞供养云雷音王佛，并且献给他八万四千个七宝钵。因为这种因缘，现在能够生在净华宿王智佛国，能够有这样的神通力量。华德，你认为如何？那时在云雷音王佛那里，妙音菩萨以伎乐歌舞作供养，献上宝器，难道会是别人吗？他就是现在的妙音菩萨啊。华德，这妙音菩萨已经供养和亲近了无数的佛，长久以来种植善根种子，又遇到过恒河沙数一样多的百千亿那由他的佛。

"华德，你只看到妙音菩萨的色身在这里，实际上他化现出许多身相，处处为众生宣说这部经典。他或者化作梵王，或者化成帝释，或者化作自在天，或者大自在天，或者天大将军，或者毗沙门天王，或者转轮圣王，或者各种小王，或年长者，或宰相官吏，或者婆罗门，或者比丘、比丘尼、优婆塞、优婆夷，或者是年老的居士、妇女，或者是官吏们的妇女，或者婆罗门妇女，或者童男童女，或者天、龙、夜叉、乾闼婆、阿修罗、迦楼罗、紧那罗、摩睺罗伽、人非人等等。他化现出这些身相，而宣说《法华经》，凡是有地狱、饿鬼、畜生以及其他各种苦难的地方，他都能解救度脱，他甚至还在大王的后宫里面，变成宫女而说这部经。

"华德，这妙音菩萨能够救助守护娑婆世界的众生们。他化现那么多的化身，在这娑婆国土为众生说经，但他的神通变化力，他的智慧，都没有丝毫减少损灭。这位菩萨以很多的智慧光明来照耀娑婆世界，使一切众生都得到智慧。在十方恒河沙世界中，他也是这样。如果众生是以声闻乘作为解脱，那么他就化成声闻身相为他们说法。以辟支佛为解脱，则化为辟支佛来给他们说法。以菩萨为超度，那么就化为菩萨来给他们说法。以佛为解脱，就化为佛而给他们说法。像这样，根据解脱对象的不同而变现出他们的不同形象，甚至有的众生是以灭度为解脱，那么他就要变化出灭度相来为他们说法。华德，妙音菩萨成就大神通智慧力的事，就是这样的。"

这时，华德菩萨对佛说："世尊，这个妙音菩萨种下很深的善根种子。世尊，这位菩萨得到了什么三昧，而能这样根据不同对象来变现不同身相，以这种方法化度众生呢？"

佛告诉华德菩萨说："善男子，他得到的是现一切色身三昧，他根据这种三昧，而能给众生以极大的利益。"

当释迦牟尼说这一《妙音菩萨品》时，和妙音菩萨一起来的八万四千人也都得到了现一切色身三昧，这娑婆世界的无数菩萨也得到这种三昧及陀罗尼。这时，妙音菩萨供养释迦牟尼佛及多宝佛塔之后，又返回本国去了，归国途中，所经过的国家都六种震动，下起宝莲华雨，演出百千万亿种的伎乐。回国之后，他在八万四千菩萨的围绕下来到净华宿王智佛那里，对佛说："世尊，我到娑婆世界去给众生大利益，看到了释迦牟尼佛及多宝佛塔，我礼拜他们，供养他们。又见了文殊师利法王子菩萨、药王菩萨、得勤精进力菩萨、勇施菩萨等，也使随我去的这八万四千菩萨都得到了现一切色身三昧。"

释迦牟尼佛说这《妙音菩萨来往品》时，四万二千个天子得到无生法忍，华德菩萨则得到法华三昧。

观世音菩萨普门品第二十五

尔时，无尽意菩萨即从座起，偏袒右肩，合掌向佛，而作是言："世尊，观世音菩萨，以何因缘名观世音？"

佛告无尽意菩萨："善男子，若有无量百千万亿众生受诸苦恼，闻是观世音菩萨，一心称名①。观世音菩萨即时观其音声，皆得解脱。若有持是观世音菩萨名者，设入大火，火不能烧，由是菩萨威神力故。若为大水所漂，称其名号，即得浅处。若有百千万亿众生为求金、银、琉璃、砗磲、玛瑙、珊瑚、琥珀、真珠等宝，入于大海，假使黑风吹其船舫，飘堕罗刹鬼国，其中若有乃至一人称观世音菩萨名者，是诸人等皆得解脱罗刹之难，以是因缘名观世音。

"若复有人临当被害，称观世音菩萨名者，彼所执刀杖，寻段段坏，而得解脱。若三千大千国土满中夜叉罗刹欲来恼人，闻其称观世音菩萨名者，是诸恶鬼尚不能以恶眼视之，况复加害？

"设复有人，若有罪，若无罪，杻械枷锁，检系其身，称观世音菩萨名者，皆悉断坏，即得解脱。若三千大千国土满中怨贼，有一商主将诸商人赍持重宝经过险路，其中一人作是唱言：'诸善男子，勿得恐怖，汝等应当一心称观世音菩萨名号，是菩萨能以无畏施于众生，汝等若称名者，于此怨贼，当得解脱。'众商人闻，俱发声言：'南无观世音菩萨。'称其名故，即得解脱。

"无尽意，观世音菩萨摩诃萨威神之力，巍巍如是。"

注释

①**一心称名**：如果众生遭难，火难、水难、罗刹难、刀杖难、恶鬼难、枷锁难、怨贼难，只要口称观世音名号，观世音菩萨就会感应来救，众生就脱苦难。

译文

那时，无尽意菩萨就从座位中站起来，偏袒了右肩，双手合掌向着佛，对佛说："世尊，观世音菩萨为什么称作'观世音'这个名字呢？"

佛告诉无尽意菩萨说："善男子，如果有无数个百千万亿的众生忍受着各种痛苦和烦恼，听说有位观世音菩萨，就一心一意念诵观世音菩萨的名号。观世音菩萨立即观察声音的来处，使众生都能得到解脱。如果有众生能够持念这位观世音菩萨的名号，那么，他即使入大火中，火不能烧着他，由于有观世音的威严神力的缘故。如果被大水冲走，只要称念观世音的名号，就能流到水浅处。如果有百千万亿众生为了寻求金、银、琉璃、砗磲、玛瑙、珊瑚、琥珀和珍珠等宝物而入大海，遇到黑风，把他们的船吹到罗刹鬼国去了，但其中甚至只要有一人能够称观世音菩萨的名号，船上所有遇难的人都将会从罗刹鬼国中解脱出来，因为这些原因而称之为观世音。

　　"如果又有人被判死罪，只要称观世音的名号，行刑者所执的刀杖，立即一段一段断落，而得解脱。如果三千大千世界中所有的夜叉、罗刹想来烦恼众生，但只要听到有人称诵观世音菩萨的名号，这些恶鬼就不敢以它们的恶眼看人了，更不能加害于人了。

　　"假使还有人，或者有罪，或者无罪，身上戴着枷锁，只要称诵观世音菩萨的名号，枷锁都会断脱，因而得到解脱。如果三千大千国土中充满盗贼，有一个商主带着一些商人，携重金财宝经过这一条险路，其中一人这样说道：'各位善男子，不要害怕，你们应当一心一意称念观世音菩萨的名号，这位菩萨能够把大无畏力施给众生，你们如果称念他的名号，就能不受盗贼侵扰，得到解脱。'这些商人听到这么一说，都称念道：'南无观世音菩萨。'由于称念观世音名号的缘故，都得到了解脱。

"无尽意，观世音菩萨摩诃萨的威严神力，就是这样的巍巍堂堂。"

原典

"若有众生多于淫欲，常念恭敬观世音菩萨，便得离欲^①；若多嗔恚，常念恭敬观世音菩萨，便得离嗔；若多愚痴，常念恭敬观世音菩萨，便得离痴。无尽意，观世音菩萨有如是等大威神力，多所饶益，是故众生常应心念。若有女人设欲求男，礼拜供养观世音菩萨，便生福德智慧之男；设欲求女，便生端正有相之女。宿植德本，众人爱敬。"

注释

①**离欲**：如果众生受淫欲之苦，只要心中念观世音菩萨名号，观世音就会感应此意，众生得离淫欲之苦。

译文

"如果有些众生淫欲心深重，经常念诵和恭敬观世音菩萨，便能脱离淫欲；如果嗔恚心重，经常念诵和恭敬观世音菩萨，就能够脱离嗔恚心；如果愚痴心重，只要经常念诵和恭敬观世音菩萨，便能脱离愚痴之心。无尽意，观世音菩萨有这样的大威严神力，利益众生，因此众生应该常常一心持念观世音名号。如果是女子想生男孩，只要礼拜供养观世音菩萨，便能生男孩，这个孩子具有福德智慧之相；要是想生女孩，便会生端庄周正的女孩子来。宿世种下德行之根，受众生爱戴恭敬。"

原典

"无尽意，观世音菩萨有如是力，若有众生恭敬礼拜观世音菩萨，福不唐捐。是故，众生皆应受持观世音菩萨名号。无尽意，若有人受持六十二亿恒河沙菩萨名字，复尽形供养饮食、衣服、卧具、医药，于汝意云何？是善男子善女人功德多不？"

无尽意言："甚多，世尊！"

佛言："若复有人受持观世音菩萨名号，乃至一时礼拜供养，是二人①福正等无异，于百千万亿劫不可穷尽。无尽意，受持观世音菩萨名号得如是无量无边福德之利。"

无尽意菩萨白佛言："世尊，观世音菩萨云何游此娑婆世界？云何而为众生说法？方便之力，其事云何？"

佛告无尽意菩萨："善男子，若有国土众生应以佛身得度者，观世音菩萨即现佛身而为说法；应以辟支佛身得度者，即现辟支佛身而为说法；应以声闻身得度者，即现声闻身而为说法；应以梵王身得度者，即现梵王身而为说法；应以帝释身得度者，即现帝释身而为说法；应以自在天身得度者，即现自在天身而为说法；应以大自在天身得度者，即现大自在天身而为说法；应以天大将军身得度者，即现天大将军身而为说法；应以毗沙门身得度者，即现毗沙门身而为说法；应以小王身得度者，即现小王身而为说法；应以长者身得度者，即现长者身而为说法；应以居士身得度者，即现居士身而为说法；应以宰官身得度者，即现宰官身而为说法；应以婆罗门身得度者，即现婆罗门身而为说法；应以比丘、比丘尼、优婆塞、优婆夷身得度者，即现比丘、比丘尼、优婆塞、优婆夷身而为说法；应以长者、居士、宰官、婆罗门妇女身得度者，即现妇女身而为说法；应以童男童女身得度者，即现童男童女身而为说法；应以天、龙、夜叉、乾闼婆、阿修罗、迦楼罗、紧那罗、摩睺罗伽、人非人等身得度者，即皆现之而为说法；应以执金刚神得度者，即现执金刚神而为说法。

"无尽意，是观世音菩萨成就如是功德，以种种形游诸国土②，度脱众生。是故汝等应当一心供养观世音菩萨。是观世音菩萨摩诃萨于怖畏急难之中，能施无畏。是故此娑婆世界皆号之为施无畏者③。"

注释

①**二人**：指受持观世音名号的人与受持六十二亿恒河沙菩萨名字的人，这两种人福德相等。

②**以种种形游诸国土**：现三十三身而为众生说法。

③**施无畏者**：又称施无畏，观音菩萨的异名。为了使众生脱离怖畏苦难，而能施以无畏力。

译文

"无尽意，观世音菩萨具有这样的神力，如果众生能够恭敬、礼拜观世音菩萨，能受大福德。因此，众生都应该受持观世音菩萨的名号。无尽意，如果有人能受持六十二亿恒河沙一样多的菩萨名字，又毕生供养各种食品、衣服、卧具和医药，你认为这些善男子、善女人的功德多不多？"

无尽意回答说："很多，世尊。"

佛说："如果又有人能受持观世音的名号，甚至只在一段时间内礼拜和供养观世音菩萨，这个人和前面那个人的福德，都是一样的，他的福德，在百千万亿劫中，都不能穷尽。无尽意，受持观世音菩萨的名号，就能得到这样无边无际，无量无数的福德利益。"

无尽意菩萨对佛说："世尊，观世音菩萨为什么要到这个娑婆世界上来呢？他如何为众生说法呢？他的方便法门又怎么样呢？"

佛告诉无尽意菩萨说："善男子，如果众生是要以佛身而得解脱，那么观世音菩萨就显现佛身来为众生说法；如果众生是以辟支佛身而得解脱的，那么观世音菩萨就显现辟支佛身来为众生说法；如果众生是以声闻身而得解脱，那么观世音菩萨就化出声闻身而为众生说法；如果众生是以梵王身而得解脱的，那么观世音菩萨就显现出梵王身而为众生说法；如果众生是以帝释身而得解脱的，观世音菩萨就显现出帝释身而为众生说法；如果众生是以自在天身而得解脱的，那么观世音菩萨就显现出自在天身来为众生说法；如果众生是以大自在天身而得解脱的，那么观世音菩萨就显现出大自在天身而为众生说法；如果众生是以天大将军身而得解脱的，那么观世音菩萨就化作天大将军身而为众生说法；如果众生是以毗沙门身而得解脱，那么观世音菩萨就化作毗沙门身而为众生说法；如果众生以小王身而得解脱，那么观世音菩萨就化作小王身而为众生说法；如果众生是以长者身而得解脱，那么观世音菩萨就显现出长者身来为众生说法；如果众生是以居士身而得解脱，那么观世音菩萨就作为居士形象出现来为众生说法；如果众生是以官员之身而得解脱，那么观世音菩萨就化作官员来为众生说法；如果众生是以婆罗门身而得解脱，那么观世音菩萨就化作婆罗门来为众生说法；如果众生是以比丘、比丘尼、优婆塞、优婆夷身得解脱，那么观世音菩萨就显出比丘身、比丘尼身、优婆塞身、优婆夷身来为众生说法；如果众生是以长者、居士、官员和婆罗门的妇女身而得解脱，那么观世音菩萨也就化作这些妇女身来为众生说法；如果众生是以童男童女身而得解脱，那么观世音菩萨就化作童男童女来为他们说法；如果众生是以天、龙、夜叉、乾闼婆、阿修罗、迦楼罗、紧那罗、摩睺罗伽、人非人等身而得解脱，那么，观世音菩萨就化出这些形象，来为他们说法；如果众生是以执金刚神而得解脱，那么观世音菩萨就化现出执金刚神而为他们说法。

"无尽意，这个观世音菩萨能成就这样的功德，以种种不同的身形，遍游各方国土，化度救脱一切众生。因此，你们应当一心供养观世音菩萨。这个观世音菩萨摩诃萨在众生恐惧、害怕、危急、苦难之时，能够施行无畏法，因此，娑婆世界都称之为'施无畏者'。"

原典

无尽意菩萨白佛言："世尊，我今当供养观世音菩萨。"即解颈众宝珠璎珞，价直百千两金而以与之，作是言："仁者，受此法施珍宝璎珞。"时观世音菩萨不肯受之。无尽意复白观世音菩萨言："仁者，愍我等故，受此璎珞。"尔时，佛告观世音菩萨："当愍此无尽意菩萨及四众，天、龙、夜叉、乾闼婆、阿修罗、迦楼罗、紧那罗、摩睺罗伽、人非人等故，受是璎珞。"即时，观世音菩萨愍诸四众，及于天、龙、人非人等，受其璎珞，分作二分，一分奉释迦牟尼佛，一分奉多宝佛塔。

"无尽意，观世音菩萨有如是自在神力，游于娑婆世界。"

尔时无尽意菩萨以偈问曰：

> 世尊妙相具，我今重问彼，
> 佛子何因缘，名为观世音？
> 具足妙相尊，偈答无尽意……

尔时，持地菩萨即从座起，前白佛言："世尊，若有众生闻是《观世音菩萨品》自在之业，普门①示现神通力者，当知是人功德不少。"

佛说是《普门品》时，众中八万四千众生皆发无等等②阿耨多罗三藐三菩提心。

①**普门**：观音菩萨以神通之力开通无数义门，示现种种身相，圆通一切众生。

②**无等等**：佛道超绝，无与伦比，没有与之相等者，是无等。只与佛相等，因而称等。

译文

无尽意菩萨对佛说："世尊，我从今往后一定供养观世音菩萨。"于是，他就解下脖子上佩挂的许多宝珠和璎珞，价值成百上千两黄金，把它们献给观世音菩萨，说道："仁慈的菩萨，请接受这些珍宝璎珞吧！"这时，观世音菩萨不肯接受，无尽意菩萨就对观世音菩萨又说道："仁慈的菩萨，请怜悯我们，收下这璎珞吧！"那时，佛就告诉观世音菩萨说："你应当怜悯这个无尽意菩萨以及四众、天、龙、夜叉、乾闼婆、阿修罗、迦楼罗、紧那罗、摩睺罗伽、人非人等等，接受这些璎珞吧！"于是，观世音菩萨因为怜悯四众弟子以及天、龙、人非人等等，而收下了璎珞，并把璎珞分作两份，一份献给释迦牟尼佛，一份献给多宝佛塔。

佛说："无尽意，观世音菩萨有这样的自在神力，游回于娑婆世界之中。"

那时，无尽意菩萨就以偈颂问佛说：

世尊具足妙相，现在我再请教，
佛子以何原因，而称为观世音？
妙相具足的世尊，也以偈颂作答……

这时，持地菩萨就从座位中站起来，上前对佛说：
"世尊，如果有众生听到这《观世音菩萨品》后，也能
显示神通力，这人的功德肯定不少的。"

释迦牟尼佛说这《普门品》时，大众中八万四千众
生都发起至高无上的无上正等正觉之心。

陀罗尼品第二十六

原典

尔时，药王菩萨即从座起，偏袒右肩，合掌向佛而白佛言："世尊，善男人、善女人有能受持《法华经》者，若读诵通利，若书写经卷，得几所福？"

佛告药王："若有善男子、善女人供养八百万亿那由他恒河沙等诸佛，于汝意云何？其所得福宁为多不？"

"甚多，世尊。"

佛言："若善男子、善女人能于是经乃至受持一四句偈，读诵解义，如说修行，功德甚多。"

尔时，药王菩萨白佛言："世尊，我今当与说法者陀罗尼咒以守护之。"即说咒曰：

"安尔①，曼尔②，摩祢③，摩摩祢④，旨隶⑤，遮梨第⑥，赊咩⑦，赊履多玮⑧，膻帝⑨，目帝⑩，目多履⑪，娑履⑫，阿玮娑履⑬，桑履⑭，娑履⑮，叉裔⑯，阿叉裔⑰，阿耆腻⑱，膻帝⑲，赊履⑳，陀罗尼㉑，阿卢伽婆娑簸蔗毗叉腻㉒，祢毗剃㉓，阿便哆逻祢履剃㉔，阿亶哆波隶输地㉕，欧究隶㉖，牟究隶㉗，阿罗隶㉘，波罗隶㉙，首迦差㉚，阿三磨三履㉛，佛陀毗吉利帙帝㉜，达磨波利差帝㉝，僧伽涅瞿沙祢㉞，婆舍婆舍输地㉟，曼哆逻㊱，曼哆逻叉夜多^㊲，邮楼哆^㊳，邮楼哆㤭舍略^㊴，恶叉逻^㊵，恶叉冶多冶^㊶，阿婆卢^㊷，阿摩若那多夜^㊸。

　　"世尊，是陀罗尼神咒六十二亿恒河沙等诸佛所说，若有侵毁此法师者，则为侵毁是诸佛已。"

　　时释迦牟尼佛赞药王菩萨言："善哉！善哉！药王，汝愍念拥护此法师故，说是陀罗尼，于诸众生，多所饶益。"

注释

　　①**安尔**：奇异。

　　②**曼尔**：所思。

　　③**摩祢**：意念。

　　④**摩摩祢**：无意。

　　⑤**旨隶**：永久。

　　⑥**遮梨第**：所行奉修。

　　⑦**赊咩**：寂然。

　　⑧**赊履多玮**：淡泊。

　　⑨**膻帝**：志默。

　　⑩**目帝**：解脱。

　　⑪**目多履**：济度。

　　⑫**娑履**：平等。

　　⑬**阿玮娑履**：无耶。

⑭**桑履**：安和。

⑮**娑履**：普平。

⑯**叉裔**：灭尽。

⑰**阿叉裔**：无尽。

⑱**阿耆腻**：莫脱。

⑲**膻帝**：玄默。

⑳**赊履**：淡然。

㉑**陀罗尼**：总持。

㉒**阿卢伽婆娑簸蔗毗叉腻**：观察。

㉓**祢毗剃**：光耀。

㉔**阿便哆逻祢履剃**：有所依倚，恃怙于内。

㉕**阿亶哆波隶输地**：究竟清净。

㉖**欧究隶**：无有坑坎。

㉗**牟究隶**：亦无高下。

㉘**阿罗隶**：没有回旋。

㉙**波罗隶**：所周旋处。

㉚**首迦差**：其目清净。

㉛**阿三磨三履**：等无所等。

㉜**佛陀毗吉利帙帝**：觉已越度。

㉝**达磨波利差帝**：而察于三法。

㉞**僧伽涅瞿沙祢**：合众。

㉟**婆舍婆舍输地**：无音。

㊱曼哆逻：所说鲜明。

㊲曼哆逻叉夜多：而怀止足。

㊳邮楼哆：尽除节限。

㊴邮楼哆憍舍略：宣畅音响。

㊵恶叉逻：晓了众生。

㊶恶叉冶多冶：而了文字。

㊷阿婆卢：无有穷尽。

㊸阿摩若那多夜：永远无有力势，无所思念。

译文

这时，药王菩萨就从座位中站起来，袒露右肩，合掌向佛，对佛说："世尊，如果善男子、善女人能够受持《法华经》，或者能通畅流利地朗读念诵，或者书写经卷，得到的功德有多少？"

佛对药王说："如果有善男子、善女人能够供养八百万亿那由他恒河沙数一样多的佛，你认为怎么样？他们得到的福德多不多？"

"很多，世尊！"

佛说："如果善男子、善女人能信受奉持这部经，哪怕是一个四句偈，加以朗读念诵，并理解其中的意义，又按照经中所说的去修行，那么，他们的功德更多。"

这时，药王菩萨对佛说："世尊，我现在要把陀罗尼咒给说法者，以便守护他们。"于是，他就说出这个咒：

"安尔，曼尔，摩祢，摩摩祢，旨隶，遮梨第，赊咩，赊履多玮，膻帝，目帝，目多履，娑履，阿玮娑履，桑履，娑履，叉裔，阿叉裔，阿耆腻，膻帝，赊履，陀罗尼，阿卢伽婆娑簸蔗毗叉腻，祢毗剃，阿便哆逻祢履剃，阿亶哆波隶输地，欧究隶，牟究隶，阿罗隶，波罗隶，首迦差，阿三磨三履，佛陀毗吉利帙帝，达磨波利差帝，僧伽涅瞿沙祢，婆舍婆舍输地，曼哆逻，曼哆逻叉夜多，邮楼哆，邮楼哆憍舍略，恶叉逻，恶叉冶多冶，阿婆卢，阿摩若那多夜。

"世尊，这个陀罗尼神咒是六十二亿恒河沙那样多的佛所说的，如果有谁侵犯诋毁这个法师，那么就是侵犯诋毁这么多的佛。"

这时，释迦牟尼佛赞叹药王菩萨道："善哉！善哉！药王，你为了悯惜忆念并拥戴守护这个法师，而说出这个陀罗尼咒，这对众生也是大大有益的。"

原典

尔时，勇施菩萨白佛言："世尊，我亦为拥护读诵、受持《法华经》者说陀罗尼，若此法师得是陀罗尼，若夜叉，若罗刹，若富单那①，若吉蔗②，若鸠槃荼，若饿鬼等，伺求其短，无能得便。"

即于佛前而说咒曰：

"痤隶③，摩诃痤隶④，郁枳⑤，目枳⑥，阿隶⑦，阿罗婆第⑧，涅隶第⑨，涅隶多婆第⑩，伊致柅⑪，韦致柅⑫，旨致柅⑬，涅隶墀柅⑭，涅犁墀婆底⑮。

"世尊，是陀罗尼神咒，恒河沙等诸佛所说，亦皆随喜。若有侵毁此法师者，则为侵毁是诸佛已。"

注释

①**富单那**：热病鬼。

②**吉蔗**：起尸鬼。

③**痤隶**：晃耀。

④**摩诃痤隶**：大明。

⑤**郁枳**：炎光。

⑥**目枳**：演晖。

⑦**阿隶**：顺来。

⑧**阿罗婆第**：富章。

⑨**涅隶第**：悦喜。

⑩**涅隶多婆第**：欣喜。

⑪**伊致柅**：住止。

⑫**韦致柅**：立制。

⑬**旨致柅**：永住。

⑭**涅隶墀柅**：无合。

⑮涅犁墀婆底：无集。

译文

这时，勇施菩萨也对佛说："世尊，我也要为拥戴、守护那些朗读念诵、信受奉持《法华经》的众生说陀罗尼，如果这些法师得到这个陀罗尼，不管是夜叉、罗刹、富单那、吉蔗，还是鸠槃荼、饿鬼，要想找出他们的短处，都是很困难的。"

于是，他就在佛的面前说这个咒语：

"痤隶，摩诃痤隶，郁枳，目枳，阿隶，阿罗婆第，涅隶第，涅隶多婆第，伊致柅，韦致柅，旨致柅，涅隶墀柅，涅犁墀婆底。

"世尊，这陀罗尼神咒是恒河沙一样多的佛所说的，他们都以这个咒随喜。如果有人侵犯诋毁这些法师，就是侵犯诋毁了这些佛。"

原典

尔时，毗沙门天王护世者白佛言："世尊，我亦为愍念众生，拥护此法师故，说是陀罗尼。"即说咒曰：

"阿梨①，那梨②，㝹那梨③，阿那卢④，那履⑤，拘那履⑥。

"世尊，以是神咒拥护法师，我亦自当拥护持是经者，令百由旬内无诸衰患。"

注释

①阿梨：富有。

②那梨：调戏。

③瓮那梨：无戏。

④阿那卢：无量。

⑤那履：无富。

⑥拘那履：何富。

译文

这时，毗沙门天王护世者对佛说："世尊，我也要为那些悯惜忆念《法华经》的众生，为了拥戴、守护这些法师，而说陀罗尼。"于是，他说这个咒语：

"阿梨，那梨，瓮那梨，阿那卢，那履，拘那履。

"世尊，用这种神咒拥戴和守护法师，我也要拥戴守护奉持这部经的人，使一百由旬之内没有各种衰败祸患。"

原典

尔时，持国天王在此会中与千万亿那由他乾闼婆众恭敬围绕，前诣佛所，合掌白佛言："世尊，我亦以陀罗尼神咒拥护持《法华经》者。"即说咒曰：

"阿伽祢①，伽祢②，瞿利③，乾陀利④，旃陀利⑤，摩蹬耆⑥，常求利⑦，浮楼莎柅⑧，頞底⑨。

"世尊，是陀罗尼神咒，四十二亿诸佛所说，若有侵毁此法师者，则为侵毁是诸佛已。"

注释

①阿伽祢：无数。

②伽祢：有数。

③瞿利：月。

④乾陀利：持香。

⑤旃陀利：屠种，持暴恶人。

⑥摩蹬耆：凶祝。

⑦常求利：大体。

⑧浮楼莎柅：千器顺述。

⑨頞底：暴言至有。

译文

这时，持国天王也在这个法会上，和恭敬、围绕他的千万亿那由他乾闼婆们，前往佛那儿，合掌向佛，对佛说："世尊，我也要用陀罗尼神咒来拥戴守护那些奉持《法华经》的人。"于是，他就说这个咒：

"阿伽祢，伽祢，瞿利，乾陀利，旃陀利，摩蹬耆，常求利，浮楼莎柅，頞底。

"世尊，这个陀罗尼神咒是四十二亿诸佛所说的，如果有人侵犯或诋毁这些法师，那么也就是侵犯诋毁了这些佛。"

原典

尔时，有罗刹女等，一名蓝婆，二名毗蓝婆，三名曲齿，四名华齿，五名黑齿，六名多发，七名无厌足，八名持璎珞，九名皋帝，十名夺一切众生精气。是十罗刹女①与鬼子母并其子及眷属，俱诣佛所，同声白佛言："世尊，我等亦欲拥护读诵、受持《法华经》者，除其衰患，若有伺求法师短者，令不得便。"即于佛前而说咒曰：

"伊提履②，伊提泯③，伊提履④，阿提履⑤，伊提履⑥，泥履⑦，泥履，泥履，泥履，泥履，楼醯⑧，楼醯，楼醯，楼醯，多醯⑨，多醯，多醯，兜醯⑩，㝹醯⑪。

"宁上我头上，莫恼于法师。若夜叉，若罗刹，若饿鬼，若富单那，若吉蔗，若毗陀罗⑫，若犍驮⑬，若乌摩勒伽⑭，若阿跋摩罗⑮，若夜叉吉蔗，若人吉蔗，若热病，若一日，若二日，若三日，若四日，若至七日，若常热病，若男形，若女形，若童男形，若童女形，乃至梦中，亦复莫恼。"即于佛前而说偈言……

诸罗刹女说此偈已，白佛言："世尊，我等亦当身自拥护受持、读诵、修行是经者，令得安隐，离诸衰患，消众毒药。"

佛告诸罗刹女："善哉！善哉！汝等但能拥护受持《法华》名者，福不可量，何况拥护具足受持、供养经卷，华香璎珞，末香、涂香、烧香，幡盖伎乐，然种种灯：酥灯、油灯、诸香油灯、苏摩那华油灯、薝卜华油灯、婆师迦华油灯、优钵罗华油灯，如是等百千种供养者？皋帝，汝等及眷属应当拥护如是法师。"

说是《陀罗尼品》时，六万八千人得无生法忍。

注释

①十罗刹女：十个吃人的鬼女。蓝婆，意为结缚，能结缚众生而加以杀害；毗蓝婆，意为离结，脱离结缚而归自在；曲齿，意为施积，牙齿生得十分可怕；华

齿，意为施华，牙齿生得非常华美；黑齿，意为施黑，牙齿发黑，十分可怖；多发，或称披发，长发披身；无厌足，残害众生，从不满足；持璎珞，即持华，手持鲜华；皋帝，意为何所，表示天上人间自在来往，何处是住所；夺一切众生精气，总名十罗刹女，十女都夺众生精气。这种解释是指罗刹女归佛之前的情形，归佛之后，则解释又别。如结缚蓝婆，则指结缚烦恼之贼；离结，指远离烦恼之结；施积之曲齿，指积财而施舍给他人；无厌足，指慈念众生，从不厌足；皋帝，悟诸法皆空，无染无着，无所住着；夺一切众生精气，则指能夺除一切众生的烦恼。

②**伊提履**：于是。

③**伊提泯**：于斯。

④**伊提履**：乎尔。

⑤**阿提履**：于民。

⑥**伊提履**：极甚。

⑦**泥履**：五句泥履分别表示无我、无吾、无身、无所、俱同。

⑧**楼醯**：四句楼醯分别表示已兴、已生、已成、而住。

⑨**多醯**：三句多醯分别表示而立、而住、嗟叹。

⑩**兜醯**：亦非。

⑪甕醯：消除头部疾患而不加害。

⑫毗陀罗：青色鬼。

⑬犍驮：赤色鬼。

⑭乌摩勒伽：食人精气鬼。

⑮阿跋摩罗：影形鬼。

译文

这时，有十个罗刹女，第一是蓝婆，第二是毗蓝婆，第三是曲齿，第四是华齿，第五是黑齿，第六是多发，第七是无厌足，第八是持璎珞，第九是皋帝，第十是夺一切众生精气。这十个罗刹女同鬼子母，带上子女及眷属，都到佛这里来，齐声对佛说："世尊，我们也想拥戴守护那些朗读、念诵、信受、奉持《法华经》的众生，灭除他们的衰败痛患之处，使那些想寻找他们缺陷的人，得不到方便。"于是，她们就在佛面前说出这个咒：

"伊提履，伊提泯，伊提履，阿提履，伊提履，泥履，泥履，泥履，泥履，泥履，楼醯，楼醯，楼醯，楼醯，多醯，多醯，多醯，兜醯，甕醯。

"宁可让那些侵犯者上我的头上来，也不能让法师有烦恼。不管是谁，或夜叉，或罗刹，或饿鬼，或富单那，或吉蔗，或毗陀罗，或犍驮，或乌摩勒伽，或阿跋摩罗，或夜叉吉蔗，或人吉蔗，或者是使人得到热病的，不管得了一天、二天、三天、四天，直到七天，还是使人经常得热病的人，无论是男是女，是童男，是童女，都不要去恼乱这些法师，甚至在梦中也不要去想着恼乱法师。"于是，十罗刹女就在佛面前说偈……

这十罗刹女说完这首偈后，就对佛说："世尊，我们也要亲身去拥戴守护那些信受、奉持、读诵、修行这部经的众生，使他们得安隐，脱离各种衰败痛患，能够消除各种毒念之害。"

佛对这些罗刹女说："善哉！善哉！你们只要能够拥戴守护并且信受奉持《法华经》这一名字，福德就不可限量了，何况还要拥戴守护那些既能信受奉持，并且又供养这部经的法师，拥戴守护那些用华香璎珞，末香、涂香、烧香，幡盖伎乐作为供养，燃起种种灯：酥灯、油灯、各种香油灯、苏摩那华油灯、薝卜华油灯、婆师迦华油灯、优钵罗华油灯，以这些灯作为供养的法师呢？皋帝，你们及你们的眷属，都要拥戴守护这样的法师。"

释迦牟尼说《陀罗尼品》时，六万八千人得到无生法忍。

妙庄严王本事品第二十七

　　尔时，佛告诸大众："乃往古世过无量无边不可思议阿僧祇劫，有佛名云雷音宿王华智、多陀阿伽度、阿罗诃、三藐三佛陀，国名光明庄严，劫名喜见。彼佛法中有王名妙庄严，其王夫人名曰净德，有二子，一名净藏，二名净眼。是二子有大神力福德智慧，久修菩萨所行之道，所谓檀波罗蜜、尸罗波罗蜜、羼提波罗蜜、毗离耶波罗蜜、禅波罗蜜、般若波罗蜜、方便波罗蜜，慈悲喜舍，乃至三十七品助道法，皆悉明了通达。又得菩萨净三昧、日星宿三昧、净光三昧、净色三昧、净照明三昧、长庄严三昧、大威德藏三昧，于此三昧亦悉通达。尔时彼佛欲引导妙庄严王①及愍念众生故，说是《法华经》。

　　"时，净藏、净眼二子到其母所，合十指爪掌，白言：'愿母往诣云雷音宿王华智佛所，我等亦当侍从、亲近、供养、礼拜。所以者何？此佛于一切天人众中说《法华经》，宜应听受。'

　　"母告子言：'汝父信受外道，深着婆罗门法，汝等应往白父，与共俱去。'

"净藏、净眼合十指爪掌，白母：'我等是法王子，而生此邪见家。'

"母告子言：'汝等当忧念汝父。为现神变，若得见者，心必清净，或听我等往至佛所。'

"于是，二子念其父故，涌在虚空，高七多罗树，现种种神变。于虚空中行、住、坐、卧，身上出水，身下出火；身下出水，身上出火。或现大身，满虚空中，而复现小，小复现大，于空中灭，忽然在地。入地如水，履水如地。现如是等种种神变，令其父王心净信解。

"时父见子神力如是，心大欢喜，得未曾有。合掌向子言：'汝等师为是谁？谁之弟子？'

"二子白言：'大王，彼云雷音宿王华智佛今在七宝菩提树下法座上坐，于一切世间天人众中广说《法华经》，是我等师，我是弟子。'

"父语子言：'我今亦欲见汝等师，可共俱往。'于是二子从空中下，到其母所，合掌白母：'父王今已信解，堪任发阿耨多罗三藐三菩提心，我等为父已作佛事，愿母见听于彼佛所出家修道。'尔时，二子欲重宣其意，以偈白母……

"母即告言：'听汝出家。所以者何？佛难值故。'

于是二子白父母言：'善哉，父母！愿时往诣云雷音宿王华智佛所亲近供养。所以者何？佛难得值，如优昙

钵罗华，又如一眼之龟②值浮木孔。而我等宿福深厚，生值佛法，是故父母当听我等，令得出家。所以者何？诸佛难值，时亦难遇。'

注释

①妙庄严王：过去无数劫的云雷音宿王华智佛的法会中的一位国王，信外道，他的夫人与两个儿子施设方便，使他归心如来，听《法华经》，得大利益。

②一眼之龟：比喻稀有难遇的事情。有一种海龟，腹上有一只眼睛，遇到带孔穴的木头，就乘木而游。忽然大浪打来，木头被掀翻，龟就仰过身来，用腹眼通过木头上的孔穴看到日月之光。

译文

这时，佛对大家说："在过去无量无边不可思议阿僧祇劫的时候，有一个佛，名为云雷音宿王华智、多陀阿伽度、阿罗诃、三藐三佛陀，国名是光明庄严，劫名是喜见。这个佛的法会中有一个王，名叫妙庄严，这个王的夫人称净德，他们生有二子，一为净藏，二是净眼。这两个孩子都具有大神通力，具有大福德智慧，长久以来修持菩萨所行之道，即檀波罗蜜、尸罗波罗蜜、羼提波罗蜜、毗离耶波罗蜜、禅波罗蜜、般若波罗蜜、方便波罗蜜，修持菩萨的四摄法，慈悲喜舍，甚至对于三十七品的助道法门，他们也都全部掌握了。他们又得到了菩萨净三昧、日星宿三昧、净光三昧、净色三昧、净照明三昧、长庄严三昧、大威德藏三昧，对这些三昧也都通达无碍。这时，那位云雷音宿王华智佛想引导妙庄严王，且悯惜忆念众生，因此就说《法华经》。

"于是，净藏、净眼两人到母亲那里，双手合十，对母亲说：'请母亲到云雷音宿王华智佛那里去，我们也随您一起去亲近、供养和礼拜佛。为什么呢？因为这位佛世尊正在给一切天、人大众讲《法华经》，我们应该去听。'

"母亲说：'你们的父亲是信奉和受持外道的，他喜好婆罗门法，你们应该到父亲那里去，告诉父亲一起去。'

"净藏、净眼双手合十，对母亲说：'我们都是法王之子，但是却生在这个充满邪见的家庭。'

"母亲说：'你们应该替你们的父亲担忧。你们使用神通力进行变化，你们的父亲如果看到你们，心里一定会清净下来，就会听从我们的劝告，一起到佛法道场去的。'

"于是，两个孩子为了父亲，就一下子到了虚空中，离地七个多罗树，施展种种神通变化。他们在虚空中行、住、坐、卧，身上冒出水，身下出现火；或者身下涌出水，身上冒出火。或者化作大身相，色身充满整个虚空，一会儿又变小，小了之后再变大，或者在虚空中消失，又忽然在地面出现。他们入地如同入水，在水上行走则又如同在地上。以这些神通变化，使他们的父亲心中清净，对佛法生起信解。

"当时，父亲看到孩子的神通力这么大，心中非常欢喜，得到未曾有过的喜悦。他合掌对儿子说：'你们的师父是谁？你们是谁的弟子？'

"两个儿子说：'大王，那位云雷音宿王华智佛现在正在七宝菩提树下的法座上坐着，给一切世间的天人大众广泛宣说《法华经》，他就是我们的老师，我们是他的弟子。'

"父亲说：'我现在也想拜见你们的师父，我们一起去吧！'

"于是，两个儿子从空中下来，回到母亲那里，合掌对母亲说：'父王现在已经相信理解佛法了，能够发起无上正等正觉之心。我们为了能使父亲信解，已经做了佛事，所以请母亲同意我们到那里的佛法道场去出家修道。'这时，两个儿子想重新宣说这意思，就说这样的偈颂……

"母亲马上答应道：'同意你们出家。为什么呢？因为佛是难得一遇的。'

"于是，两个儿子对父母说：'善哉！父亲，母亲，孩儿也请你们能经常到云雷音宿王华智佛那里去亲近和供养佛。为什么呢？因为佛是难得遇上的，如同难得看到优昙钵罗华，如同独眼乌龟遇到浮木的孔洞。我们宿世种下深厚的福德，此生遇上这种佛法，所以父亲和母亲都应当同意我们出家。为什么呢？因为诸佛很难遇到，这样的机会也很难遇到。'

原典

"彼时妙庄严王后宫八万四千人皆悉堪任受持是《法华经》。净眼菩萨于法华三昧久已通达，净藏菩萨已于无量百千万亿劫通达离诸恶趣三昧①，欲令一切众生离诸恶趣故。其王夫人得诸佛集三昧②，能知诸佛秘密之藏。二子如是以方便力善化其父，令心信解，好乐佛法。于是妙庄严王与群臣眷属俱，净德夫人与后宫采女眷属俱，其王二子与四万二千人俱，一时共诣佛所。到已，头面礼足，绕佛三匝，却住一面。

"尔时，彼佛为王说法，示教利喜，王大欢悦。尔时，妙庄严王及其夫人解颈真珠、璎珞，价直百千，以散佛上。于虚空中化成四柱宝台，台中有大宝床，敷

百千万天衣，其上有佛结跏趺坐，放大光明。尔时，妙庄严王作是念：'佛身希有，端严殊特，成就第一微妙之色。'

"时云雷音宿王华智佛告四众言：'汝等见是妙庄严王于我前合掌立不？此王于我法中作比丘，精勤修习助佛道法，当得作佛，号娑罗树王，国名大光，劫名大高王。其娑罗树王佛有无量菩萨众，及无量声闻，其国平正，功德如是。'

注释

①**离诸恶趣三昧**：得此三昧，能远离各种恶趣。
②**诸佛集三昧**：得此三昧，能了达佛法秘密宝藏。

译文

"那时候，妙庄严王的后宫中还有八万四千人，也都听受奉持《法华经》。净眼菩萨对法华三昧老早就通达无碍了，净藏菩萨也在无量百千万亿劫之前就对离诸恶趣三昧通达无碍了，因为他想使一切众生脱离一切恶道。他们的母亲大王夫人，得到了诸佛集三昧，能够懂得诸佛的秘密佛法宝藏。两个儿子就这样用方便法门化导其父亲，使他对佛法产生信解，喜好佛法。这时候，妙庄严王与大臣们和眷属们一起，净德夫人则与后宫中的宫女和眷属们一起，两个王子则与四万二千人一起，他们都一同到佛那儿去。到达之后，他们都以自己的头面礼佛的足，绕佛三圈，然后退立在一边。

"这时，佛就给大王说法，示教利喜，大王十分欢喜。于是，妙庄严王和夫人就解下脖子上的珍珠和璎珞撒在佛身上，这些珍珠和璎珞价值成百上千。这时，虚空中化出一个四柱宝台，台中有一张大床，床上铺着成千上万件的天衣，床上有一位佛在结跏趺坐，身上放射出大光明。这时，妙庄严王就想：'佛的色身是非常少有的，尤其是这样端正庄严的佛身，是最微妙的。'

"这时，云雷音宿王华智佛对大家说：'你们看到这个妙庄严王在我面前合掌而立了吗？他在我的法会中是比丘，精进修行佛法，将来定能成佛，佛号娑罗树王，国名是大光，劫名是大高王。那位娑罗树王佛身边有无数的菩萨和声闻，国内土地平整方正，这位大王的功德就像这样。'

原典

"其王即时以国付弟，与夫人、二子，并诸眷属于佛法中出家修道。王出家已，于八万四千岁常勤精进，修行《妙法华经》，过是已后，得一切净功德庄严三昧。

即升虚空，高七多罗树，而白佛言：'世尊，此我二子，已作佛事，以神通变化转我邪心，令得安住于佛法中，得见世尊。此二子者，是我善知识，为欲发起宿世善根，饶益我故，来生我家。'

"尔时，云雷音宿王华智佛告妙庄严王言：'如是，如是，如汝所言。若善男子、善女人种善根故，世世得善知识。其善知识能作佛事，示教利喜，令入阿耨多罗三藐三菩提。大王当知，善知识者是大因缘，所谓化导令得见佛，发阿耨多罗三藐三菩提心。大王，汝见此二子不？此二子已曾供养六十五百千万亿那由他恒河沙诸佛，亲近恭敬，于诸佛所受持《法华经》，愍念邪见众生，令住正见。'

"妙庄严王即从虚空中下，而白佛言：'世尊，如来甚希有，以功德智慧故，顶上肉髻，光明显照；其眼长广而绀青色，眉间毫相白如珂月；齿白齐密，常有光明；唇色赤好，如频婆果。'尔时，妙庄严王赞叹佛如是等无量百千万亿功德已，于如来前一心合掌，复白佛言：'世尊，未曾有也，如来之法具足成就不可思议微妙功德，教戒所行，安隐快善。我从今日不复自随心行[①]，不生邪见、憍慢、嗔恚诸恶之心。'说是语已，礼佛而出。"

佛告大众："于意云何？妙庄严王岂异人乎？今华德

菩萨是。其净德夫人，今佛前光照庄严相菩萨是。哀愍妙庄严王及诸眷属故，于彼中生。其二子者，今药王菩萨、药上菩萨是。是药王、药上菩萨成就如此诸大功德，已于无量百千万亿诸佛所植众德本，成就不可思议诸善功德。若有人识是二菩萨名字者，一切世间诸天人民亦应礼拜。"

佛说是《妙庄严王本事品》，时八万四千人远尘离垢，于诸法中得法眼净②。

注释

①**自随心行**：随自己心意而行。

②**法眼净**：了悟真谛为法眼净。

译文

"妙庄严王立即把国事交付给了弟弟，自己与夫人和两个儿子以及眷属们，在佛法中出家修道。大王出家后，在八万四千年中经常精进修行《妙法莲华经》，然后，就得到了一切净功德庄严三昧。得到这种三昧后，就升到了虚空中，离地七个多罗树。他对佛说：'世尊，这是我的两个儿子，他们通过做佛事，用神通变化转变我的邪心，使我安住于佛法中，这才见到了世尊。这两

个孩子，是我的善知识，为了发动起我的宿世善根，使我得大利益，而投生到我家来的。'

"这时，云雷音宿王华智佛告诉妙庄严王说：'是啊！是啊！你讲得很正确。如果善男子、善女人能够种植善根，就能世世遇到大善知识。这个善知识能做佛事，示教利喜，使众生得无上正等正觉。大王，你要知道，善知识是个大因缘，他化导众生，使他们能够发现佛，产生无上正等正觉之心。大王，你看到这两个孩子了吗？他们已经供养了六十五个百千万亿那由他恒河沙数一样多的佛，亲近、恭敬各个佛，受持《法华经》，怜悯那些心怀邪见的众生，使他们安住在佛法这个正见上。'

"妙庄严王就从虚空中下来，对佛说：'世尊，如来真是很稀有，由于他的功德和智慧，他的头顶上的肉髻光明照耀；他的双眼又长又大，呈绀青色，双眉间的白毫毛如同洁白如玉的月亮；牙齿既白又齐又紧密，而且经常放出光明；他的双唇是红色的，如同频婆果。'这时，妙庄严王赞叹佛如来的无数百千万亿这样的功德之后，在如来面前双手合掌，又对佛说：'世尊，我从来没有看到过啊，如来能够成就这样不可思议的微妙的功德，这样的教诫，这样的安隐。我从今天起，不再随心所欲了，不再产生邪见、憍慢、嗔恚等不好的想法。'说完，就向佛施礼，礼毕即走了。"

佛对大家说："你们认为如何？妙庄严王难道会是别人吗？他就是现在的华德菩萨。那位净德夫人，就是现在佛面前的光照庄严相菩萨。这两位菩萨因为哀怜同情妙庄严王及其家眷，就投生在他们当中。他们的两个孩子，就是现在的药王菩萨、药上菩萨。药王和药上成就了如此的大功德，由于他们已经在无数百千万亿的佛那里种下了善根种子，所以能够成就这样不可思议的许多大善功德。你们如果有谁能认识这两位菩萨的名字，那么，一切世间中诸天的众生都应来向你礼拜。"

　　佛在宣说《妙庄严王本事品》时，八万四千人都远离尘垢，得到清净眼根。

普贤菩萨劝发品第二十八

原典

尔时，普贤菩萨以自在神通力，威德名闻。与大菩萨无量无边不可称数，从东方来，所经诸国普皆震动，雨宝莲华，作无量百千万亿种种伎乐。又与无数诸天、龙、夜叉、乾闼婆、阿修罗、迦楼罗、紧那罗、摩睺罗伽、人非人等大众围绕，各现威德神通之力。到娑婆世界耆阇崛山中，头面礼释迦牟尼佛，右绕七匝，白佛言："世尊，我于宝威德上王佛国，遥闻此娑婆世界说《法华经》，与无量无边百千万亿诸菩萨众共来听受，惟愿世尊当为说之。若善男子、善女人于如来灭后，云何能得是《法华经》？"

佛告普贤菩萨："若善男子、善女人成就四法^①，于如来灭后当得是《法华经》。一者为诸佛护念，二者植众德本，三者入正定聚，四者发救一切众生之心。善男子、善女人如是成就四法，于如来灭后必得是经。"

尔时，普贤菩萨白佛言："世尊，于后五百岁浊恶世中，其有受持是经典者，我当守护，除其衰患，令得安隐，使无伺求得其便者。若魔，若魔子，若魔女，若魔民，若为魔所着者，若夜叉，若罗刹，若鸠槃荼，若毗舍阁，若吉蔗，若富单那，若韦陀罗等诸恼人者皆不得便。是人若行若立，读诵此经，我尔时乘六牙白象王，与大菩萨众俱诣其所，而自现身，供养守护，安慰其心，亦为供养《法华经》故。

"是人若坐，思惟此经，尔时我复乘白象王现其人前。其人若于《法华经》有所忘失一句一偈，我当教之，与共读诵，还令通利。尔时，受持、读诵《法华经》者得见我身，甚大欢喜，转复精进。以见我故，即得三昧及陀罗尼，名为旋陀罗尼，百千万亿旋陀罗尼[2]，法音方便陀罗尼[3]。得如是等陀罗尼。

注释

①**四法**：法华四法，一是受到诸佛护念；二是植众德之本；三是入正定聚，正定聚是指必定证悟；四是发起救一切众生之心。

②**百千万亿旋陀罗尼**：三陀罗尼之一，通达百千万亿法之智。

③**方便陀罗尼**：三陀罗尼之一，以法音说法，得方便自在之智。

译文

这时，普贤菩萨以自己的自在神通之力而使威德之名远扬。他与无量无数不可计算的大菩萨们从东方世界来，途中所经过的国土中，都大地震动，下宝莲华雨，演奏出许多伎乐。又与无数的天、龙、夜叉、乾闼婆、阿修罗、迦楼罗、紧那罗、摩睺罗伽、人非人等等围绕而来，这些大众都显示了各自的威德和神通之力。普贤来到娑婆世界的耆阇崛山中，用自己的头面礼释迦牟尼佛的足，向右围绕佛七圈，然后，他就对佛说："世尊，我在宝威德上王佛国远远地听到这里在说《法华经》，就同无量无边百千万亿的菩萨们一起来听经，请世尊一定要给我们说这部经。不然的话，在如来灭度之后，善男子、善女人怎么能得到这《法华经》呢？"

佛就对普贤说："如果善男子、善女人成就了四法，就能在如来灭度之后得到这《法华经》。哪四法呢？一是被诸佛守护忆念，二是种下各种福德的种子，三是要得到正定聚，四是发起救一切众生之心。善男子、善女人只要成就这四法，那么在如来灭度之后，就一定能得到这部经。"

这时，普贤菩萨对佛说："世尊，在往后五百年的恶浊岁月中，凡是有信受奉持这部经的人，我一定守护他，除去他的各种痛苦，使他得到安隐，使那些想伤害他的人，得不到方便。不管是魔，还是魔子、魔女、臣民，还是被魔所吸引的，不管是夜叉，还是罗刹、鸠槃茶、毗舍阇、吉蔗、富单那、韦陀罗，如果他们想恼乱这种受持此经的人，我都不会让他们成功的。这个人如果在或行或站时都在读诵《法华经》，我立刻就骑上六牙白象王，带上大菩萨们到他那儿去，我亲自化现各种身相，供养他，守护他，安慰他的心，同时也为了供养《法华经》。

"这个人如果坐在某处想着这部经，我立即又骑上白象王出现在他面前。他如果忘记了《法华经》，哪怕只是一句一偈，我也将教给他，和他一起读诵，仍然使他通达此经。这样的话，到那时，凡是信受奉持、朗读念诵《法华经》的人，一看到我，就会十分欢喜，就会更加精进努力。因为他们一看到我，就得到了三昧以及陀罗尼，得旋陀罗尼，得到百千万亿的旋陀罗尼法音，得到方便陀罗尼。得到这么多的陀罗尼。

原典

"世尊，若后世后五百岁浊恶世中，比丘、比丘尼、优婆塞、优婆夷求索者、受持者、读诵者、书写者欲修习是《法华经》，于三七日中应一心精进，满三七日已，我当乘六牙白象与无量菩萨而自围绕，以一切众生所喜见身现其人前而为说法，示教利喜，亦复与其陀罗尼咒。得是陀罗尼故，无有非人能破坏者，亦不为女人之所惑乱，我身亦自常护是人。惟愿世尊听我说此陀罗尼咒。"即于佛前而说咒曰：

"阿檀地①，檀陀婆地②，檀陀婆帝③，檀陀鸠舍隶④，檀陀修陀隶⑤，修陀隶⑥，修陀罗婆底⑦，佛驮波膻祢⑧，萨婆陀罗尼阿婆多尼⑨，萨婆婆沙阿婆多尼⑩，修阿婆多尼⑪，僧伽婆履叉尼⑫，僧伽涅伽陀尼⑬，阿僧祇⑭，僧伽婆伽地⑮，帝隶阿惰僧伽兜略⑯，阿罗帝波罗帝⑰，萨婆僧伽地三摩地伽兰地⑱，萨婆达磨修波利刹帝⑲，萨婆萨埵楼驮憍舍略阿㝹伽地⑳，辛阿毗吉利地帝㉑。

"世尊，若有菩萨得闻是陀罗尼者，当知普贤神通之力。若《法华经》行阎浮提，有受持者，应作此念：'皆是普贤威神之力。'若有受持、读诵、正忆念、解其义趣、如说修行，当知是人行普贤行，于无量无边诸佛所深种善根，为诸如来手摩其头。

"若但书写，是人命终当生忉利天上，是时八万四千天女作众伎乐而来迎之，其人即着七宝冠，于采女中娱乐快乐，何况受持、读诵、正忆念、解其义趣、如说修行？若有人受持、读诵、解其义趣，是人命终为千佛授手，令不恐怖，不堕恶趣，即往兜率天上弥勒菩萨所。弥勒菩萨有三十二相，大菩萨众所共围绕，有百千万亿天女眷属而于中生。

"有如是等功德利益，是故智者应当一心自书，若使人书，受持、读诵、正忆念、如说修行。世尊，我今以神通力故，守护是经，于如来灭后，阎浮提内，广令流布，使不断绝。"

注释

①阿檀地：无我。

②檀陀婆地：除我。

③檀陀婆帝：方便。

④檀陀鸠舍隶：宾仁和除。

⑤檀陀修陀隶：很柔软。

⑥修陀隶：很柔弱。

⑦修陀罗婆底：句见。

⑧佛驮波膻祢：诸佛回。

⑨萨婆陀罗尼阿婆多尼：诸总持。

⑩萨婆婆沙阿婆多尼：行总持。

⑪修阿婆多尼：盖回转。

⑫僧伽婆履叉尼：尽集合。

⑬僧伽涅伽陀尼：除众趣。

⑭阿僧祇：无央数。

⑮僧伽婆伽地：计诸句。

⑯帝隶阿惰僧伽兜略：世。

⑰阿罗帝波罗帝：三世数等。

⑱萨婆僧伽地三摩地伽兰地：越有为。

⑲萨婆达磨修波利刹帝：学诸法。

⑳萨婆萨埵楼驮憍舍略阿瓲伽地：晓了众生之音。

㉑辛阿毗吉利地帝：狮子娱乐。

译文

　　"世尊，如果以后的五百年恶浊岁月中，有比丘、比丘尼、优婆塞、优婆夷想索求、受持、读诵、书写、修习这《法华经》，并且能在三个七天中一心一意地精进努力，那么，待三七满后，我就乘坐六牙白象，带着无数的菩萨来围绕，再化现出一切众生都喜爱看的形象，出现在他们面前，为他们说法，示教利喜，也给他们陀罗尼咒。得到这咒，就没有人能破坏他们，他们也不会被女人所诱惑，我也将经常守护他们。请世尊听我说陀罗尼咒。"于是，他就在佛的面前说咒：

　　"阿檀地，檀陀婆地，檀陀婆帝，檀陀鸠舍隶，檀陀修陀隶，修陀隶，修陀罗婆底，佛驮波膻祢，萨婆陀罗尼阿婆多尼，萨婆婆沙阿婆多尼，修阿婆多尼，僧伽婆履叉尼，僧伽涅伽陀尼，阿僧祇，僧伽婆伽地，帝隶阿惰僧伽兜略，阿罗帝波罗帝，萨婆僧伽地三摩地伽兰地，萨婆达磨修波利刹帝，萨婆萨埵楼驮憍舍略阿瓲伽地，辛阿毗吉利地帝。

"世尊，如果有菩萨听到这陀罗尼，应当知道这是普贤的神通之力。如果《法华经》在阎浮提流行，那么，受持此经的人也会这样想：'这都是普贤的威德和神通之力啊！'如果有人在受持读诵此经之后，端正了内心所想，而且能理解经中的意义和旨趣，又按照经中的思想去修行，那么，他所修行的，就是普贤的法门，他就能在无数无边的佛那里，种下深深的善根种子，诸佛如来都用手抚摩他的头顶。

"如果有人只是书写此经，那么他在将来一定生在忉利天，八万四千天女载歌载舞地来迎接他，他就戴上七宝冠，在采女中娱乐。他都得到这样的福德，况且那些受持诵读此经后，能端正心念、理解经意、依经修行的人的功德呢？如果有人能受持读诵此经，并且理解经文的意义，那么他命终时，千佛把手伸向他，使他不害怕，不会堕入恶道之中，而是上兜率天，到弥勒菩萨那里去。而这个弥勒菩萨有三十二种相，大菩萨们都在他身旁围绕，还有百千万亿个的天女及眷属也在他那里出生。

"有这样的功德和利益，所以聪明的人应该一心一意书写此经，或者教别人也书写，也受持、读诵此经，端正心中的想法，按经中所讲的去修行。世尊，我现在要用神通之力守护这部经，在如来灭度之后，使阎浮提内到处都流传着这部经典，永远不会断绝。"

原典

尔时，释迦牟尼佛赞言："善哉！善哉！普贤，汝能护助是经[1]，令多所众生安乐利益。汝已成就不可思议功德，深大慈悲。从久远来发阿耨多罗三藐三菩提意，而能作是神通之愿，守护是经。我当以神通力守护能受持普贤菩萨名者。

"普贤，若有受持、读诵、正忆念、修习、书写是《法华经》者，当知是人则见释迦牟尼佛，如从佛口闻此经典，当知是人供养释迦牟尼佛，当知是人佛赞：'善哉！'当知是人为释迦牟尼佛手摩其头，当知是人为释迦牟尼佛衣之所覆。如是之人不复贪着世乐，不好外道经书手笔，亦复不喜亲近其人，及诸恶者，若屠儿，若畜猪、羊、鸡、狗，若猎师，若炫卖女色。是人心意质直，有正忆念，有福德力。是人不为三毒所恼，亦不为嫉妒、我慢、邪慢、增上慢所恼。是人少欲知足，能修普贤之行。

"普贤，若如来灭后，后五百岁，若有人见受持、读诵《法华经》者，应作是念：此人不久当诣道场，破诸魔众，得阿耨多罗三藐三菩提，转法轮，击法鼓，吹法螺，雨法雨，当坐天人大众中师子法座上。

"普贤，若于后世受持、读诵是经典者，是人不复贪着衣服、卧具、饮食资生之物，所愿不虚，亦于现世得其福报。若有人轻毁之，言'汝狂人耳，空作是行，终无所获'。如是罪报当世世无眼。若有供养、赞叹之者，当于今世得现果报。

"若复见受持是经者，出其过恶，若实若不实，此人现世得白癞病。若轻笑之者，当世世牙齿疏缺，丑唇平鼻，手脚缭戾，眼目角睐，身体臭秽，恶疮脓血，水腹短气，诸恶重病。是故普贤，若见受持是经典者，当起远迎，当如敬佛。"

说是《普贤劝发品》时，恒河沙等无量无边菩萨得百千万亿旋陀罗尼，三千大千世界微尘等诸菩萨具普贤道。

佛说是经时，普贤等诸菩萨，舍利弗等诸声闻，及诸天龙、人非人等，一切大会，皆大欢喜，受持佛语，作礼而去。

注释

①**护助是经**：普贤菩萨以他护助那些信受、奉持、

读诵、书写《法华经》的众生这一宏誓，宣传此经，这对此经在僧众及民间的流布和信仰起了极大的推动作用。

译文

这时，释迦牟尼佛赞叹道："善哉！善哉！普贤，你能够守护和帮助这部经典，使更多的众生得到安乐和利益，这样，你就已经成就了不可思议的功德，深远宏大，慈爱悲悯。你从很久以前就发起无上正等正觉之心，因而能够立下这样的神通之愿，守护这部经典。我将用神通力来守护那些能信受和奉持普贤菩萨名号的人。

"普贤，如果有人能够受持和读诵此经，端正对此经的看法，修习和书写此经，那么，你应当知晓，这人就是见到了释迦牟尼佛，等于是从释迦牟尼佛的口中听到的这一经典。他就是供养了释迦牟尼佛，佛就要赞叹他说：'善哉！'他就是被释迦牟尼佛用手抚摩过头顶的，他就是被释迦牟尼佛的法衣所覆盖的。这一类的人，就不再贪爱世俗的快乐，不喜欢外道的经书及外道所写的东西，也更不会去亲近那些爱好外道的人。他也不会去亲近各种恶类，比如屠夫、养猪羊鸡狗的人、打猎者、夸耀和卖弄女色的人。这种人的内心就质直无伪，心意端正，有福有德，所以也不会被贪、嗔、痴三毒所恼乱，也不会受嫉妒、我慢、邪慢、增上慢等的恼乱。他就会少欲望，常知足，修持普贤行。

"普贤，如果在如来灭度后的后五百年中，有人看到那些信受、奉持、读诵《法华经》的人，就应这样想：这个人不久就可以到道场去，破除众魔，证成无上正等正觉，并能转大法轮，击大法鼓，吹大法螺，下大法雨，他一定能坐上天、人大众中的狮子法座。

"普贤，如果在后世能够受持和读诵这部经，那么他就不再贪图衣服、卧具、饮食等世俗生活的必需品，他所立下的誓愿就能实现，他就会在现世就得到善报。如果有人轻侮、诋毁他，说他是'狂人'，说他白白这样修持了，并不会有什么收获。那么这个人的罪业恶报将是世世无穷尽。反之，如果有人能供养和赞叹他，那么这个人在现世就能得到善报。

"如果有人看到这种奉持此经的人，就去说出他的过失之处和缺点，不管这个人说的是真是假，他在现世就会得到白癫病。如果有人讥笑他，那么这个人世世代代将会牙齿又稀疏又少，双唇丑陋无比，鼻子扁平，手脚也长反了，又缠绕在一起，眼睛则是斜视，身体发臭，肮脏不堪，生满恶疮，淌着脓水血水，腹内积水，气短不济，他将生这些恶病、重病。所以，普贤，如果你看到受持这部经典的人，要起来远远地迎接，要恭敬他如同恭敬佛如来。"

释迦牟尼在说《普贤劝发品》时，恒河沙一样多的无量无边的菩萨得到了百千万亿的旋陀罗尼，三千大千世界的微尘一样多的菩萨得到了普贤菩萨的法门。

　　佛在讲这部《法华经》时，普贤等菩萨们，舍利弗等声闻们，以及各位天、龙、人非人等等，大法会中的一切众生，都十分欢喜，信受并奉持佛所说的话，他们向佛行礼，告别了佛世尊，离佛而去。

源流

《妙法莲华经》对中国佛教产生了广泛而深远的影响，注疏此经的，在南北朝时期就有七十余家，其中包括刘宋竺道生的《法华经略疏》二卷（载《卍字续藏经》补遗）和梁法云的《法华经义记》八卷（载《大正新修大藏经》第三十三卷和《卍字续藏经》第一编第四十二套），隋唐诸宗，注释此经也很多，天台宗一系，以《法华》立宗，其注疏尤为著名，三论宗、唯识宗也注述该经，华严宗和禅宗，也吸收了《法华经》的教义。宋明时代的注疏，很多在天台诸师的著述基础上进行。乃至日本和朝鲜也有对此经的注疏。

《妙法莲华经》在天台宗一系的流变

天台宗人对《法华经》的注疏，最著名的当推智颛的《法华文句》《法华玄义》及《摩诃止观》，史称"天台三大部"。除此之外，还有对经中部分品目的单独注疏，如慧思的《法华经安乐行义》和智颛的《观音玄义》。

《法华经》——《法华玄义》——《法华玄义释签》——《十不二门》——《十不二门指要钞》——《别理随缘二十问》

1.《法华玄义》

全称《妙法莲华经玄义》，略称《法华经玄义》，十卷（每卷分上、下），智颛说，灌顶记，收入《大正藏》第三十三卷。

本书是智颛对《法华经》经名的解释，由此而开示《法华》宗旨。

全书分五方面展开，称五重玄义：释名、辨体、明宗、论用、判教。

首先对五重玄义做总释，分七个部分，称七番共解，内容是：标章、引证、生起、开合、料简、观心和会异。其中，标章一节分别解释五重玄义的基本意义；引证一节是引用佛语来证明五重结构；生起一节说明五重玄义前后从粗到细的生起次第；开合一节指出了五重玄义的设置中又以五种开合、十种开合和譬喻来解释《法华经》；料简一节则是答疑；观心一节使从标章到料简，一一都归入观心一门；会异一节比较五重玄义和四悉檀的同异。

其次是对五重玄义的分别展开，称别解五章。

第一解"释名"。分为四部分：一是判经名的通别，"妙法莲华"是别，与众典不同，而"经"则是通名；二定"妙""法"前后，该经的标题是先"妙"后"法"，而在析义时，则是先"法"后"妙"；三是出旧，列举道场观、会稽基、北地师、光宅云四家的《法华》解；四是正解"妙法莲华"，按照先"法"后"妙"释。

"法"是指十界之法、十如是之法，包含众生法、佛法和心法，法有权实，以实相为本。又以三谛圆融论法，一空一切空，一假一切假，一中一切中。

"妙"，则作相待、绝待的分别和本、迹的分别。

相待妙，是与粗相对待而称的。比如半字和满字相对待，半字是粗，满字是妙。绝待妙则是不因和粗相对待而言的。比如法界，是整个世界，无可对待。

本门和迹门的分别，先论迹门十妙。

一是境妙。境指智所观照的对象，智颛归纳为十如、十二因缘、四谛、三谛、二谛、一谛、无谛七科，这七科都是圆融不可思议的，因而称境妙。

二是智妙。观照万法的能观之智，即二十智，都奇妙不可思议。

三是行妙。由智指导修行，一行三昧、止观、闻思修或戒定慧、四念处、五门禅、六度、七善法、八正道、九种大禅、十乘观法等修行方法，行行融通，一行一切行，智妙而致行妙。

四是位妙。由妙行所达到的果位，比如三草位、二木位、一实位等，也奇妙不可思议，具体而言，十信、十住、十行、十回向、十地、等觉、妙觉等，都奇妙无比。

五是三法妙。三法指真性、观照、资成，也称三轨。真性轨指境妙的果位，是真实的法体；观照轨是智妙的果位，指法体的作用；资成轨说行妙，彼此相依起用的万行。三法不论是总，是纵，是横，是不纵不横，都是如来秘密藏，因而称妙。

六是感应妙。具备了上述四妙与三轨，就能成就圆满佛身，众生就能以圆机相感应，以妙应相应。包括有四句感应、三十六句感应、二十五感应和别圆感应。

七是神通妙。佛为了化度众生，示现身、口、意三方面的神通，不可思议。

八是说法妙。如来说法，都是令众生开佛知见，所说义门，微妙不可思议。

九是眷属妙。佛会中的各类眷属，理性、业生、愿生、神通、应生眷属，都微妙不可思议。

十是利益妙。种种利益，果益、因益、空益、假益、中益等，犹如大海能受龙雨，为利益妙。具体而言，四种眷属沾七种利益，业生眷属得地上清凉益和小草益，愿生眷属得中草益和小树益，神通眷属得上草益和大树益，应生眷属得最实事益。

从本明妙有本门十妙。

一是本因妙。释迦牟尼本初发菩提心，行菩萨道所修的妙因。

二是本果妙。由本因而得到的究竟常乐我净之妙果。

三是本国土妙。由行成果后，本佛所居住的净妙国土。

四是本感应妙。既证成妙果，就有本时所证的二十五三昧，每一三昧中都有慈悲誓愿，机感相关，即寂而照。

五是本神通妙。本佛悟道之初，为救度众生而示现的神通为妙。

六是本说法妙。指本佛初坐道场所说的法为妙。

七是本眷属妙。指本佛初说法所化度的众生为妙。

八是本涅槃妙。迹化的涅槃，是本寂的涅槃的垂迹。

九是本寿命妙。本佛的寿命长远，不可思议。

十是本利益妙。谓本佛所给予的利益为妙。

再释"莲华"，也分本、迹二门。

莲华之喻，从迹门看，有三义：一是华开为莲，喻为实而明权；二是华开莲现，喻开权显实；三是华落莲成，喻废三显一，废权立实。从本门分析，也有三义：一是华必有莲，喻迹必有本，从本垂迹；二是华开莲现，喻开迹显本；三是华落莲成，喻废迹显本。

最后释"经"，从有翻、无翻、和融有无、历法明经和观心明经五部分阐述。

第二解"辨体"，直显本经宗旨，为一实相，为三轨中真性轨，十法界中佛法界，十如是中如是体等等。分七部分：正显经体、广简伪、一法异名、入体之门、遍为众经体、遍为诸行体、遍为一切法体。

第三解"明宗"，宗是修行之喉衿，显体之要蹊。该经以佛自行因果为宗，或以合师弟因果为宗。分简宗体、正明宗、众经同异、明粗妙、结因果五部分。

第四解"论用"，用即宗用，如来的妙能，此经的胜用。此经以断疑生智为胜用，如来以权实二智为妙能。用佛权实二智，在迹门中断三乘的权疑，生一乘的实信。在本门中断菩萨执着方便近迹的权疑，生起本地久远实成深远不可思议的实信。分明力用、明同异、明历别、对四悉檀、悉檀同异五门分析。

第五解"判教"，在批判南三北七的基础上，立五时八教，又以《法华经》为超越八教的纯圆独妙之教。

书末所附的《记者私录异同》是灌顶记录智颛所说后所写的附记。

本书的注释，首推湛然的《法华玄义释签》。其他与本书有关的著述有：

《法华经玄义科文》五卷，唐湛然述，收入其《法华三大部科文》，《卐字续藏经》第一编第四十三套。

《法华经玄义读教记》七卷，宋法照撰，编入其《法华三大部读教记》中，《卐字续藏经》第一编第四十三套。

《法华玄义补注》三卷，宋从义撰，编入其《法华三大部补注》中，《卐字续藏经》第一编第四十三套。

《法华大部妙玄格言》二卷，宋善月述，编入《法华三大部补注》中，《卐字续藏经》第一编第四十四套。

《法华经玄签备检》四卷，宋有严注，收入《法华三大部补注》中，《卐字续藏经》第一编第四十四套。

《法华经玄签证释》十卷，宋智铨述，《卐字续藏经》第一编第四十四套。

《法华经玄义节要》二卷，明智旭节，《卐字续藏经》

第一编第四十四套。

《法华经玄义辑略》一卷，明传灯录，《卍字续藏经》第一编第四十四套。

《法华经释签缘起序指明》一卷，清灵耀述，《卍字续藏经》第一编第四十四套。

2.《法华玄义释签》

本书二十卷，天台九祖湛然述，载于《大正藏》第三十三卷。

本书是对智颛的《法华玄义》的详释。《法华玄义》博大精深，后学者一般难以窥其宏旨妙意，这就不利于天台思想的传播。湛然对学人有关《法华玄义》的疑难之处，随问而签，本书就是根据这些问答的记录整理而成的。

本书是随《法华玄义》结构逐层疏释的，至于分卷规则，未必和《玄义》对应。湛然对《法华玄义》的解释，多有独特见解，体现出对智颛的发展或深化之处。

3.《十不二门》

《十不二门》一卷，湛然述，载于《大正藏》第四十六卷。

"十不二门"本是湛然在《法华玄义释签》卷十四中对智颢十妙门的一种解释，也称"法华本迹十妙不二门"。在每一门中，湛然都运用一念三千、三谛圆融的理论，来融通两个性质不同的概念，无二无碍，称为"十不二门"。

第一色心不二门，从境妙立名。境妙中的境指一切法。法有总、别两义。从总的方面看，万法在于一念。从别的方面讲，则万法分为色、心二种。色法、心法也同居一念，体性无别，非色非心，而色而心，唯色唯心，为不二法门。

第二内外不二门，从智妙和行妙立名。所观之境，不出内境和外境两种，从圆融三观的角度看，佛法、心法和众生法，都具足三千，都各摄其他二法。因此，无论是观察内境或外境，都融摄不二。

第三修性不二门，从智妙和行妙立名。众生性具三千，但沉于迷惑中，须借圆修而现性。但修即是性，性即是修：在性时，修全在性；起修时，性全在修。因而称为不二。

第四因果不二门，从位妙和三法妙立名。十界之中，除佛以外的九界众生为无明所覆，处在因位；佛已显诸法实相，因而在果位。但因位众生一念心中即具足三轨，这种因一经显发即到佛果位，因果无二，所以称不二。

第五染净不二门，从感应妙和神通妙立名。在缠的染心本具三千，与出缠离障的净心无二。

第六依正不二门，从感应妙和神通妙立名。一念心的三千世界中，众生及五阴二千为正，国土一千属依，依正居于一心，彼此相摄，称为不二。

第七自他不二门，从感应妙和神通妙立名。指十界互具，同归一念，自他无别。

第八三业不二门，从说法妙立名。如来证成正果后，以身、口、意三业方便说法，百界千如，都不出一念，身口平等，心色一如，称为不二。

第九权实不二门，从说法妙立名。十界中佛界为实，余九为权。实即是权，权即是实。

第十受润不二门，从眷属妙立名。三乘及七方便众生为能受，佛法开示时，能受者都得滋润，三乘都是一佛乘，众生都将做佛。

这十不二门就迹门而说，但迹不离本，因此也是本门的解释。

《十不二门》是后人从《法华玄义释签》中单独录出的，对它的注释多达五十余部，其中以《十不二门指要钞》最著名。现存的其他注解有：

《十不二门义》一卷，唐道邃录出，《卍字续藏经》

第二编第五套。

《法华十妙不二门示珠指》二卷，宋源清述，《卍字续藏经》第二编第五套。

《注法华本迹十不二门》二卷，宋宗翌述，《卍字续藏经》第二编第五套。

《十不二门文心解》一卷，宋仁岳述，《卍字续藏经》第二编第五套。

《法华玄记十不二门显妙》一卷，宋处谦述，《卍字续藏经》第二编第五套。

《十不二门枢要》二卷，宋了然述，《卍字续藏经》第二编第五套。

4.《十不二门指要钞》

本书二卷，宋代天台宗山家派知礼述，载《大正藏》第四十六卷。

本书具体解释并展开了湛然《十不二门》的思想，特别提出了别理随缘的理论。真如具不变和随缘二义，本书认为不但圆教中真如具随缘义，别教中真如也具随缘义。

对该书的注释，现存的主要有《十不二门指要钞详解》四卷，宋可度解，《卍字续藏经》第二编第五套。

5.《别理随缘二十问》

本文也是知礼所作，收于四明石芝沙门宗晓所编的《四明尊者教行录》卷三，《大正藏》第四十六卷。

知礼提出别理随缘论后，继齐写出《随缘指滥》而设难。知礼作此文回诘设难，指出了天台别理随缘义与法藏的华严宗中随缘义的区别，与唯识宗以业相为本的区别。

《法华经》——《法华文句》——《法华文句记》

1.《法华文句》

全称《妙法莲华经文句》，略称《法华经文句》，十卷（每卷分上、下），智𫖯说，灌顶记，载于《大正藏》第三十四卷。

本书是智𫖯对《法华经》正文的解释，按经文的品序依品作释。

对经文的分析，智𫖯先列序、正、流通三分。第一品为序；从第二《方便品》到第十七《分别功德品》的第十九行偈共十五品半为正说分；从此至经末为流通分。

又将经文开本、迹两门，从《序品》到《安乐行品》

共十四品为迹门，旨在开权显实；从《涌出品》到经末共十四品为本门，旨在开近显远。本、迹两门又各分序、正、流通三分。

迹门三分：初品为序；从第二《方便品》到第九《授学无学人记品》是正说分；从第十《法师品》到第十四《安乐行品》为流通分。迹门正说分又有略、广两门。从"尔时，世尊从三昧安详而起"下，是略说开三显一；从"尔时世尊告舍利弗：汝已殷勤三请"下，是广说开三显一。

广说开三显一分三部分，分别为上、中、下三根人说法，称法华三周。初周是《方便品》中所说，舍利弗一人领悟，为"法说周"；二周从第三《譬喻品》到第六《授记品》为中根譬说，大迦叶、大目犍连、须菩提和大迦旃延四人领解，称"譬说周"；三周为下根人说因缘之事，从第七《化城喻品》到第九《授学无学人记品》，无数下根众生领悟，称"因缘说周"。

本门三分，从《从地涌出品》的开始句到"汝等自当因是得闻"，是序分；从同品"尔时，释迦告弥勒"下，到第十七的《分别功德品》中弥勒说十九行偈为正说分；自此到经末为流通分，分为劝持流通和付嘱流通两部分。

对经文义理的分析，从因缘、约教、本迹和观心四方面展开。因缘释是以四悉檀来解释经义；约教释是依藏、通、别、圆四教来解释经义；本迹释以本地、垂迹二门来解释，佛最初成道即佛经开首的"如是"，都是本，依佛中间及现在做佛而说经是迹；观心释是依观行来解释，以上三门悉檀教迹等，都是因缘所生法，观心就是观因缘所生心。

本书的解释，以《法华文句记》为最，其余有：

《法华经文句科文》六卷，湛然述，收入其《法华三大部科文》中，《卍字续藏经》第一编第四十三套。

《法华经文句辅正记》十卷，唐道暹述，《卍字续藏经》第一编第四十五套。

《妙经文句私志记》十四卷，唐智云撰，《卍字续藏经》第一编第四十五套。

《妙经文句私志诸品要义》二卷，唐智云述，《卍字续藏经》第一编第四十五套。

《法华经文句记笺难》四卷，宋有严笺，《卍字续藏经》第一编第四十六套。

《法华经文句格言》三卷，宋善月述，《卍字续藏经》第一编第四十六套。

《法华经文句读教记》七卷，宋法照撰，《卍字续藏经》第一编第四十三套。

《法华经文句补注》四卷，宋从义撰，《卍字续藏经》第一编第四十四、四十五套。

《法华经文句纂要》七卷，清道霈纂要，《卍字续藏经》第一编第四十六套。

2.《法华文句记》

本书三十卷，天台九祖湛然撰，载《大正藏》三十四卷。

本书是对智顗《法华文句》的进一步解释，阐明智顗思想的深旨。本书构架按《法华文句》的内容逐层展开。

《法华经》——《摩诃止观》——《止观辅行传弘决》

1.《摩诃止观》

本书十卷(每卷分上、下)，智顗说，灌顶记，载《大正藏》四十六卷。

本书是从修行观方面发挥《华严经》思想，在智顗的《法华经玄义》中，立七番共解五重玄义时，第六为观心释，把观心作为《法华经》的重要部分，本书则是进一步阐发观心论。

本书的结构分为序分和正说分两部分。序分说本书缘起，正说分则记录止观法门。

序中先说本书的作者、何时何地说此书等，其次则说止观法门的师资传承，金口师承和今师师承。

正说分开十门：大意、释名、体相、摄法、偏圆、方便、正观、果报、起教和旨归，称为十广。第一门大意中把余九门的意义归纳为发大心、修大行、感大果、裂大网、归大处五段，称五略。初五门发菩提心意，第六、七两门是修四种三昧，第八门讲违顺，违是二边果报，顺是胜妙果报，第九门转其自心利益给他人，第十门同归大处。

第二门释名，从相待、绝待、会异和通三德四方面释止观的意义。止有止息、停止和非止三义，观有贯穿、观达、非观三义。这是相待止观，可思可议。不可思议的是绝待止观。止观的异名，止有远离、不住、无为、寂灭、禅定等；观有知见、智慧、照了等。止观通法身、般若、解脱三德。

第三门体相，从教相、眼智、境界和得失四方面分析止观的体相。

第四门摄法，讲止观法门能遍摄一切法。

第五门偏圆，对止观所摄的偏法和圆法，用大小、半满、偏圆、渐顿、权实五方面来分析。

第六门方便，分析进入正式止观以前的加行，二十五方便，具五缘、诃五欲、弃五盖、调五事、行五法。这是远方便。

第七门正观，是天台止观的核心，分析十乘观法。

先列十境，所观的对象：阴入界境、烦恼境、病患境、业相境、魔事境、禅定境、诸见境、增上慢境、二乘境和菩萨境。就第一阴入界而观，成就十法：第一观不思议境，成一心三观；第二真正发菩提心；第三善巧安心；第四破法遍，遍破一切诸惑；第五识通塞，惑是塞，观是通；第六道品调适；第七对治助开；第八知位次；第九能安忍；第十离法爱。这是就一境而论十乘观法，其余九境也有此十法。

果报、起教、旨归三门，因智顗圆寂而缺断。

本书的注释，以《止观辅行传弘决》最为著名，其他有关本书的科文、注释和节要本有：

《摩诃止观科文》五卷，唐湛然述，收入其《法华三大部科文》中，《卍字续藏经》第一编第四十三套。

《摩诃止观辅行搜要记》十卷，湛然述，《卍字续藏经》第二编第四套。

《止观义例》二卷，湛然述，《大正藏》第四十六卷。

《止观大意》一卷，湛然述，《大正藏》第四十六卷。

《删定止观》三卷，唐梁肃述，《卍字续藏经》第二编第四套。

《摩诃止观科节》一卷，唐佚名作，《卍字续藏经》第二编第四套。

《摩诃止观记中异义》一卷，唐道邃说，乾淑集，《卍字续藏经》第二编第四套。

《摩诃止观辅行读教记》六卷，宋法照撰，收入其《法华三大部读教记》中，《卍字续藏经》第一编第四十三套。

《摩诃止观辅行补注》四卷，宋从义撰，收入其《法华三大部补注》中，《卍字续藏经》第一编第四十四套。

《摩诃止观义例纂要》六卷，宋从义撰，《卍字续藏经》第二编第四套。

《摩诃止观义例随释》六卷，宋处元述，《卍字续藏经》第二编第四套。

《摩诃止观辅行助览》四卷，宋有严注，《卍字续藏经》第二编第四套。

《摩诃止观贯义科》二卷，清受登说，灵耀补定，《卍字续藏经》第二编第五套。

2.《止观辅行传弘决》

全名《摩诃止观辅行传弘决》，略称《止观辅行》《辅行》或《弘决》，四十卷，唐湛然述，载《大正藏》第四十六卷。

本书是对《摩诃止观》的详尽解释。在文初，湛然列出写作此书的十大理由，又指出了《摩诃止观》前后有三个本子，第一本为二十卷本，第二为十卷本，都称为《圆顿止观》，第三本是在十卷本基础上的再治本。

具体的解释是按《摩诃止观》的结构逐层进行的，全面发挥了智顗的止观论。

《法华经》——《法华经安乐行义》

《法华经安乐行义》一卷，陈慧思说，载《大正藏》第四十六卷。

这是慧思对《法华经·安乐行品》的解释，这一品是《法华经》的修持观。本文先揭示《法华经》为大乘顿悟法门，可使众生无师自通，疾成佛道。次释四安乐行。"安"为一切法中不动心，"乐"是一切法中无受阴，"行"是自利利他。第一是正慧离着安乐行，第二是无轻赞毁安乐行，第三是无恼平等安乐行，第四是慈悲接引安乐行。安乐行是无相行，一切法中，心相寂灭，毕竟不生。

《法华经》——《观音玄义》——《观音玄义记》

这是天台宗对《法华经·观世音菩萨普门品》的阐释。

1.《观音玄义》

本书二卷，智顗说，灌顶记，载《大正藏》第四十六卷。

本书解释《普门品》的经题。先明题意，能所圆融，有无兼畅，照穷正性为"观"；"世音"是所观之境，众生万象俱蒙苦难，菩萨慈悲，一时普救，都得解脱，称观世音。"经"是由的意思。"普门"，"普"是遍之义，"门"指能所。用一实相，开十普门。"品"指类。

接着以五章释经题、释名、出体、明宗、辨用、教相。释名又分通、别。该品以理智相合为体，以感应为宗，以慈悲利物为用，是流通圆教相。

2.《观音玄义记》

本书四卷，宋知礼述，载于《大正藏》第三十四卷。

本书是对《观音玄义》的进一步疏释。知礼早年投师在宝云门下，得到《观音玄义》。他的师辈们对此《玄义》多有演宣，但后来知礼的同人都渐衰朽，知礼担心师辈的讲说难以有益于后人，就录出本书。

对本书的疏解有：

《观音经玄义记会本科》一卷，明佚名撰，《卍字续藏经》第一编第五十五套。

《观音经玄义记条个》一卷，明佚名撰，《卍字续藏经》第一编第五十五套。

《法华经》——《观音义疏》——《观音义疏记》

1.《观音义疏》

本书二卷，智顗说，灌顶记，载于《大正藏》第三十四卷。

本书释《普门品》的具体内容，在三章、四章和二章的分析法中，用二章分析法，以前后两问答为二章，详说第一章。

2.《观音义疏记》

本书四卷，宋知礼述，载于《大正藏》第三十四卷，是对《观音义疏》的注疏。

对本书的注疏有：

《观音经义疏记会本科》一卷，明佚名撰，《卍字续藏经》第一编第五十五套。

《观音经义疏记条个》一卷，明佚名撰，《卍字续藏经》第一编第五十五套。

对《普门品》的注疏还有：

《观音经普门品重颂》一卷，宋遵式述，《卍字续藏经》第一编第五十五套。

《观音经普门品肤说》一卷，清灵耀说，《卍字续藏经》第一编第五十五套。

《妙法莲华经》在三论宗一系的流变

三论宗吉藏著有《法华玄论》《法华义疏》《法华游意》《法华论疏》和《法华经统略》等，阐明实相不可说，强名为空的观点。

1.《法华玄论》

或称《法华经玄论》，十卷，隋吉藏撰，载于《大正藏》第三十四卷和《卍字续藏经》第一编第四十二套。

本书分析六义明经：弘经方法、大意、释名、立宗、决疑、随文释义。

第一弘经方法，从七方面说明。

一释法师义，讲法师须以三事弘经：入如来室，着如来衣，坐如来座。三事分别表示慈悲心、柔和忍辱心及悟诸法皆空。

二将三事合为二义：慈悲、忍辱为福德庄严，空观为智慧庄严。

三是圆二种庄严成一旨，虽行慈、忍，而常毕竟空；虽毕竟空，而常行慈、忍，悲智双运，而能观成空有无碍。

四是明无句，为中道观。空有故不有，有空故不空，不空不有而成中道。

五是就《安乐行品》分析弘经方法。

六明失，无法无说，法不可闻。是显示空义，实相是空。

七讲翻译此经的缘起，分析两种译本。

第二序说经意，分三事说经和总论教门两部分。

三事是说佛常以他心轮、神通轮和说法轮三因缘而说经，说此经也因这三事。以三事化物，令入一乘。总论教门则从正果和依果两方面分析。

第三释名，解释经题。"妙"有相待和绝待两种，相待妙是与粗相对待的，绝待妙则非粗非妙。开三显一而明因妙，开近显远而显果妙。"妙"字释完，"法"字也随之而释成。

"莲华"是指白莲，白色是众色之本，比喻一乘是三乘之本。以十六种意义说莲华喻。

第四辨经宗旨，先列十三家异说而评说，再指出《法华经》是以实相正法为宗。

第五决疑，回答各种疑难。

第六随文释义，按经文次序而逐品疏释。

2.《法华义疏》

或称《法华经义疏》，十二卷，隋吉藏撰，载于《大正藏》第三十四卷和《卍字续藏经》第一编第四十二套。

本书分两部分，即总释和分释。

总释部分讲《法华经》应从三方面分析，即部类不同、品次差别和科经分齐。

部类不同从七方面分析经典组织的不同类型。

品次差别从五方面分析。第一生起次第，讲二十八品前后逐层展开的内在联系，又分为根缘次第和义理次第两重分析。第二具义多少，每一品的得名所包含的意义。有以一义而得名，有以二义而得名，有以三义而得名。以一义得名，又分为以法而得名，如《方便品》；以譬喻而得名，如《譬喻品》；以人而得名，如《提婆达多品》；以事而得名，如《从地涌出品》。以二义而得名，有人法双举而得名的，如《观世音品》；有能所合目而得名的，如《见宝塔品》。以三义而得名的，如《五百弟子授记品》，含数、人、法三义。第三论品前后，讨论《嘱累品》的位置次序问题，认为罗什这样安排，一是依梵本，二是别有深致，可以使分身佛早回本土。第四论品之有无，讨论罗什译本中为何没有《提婆达多品》。第五别释序品，即对《序品第一》做出分析，序的意思是渐，渐入正说。

科经分齐，或明章段不同，分出经文的序分、正说分和流通分，并以十条理由来证明为何采用三分说。序分指第一品《序品》；正说分是从《方便品》到《分别功德品》前半品格量偈止共十五品半；其余十一品半为流通分。

序分又有两部分，证信序和发起序。正说分也有前后两部分，从《方便品》到《法师品》讲乘方便、乘真实；从《见宝塔品》到《分别功德品》格量偈讲身方便、身真实。乘为所乘之法，身为能乘之人。流通分也分为两部分，从格量偈到《神力品》是赞叹流通，余下部分为付嘱流通。

在总释之后，又按《法华经》品序，分别进行具体疏释。

3.《法华游意》

或称《法华经游意》，一卷，隋吉藏撰，载于《大正藏》三十四卷，《卍字续藏经》第一编第四十二套。

本书认为《法华经》的宗旨是开方便门，显真实义。以十门分析此经。

第一来意门。讨论佛说此经的因缘，有十种因缘：欲为诸菩萨说菩萨行；欲受梵王请；欲表明诸佛权实二智相资相成；欲说三净法门，即净三途、净三界、净二乘；欲说三摄法门，即摄邪归正、摄异归同、摄因归果；欲说三种法轮，即根本法轮、枝末法轮、摄末归本法轮；欲释声闻二种疑问，新疑和旧疑；欲说中道法；欲显诸菩萨念佛三昧；欲为一切众生如实分别罪福果报。

第二宗旨门。先略举三家关于此经宗旨的观点：以万善之因为宗，以果为宗，以一乘因果为宗。吉藏认为，对此三家，破而不取，取而不破，亦取亦破，不取不破。这四句为本经宗旨。

第三释经题目。开七门来进行讨论：立名意、立名不同、转不转、见义多少、前后门、翻译门和释名门。

第四辨教意门。指出不应限于五教、四教而论教，众生的根机悟性不一，因此教化方法也不同，适化无方。

第五显密门。开四门分析：就顿而论；以《大品般若》对照《法华》论显密；就《法华》内自论显密；料简。

第六三一门。讨论一乘和三乘关系，开十门而分析：开三显一、会三归一、废三立一、破三明一、覆三明

一、三前明一、三中明一、三后辨一、绝三明一、三无辨一。

第七利益不可思议门。举例说明经中所列各种功德。

第八弘经方法。以三法弘经，即入如来室，穿如来衣，坐如来座。在三法的基础上，以不懈怠心为众生说法。

第九部党不同。讨论新旧两个不同的译本。

第十讲经缘由。对《法华经》的弘传和宣讲，旧本以竺法护为第一人，新本则以道融为首，道融在长安讲罗什译《法华》，开为九辙，当时人们称他为"九辙法师"。

4.《法华论疏》

本书三卷，隋吉藏撰，载《大正藏》第四十卷，《卍字续藏经》第一编第七十四套。

本书是对由婆薮槃豆（天亲）所造，菩提流支译的《妙法莲华经优婆提舍》的疏释，天亲作此论（优婆提舍意为论）一卷释《法华经》。这个译本流传不盛，吉藏分析其原因，一是此译本文旨简略，前后似乎较乱，初一看甚至不见首尾；二是讲《法华》者都根据五时或四宗的教判来立论，背圣信凡，因而也使此译本不传于世。

5.《法华经统略》

六卷，隋吉藏撰，载于《卍字续藏经》第一编第四十三套。

《妙法莲华经》在唯识法相宗一系的流变

这一流变主要体现在窥基大师对《法华经》的注疏中。

《法华经》——《妙法莲华经玄赞》——《法华玄赞义决》

1.《妙法莲华经玄赞》

本书二十卷，唐窥基撰，载于《大正藏》第三十四卷。

本书称《法华经》为"藻宏纲之极唱，旌一部之都名"。从六个方面展开：

第一叙经起之意。佛为什么要说此经？一是为酬因请。既是为了酬因，酬行因，酬愿因，酬求因，酬持因，酬相因，酬说因；又是为了酬请，即受众生请而说此经。二是为了破疑执，疑是疑悔，执是声闻、菩萨执着于小法。三是彰记行。既是为了彰记，即佛成道之初，没有为声闻授记，现在授之，因而说此经；也是为了彰行，即为菩萨说一乘之行而说此经。四是利今后。为了利益今生和后世众生而说此经。五是显时机。时指教时，机指顿渐之机。

第二明经宗旨。按照立性宗、破性宗、破相宗、显实宗的区别，《法华经》属于显实宗，显一乘之实。

第三解经品得名。本书认为此经经名应译为《妙法白莲华经》，经中讲放白毫光，驾大白牛车，白色是众色的根本。接着又从教、理、行、果四方面分析妙法莲华。讲完经名，又分别解释各品的品名。

第四显经品废立。讨论罗什译本没有《提婆达多品》，以及《嘱累品》的次序问题。

第五彰品次第。分析《法华》二十八品的内在逻辑联系。

第六释经本文。对经文用两种分类法。第一种，初品为序分，《方便品》开始的八品是正说分，说一乘授三根记，根本所为，都已得益，化度二乘出浊水。《法师品》到经末的十九品是流通分。第二种，初品为序分，《方便品》到《持品》共十二品明一乘之境，《安乐》和《涌出》二品明一乘行，《如来寿量》到《常不轻》共五品讲一乘果，《神力品》往下是流通分。说一乘境，使众生知道有权乘，有实乘，劝其舍权而取实。声闻乘觉悟这一道理，便得到授记。说一乘行，使众生知道因缘有是有非，劝其学是除非，学者觉悟这一道理，便从地涌出。说一乘果，使众生知道身有真身和化身，证有因也有果，劝其认识化身，而求真身，渐渐证得因位和果位。菩萨觉悟这一道理，就能证道，具足并显现因果二位所成就的胜德。

接着是依《法华经》品次而逐品疏释。

2.《法华玄赞义决》

或称《法华经玄赞义决》，一卷，唐慧沼撰，载于《大正藏》第三十四卷，《卍字续藏经》第一编第五十三套。

本书是对窥基《法华玄赞》的简明疏释，坚持并弘扬窥基的基本思想。

对窥基《法华玄赞》的其他疏释还有：

《法华经玄赞摄释》四卷，唐智周撰，《卍字续藏经》第一编第五十三套。

《法华经玄赞决择记》八卷（现存前二卷），唐崇俊撰，法清集疏，《卍字续藏经》第一编第五十三套。

《法华经玄赞要集》三十五卷，唐栖复集，《卍字续藏经》第一编第五十三套、五十四套。

窥基还著有《法华经为为章》一卷，载于《卍字续藏经》第一编第五十二套。

《妙法莲华经》在华严宗一系的流变

华严一系对《法华经》的直接疏释，续法提到的法藏撰《法华经疏》七卷已无从查考，赞宁所提及的澄观的《法华》类注疏也难以查考。但《法华经》对华严的影响是不可否认的，华严类著述中经常引用《法华经》的观点。法藏的《华严一乘教义分齐章》与《法华经》的联系特别明显，特做简介。华严一系的新罗籍僧人元晓则撰有《法华宗要》。

1.《华严一乘教义分齐章》

本书四卷，唐法藏撰，载于《大正藏》第四十五卷。

本书主要解释华严一乘教义或如来海印三昧一乘教义，开十门分释，即建立一乘、教义摄益、古今立教、分教开宗、乘教开合、起教前后、决择其意、施设异相、所诠差别和义理分齐。

其中第一建立一乘门解释一乘和三乘关系，分为别教一乘和同教一乘两门。

别教一乘中讲到普贤境界，从分相和该摄两方面分析。

分相是讲一乘别于三乘，三乘如《法华经》中所喻三车，一乘即是三车中的牛车。一乘和三乘的差别有十种。一是权实之别。宅内所指门外三车，即使是牛车，同羊车、鹿车一样是权，在四衢道上另授的大白牛车是一乘之实，为别教一乘。二是教义之别。临门牛车同羊车、鹿车一样，只有其名，从一乘的角度看，都是教，从教而达到义，得一乘。三是所望差别。别教一乘不是在三界内所许诺的三乘，所以授大白牛车时，大出诸子意料，得大欢喜。四是德量差别。大白牛车具足众德，主伴具足，与三乘不同。五是寄位差别。按照十地的阶次，一到三地在世间，四到七地在出世间，八地就是出出世间了。对比三乘，四到五地是声闻法，六地是缘觉法，七地是菩萨法，那么，一乘就是出出世法了，在八地以上。六是付嘱差别。《法华》付嘱是一乘之法，而不是小乘法。七是根缘受者差别。三乘菩萨，不闻一乘究竟，仍是假名菩萨。八是难信易信别。三乘易信，一乘难信。九是约机显理差别。一乘法主伴具足，是无尽佛法，而三乘法则是一相法。十是本末差别。一乘为本，三乘为末。

　　该摄是讲三乘归于一乘，都是一乘法。

　　同教一乘先分诸乘，后融本末。融本末是讲诸乘为末，同归于本。泯权归实是一乘，揽实成权是三乘。

第二教义摄益门，先讲教义分齐，后讲摄益分齐。

教义分齐中，露地大白牛车，是别教一乘，如《华严》；临门三车，是三乘教；以临门三车开方便，界外再别授白牛车，示真实义，是同教一乘，指《法华经》。

摄益分齐中，讲《法华经》先以三乘令众生出三界，后得一乘，是一乘三乘和合说，摄界外机，使众生得出出世的利益，为同教摄。或者也以三乘为方便，后得一乘，使众生得利益，这是摄界内界外二机，也是同教摄。至于《华严》则是别教一乘。

第三叙古今立教，列十家判教说，天台藏、通、别、圆为第七家。

第四分教开宗，为法藏的判教说，立五教十宗。其五教判摄，实际上是在智𫖯四种教的基础上加上顿教。

第五乘教开合，讲五教的融通。

第六起教前后，分析各教所说的先后次第。

第七决择前后意，分析各教前后差别。

第八施设异相，分十门分析华严别教一乘与其他乘的区别。

第九是诸教所诠差别，讲立五教判摄的内在根据。

第十义理分齐，具体阐述华严宗的思想。

本书参照《法华经》的一乘三乘理论，以《法华》为同教一乘，以《华严》为别教一乘。

2.《法华宗要》

《法华宗要》一卷，新罗元晓撰，载于《大正藏》第三十四卷。

本书从六个方面解释《法华经》：

第一述大意。该经是十方三世诸佛出世的大意，是九道四生灭入一道的弘门，开权示实，以一大事开佛知见，三种平等，诸乘诸身都以同一准则为基础。

第二辨经宗。以广大甚深的一乘实相为宗。就能乘之人而言，一切众生都是能乘一佛乘人，因为都有佛性；就所乘法而言，众生界就是涅槃界。

第三明诠用。开方便门是真实相，是此经的胜用。用有两种，开用和示用，开三乘方便门，示一乘真实相。

第四释题名。"妙"有四种含义：巧妙、胜妙、微妙、绝妙。巧开方便门，巧灭执三之见，巧示真实相，巧生一乘之惠，因而是巧妙；此经能宣示一切法，显示一切神力，显现一切秘密藏，能宣说一切深事，因而是胜妙；此经所讲的一乘之果，无妙德而不圆，无杂染而不净，无义理而不穷，无世间而不度，因而是微妙；此经所说的一乘之法，广大深远，离言说，绝思虑，因而是绝妙。"莲华"从这妙之四义分析，为通、别两种。从通的角度看，莲华具有华、须、台、实四种，合成美妙，譬喻此经具有四妙义，合成一法，而称妙法。

从别的角度看，也有四种意义。莲华有四类，本经指白莲，鲜白分明，华开实显，譬喻此经了了分明，开权显实的巧妙；莲华分未开、将开、已开未衰三阶段，第三阶段华开荣盛，比喻此经大机正发的盛势，宣示显说的胜妙；莲华不但出污而不染，也具足众美，喻此经所说佛乘出烦恼浊，离生死海，众德圆满的微妙；莲华不但藕深荷广，而且不着水滴，不染尘垢，比喻此经所说一乘之法的甚深道理，离言绝虑的绝妙。

第五显教摄。在根本法轮、枝末法轮和摄末归本法轮中，此经属摄末归本法轮。

第六消文义。解释经文要义。

对《妙法莲华经》的其他疏释

《法华五百问论》三卷，唐湛然述，《卍字续藏经》第二编第五套。

《法华经大意》一卷，唐湛然述，《卍字续藏经》第一编第四十三套。

这两种是天台九祖湛然阐述自己对《法华经》和天台宗的见解的，因而与他的法华三大部疏释有些差异。

《法华经合论》七卷，宋慧洪造，《卍字续藏经》第一编第四十七套。

《法华经击节》一卷，明德清述，《卍字续藏经》第一编第四十九套。

《法华经通义》七卷，明德清述，《卍字续藏经》第一编第四十九套。

《法华经纶贯》一卷，明智旭述，《卍字续藏经》第一编第五十套。

《法华经会义》十六卷，明智旭述，《卍字续藏经》第一编第五十套。

这几种书是由著名的禅僧所撰述，从中可以看到《法华经》在禅宗中的流变。

历朝对《法华经》的疏释还有：

《法华经论述记》上卷，唐佚名撰，《卍字续藏经》第一编第九十五套。

《法华经入疏》十二卷，宋道威入注，《卍字续藏经》第一编第四十七套。上海古籍出版社一九九〇年根据印光法师一九二一年刻本影印出版了此书的二十卷本。

《法华经要解科文》一卷，宋戒环撰，《卍字续藏经》第一编第四十七套。

《法华经要解》七卷，宋戒环解，《卍字续藏经》第一编第四十七套。

《法华经句解》八卷，宋闻达解，《卍字续藏经》第一编第四十七、四十八套。

《法华经科注》十卷，宋守伦注，明法济订，《卍字续藏经》第一编第四十八套。

《法华龙女成佛权实义》一卷，宋源清述，《卍字续藏经》第二编第五套。

《法华经科注》八卷，元徐行善科注，《卍字续藏经》第一编第四十八、四十九套。

《法华经科注》七卷，明一如集注，《卍字续藏经》第一编第四十九套。

《法华经知音》七卷，明如愚著，《卍字续藏经》第一编第四十九套。

《法华经大意》三卷，明无相说，《卍字续藏经》第一编第四十九套。

《法华经意语》一卷，明圆澄说，明海重订，《卍字续藏经》第一编第五十套。

《法华经大𥦗》八卷，明通润笺，《卍字续藏经》第一编第五十套。

《法华经精解评林》二卷，明焦竑纂，《卍字续藏经》第一编第九十三套。

《法华经卓解》七卷，清徐昌治逗注，《卍字续藏经》第一编第五十套。

《法华经大成科》一卷，清际庆排录，《卍字续藏经》第一编第五十一套。

《法华经大成》九卷，清大义集，《卍字续藏经》第一编第五十一套，庐山东林寺一九八六年也印行流通，前附《大成科》。

《法华经大成音义》一卷，清净升集，《卍字续藏经》第一编第五十一套。

《法华经授手科》一卷，清智祥排，《卍字续藏经》第一编第五十一套。

《法华经授手》十卷，清智祥集，《卍字续藏经》第一编第五十一套。

《法华经演义科》一卷，清广和标科，《卍字续藏经》第一编第五十二套。

《法华经演义》二十卷，清一松讲录，广和编订，《卍字续藏经》第一编第五十二套。

《法华经悬谭》一卷，清净挺著，是其《阅经十二种》之一，《卍字续藏经》第一编第五十九套。

《法华经科拾悬谈卷首》一卷，清普德立科，智一拾遗，《卍字续藏经》第一编第九十三套。

《法华经科拾》七卷，清普德立科，智一拾遗，《卍字续藏经》第一编第九十三套。

《法华经指掌疏悬示》一卷，清通理述，《卍字续藏经》第一编第九十三套。

《法华经指掌疏》七卷，清通理述，《卍字续藏经》第一编第九十三套。

《法华经指掌疏事义》一卷，清通理述，《卍字续藏经》第一编第九十三套。

还有一些与《法华经》相关的作品：

《法华经传记》十卷，唐慧详集，《卍字续藏经》第二编乙第七套。

《法华灵验传》二卷，明了因录，《卍字续藏经》第二编乙第七套。

《法华经显应录》二卷，宋宗晓编，《卍字续藏经》第二编乙第七套。

《法华经持验记》二卷，清周克复纂，《卍字续藏经》第二编乙第七套。

《观音经持验记》二卷，清周克复集，《卍字续藏经》第二编乙第七套。

《妙法莲华经》在日本

《法华义疏》五卷，圣德太子撰，《大正藏》第五十六卷。

《法华略抄》，明一撰，《大正藏》第五十六卷。

《妙法莲华经释文》三卷，中算撰，《大正藏》第五十六卷。

《法华经开题》，空海撰，《大正藏》第五十六卷。另外还有五个异本。

《法华经秘释》，觉鑁撰，《大正藏》第五十六卷。

《法华开示抄》二十八卷，贞庆撰，《大正藏》第五十六卷。

《法华取要抄》，日莲述，《大正藏》第八十四卷。

解说

《妙法莲华经》以开示诸法实相为宗旨，所谓"法"，就是指这实相之法。诸法实相是世界的本质或究竟处，深邃而广大，不可思议，因而称之为妙法。佛开示实相的方法是开权显实，会三归一，通过三乘方便显示一佛乘。所谓"法"，就是指这一佛乘，一佛乘法深邃不可思议，因而称为妙法。这种妙法犹如白莲华。白色为本色，能分出众色，喻实相为万法之本，一佛乘为三乘之本。华开显莲，比喻以权显实，以三显一。众生要得佛知见，悟诸法实相，归趣究竟一佛乘法，应该供养佛，供养菩萨，供养法师，供养《法华经》，这样一定会得大利益。必须依《法华经》而修行，修四安乐行，就一定会得大利益。众生根性慧利，就会速得利益，如龙女顿成正觉；根性浅者，则渐渐得利，但也终究会证得大利益。

诸法实相

　　释迦牟尼佛在《妙法莲华经》中指出了世界的终极本质就是诸法实相，这种实相是非常高深，非常难以理解的，释迦牟尼说只有佛才能够穷究诸法实相。众生要成佛，就必须能够觉悟这个诸法实相。佛以种种譬喻来说明实相，实相如同大白牛车，具足一切德，一切庄严；如同穷子最终所得到的各种珍宝财物，无际无尽；如同一云所下的大雨，生长草木的一地；如同导师所指引的珍宝所；如同流浪汉衣服之内所系的宝珠；如同大王顶髻之中的难信之珠；如同良医所具有的具足色香美味的好药草。这种诸法实相，佛说，是指一切诸法空无所有，法无常住，无生无灭，"观一切法皆无所有，犹如虚空，无有坚固，不生不出，不动不退，常住一相"①。诸法的空性就是实相，诸法皆空就是其最真实的状况。大千世界，纷繁复杂，在这种世事人生的复杂状况下，众生很容易迷失，找不到出路，如果以实相之空性来分析观察，那么就非常清楚的了。

　　从实相的角度看，整个大千世界可以分析为十个方面，第一是事物的相状方面，外部的现象方面；第二是事物的内在本性或本质方面；第三是事物的构成之体，众生由色和心构成的身体；第四是这种质体的力用；第五是众生造业，身、口、意三业；第六是众生所造的业中成为引起报应的主要原因方面；第七是次要原因方面；第八是由业因业缘引起现世的报应；第九是后世的报应；第十是本末究竟，即从第一的相之本到第九的报之末，都是空的，本末皆空，才是究竟法。这十个方面，其中的法性与诸法实相是一致的。实相为空，法性也是空。

佛认为，这种诸法实相又叫作大事因缘，又叫秘密藏，又叫平等大智慧，又叫非如非异，又叫普门，又叫植众德本，都是同一个意思。

这种实相，就是众生应该追求的目标和理想，众生认识和体证的对象。

开佛知见

如何能够证得诸法实相、体悟诸法实相呢？必须具足佛智慧，或者说是佛之知见。佛智慧的具体内容，一是阿耨多罗三藐三菩提，即无上正等正觉；二是一切种智，即能够把握一切现象的空性本质，又能够了解每一个具体的人物事件的性相、体用、因果等特性的智慧。证成阿耨多罗三藐三菩提，就能认识诸法实相，佛授众弟子阿耨多罗三藐三菩提记，就是向众生指示诸法实相。证成一切种智，就能认识诸法实相，所以佛讲道："如来说法，一相一味，所谓解脱相、离相、灭相，究竟至于一切种智。"②

诸佛智慧，也是无比深奥，难以知晓，声闻乘人、辟支佛乘人都难以理解。正因为这样，佛才千方百计地向众生开示佛智。佛说，诸佛如来出现在这个五浊恶世的"大事因缘"，即最主要的原因，就是开示悟入，向众生指出佛知见的地位和作用，指示佛知见，使众生体悟佛知见，证入佛知见。

开权显实，会三归一

对于利根众生来说，一听佛说诸法实相之理、佛知见之理，就能体悟佛法真谛，获大利益，得到大欢喜。但对于其他众生，根机浅深不一，佛如何向他们开示实相呢？佛通过讲三乘之法来把众生引向一佛乘，以权善便巧来向众生显示实相。

佛如来成道后说法时，分为初善、中善、后善三个阶段。第一阶段讲四谛的道理，是对求声闻者说的；第二阶段说十二因缘的道理，是为求辟支佛乘者说的；第三阶段是说六波罗蜜法门，是为菩萨们说的。这样渐次深入，而把众生引向究竟处，"令得阿耨多罗三藐三菩提，成一切种智"③，最终显示实相。

这里的声闻乘、辟支佛乘、菩萨乘就是三乘，最终趣向的佛智慧就是一佛乘境界。佛说三乘，就是为了显示这一乘。为什么要开三显一？因为这一佛乘微妙稀有，不可思议，只有具有佛知见者才能证得，所以对众生，必须渐渐诱导，才能趣入一佛乘。众生为什么难以理解这一佛乘法，甚至还不知道有一佛乘法，以为自己所修的声闻、缘觉或菩萨乘就是最高佛乘了？这是因为在五浊恶世之中，世道混乱，众生积累成了不善根，而有种种恶的品性，比如贪欲、嫉妒、吝啬等等，这些都叫污垢。这些污垢沉在众生心中，就会障碍他们成道。

另外，由于每个人所造的业不同，这些业沉积在众生心中的果报也不一样，污垢的厚薄也不同，所以每个人的根性也不一样，对佛法的理解也不一样。他们有的是罪根非常深重的，是增上慢者，当他们听说释迦如来要开讲《法华经》的时候，就退出了道场。他们就不具备接受佛乘的根性，今后能否接受，要看他们自己的修行了。另一类众生，是属于钝根者，贪图于小法，即小乘之法。还有一类是利根众生，内心清净柔软，这三种众生分别属于三乘。

菩萨乘人就非常乐意听闻、信受和奉持一佛乘法了，所以佛宣法总是针对菩萨的。佛先授菩萨们阿耨多罗三藐三菩提记，像大迦叶菩萨、大目犍连菩萨、须菩提菩萨等。那些小乘的阿罗汉们看到菩萨授记，就会很自然地想：要是我们也能得到授记，不是非常令人高兴的事情吗？这说明罗汉们也具备接受一佛乘法的条件了，所以佛又授五百罗汉阿耨多罗三藐三菩提记。那些学无学人看到罗汉授记，内心也受到震动，使他们看到自己将来成佛不是没有希望的，所以他们想：我们要是得授记，那有多好啊！他们这样想的时候，内心清净寂然，心意柔软，也具备了接受一佛乘法的条件，于是佛授二千学无学人阿耨多罗三藐三菩提记。这样，佛世尊把三乘学人都引向一佛乘，他们在来世都必定能成佛，这就是会三归一。

但是佛说三乘法，并不是说三乘就是真实究竟法，并不是说众生得三乘法就可以不再求更深的佛法了。佛说三乘，只是为了更方便地显现一佛乘，三乘都是方便，只有一佛乘才是真实究竟法，只有一佛乘人才有佛智慧，才能体悟诸法实相。从本质上讲，只有一佛乘，没有其他乘，二乘或三乘。佛一开始就说一佛乘的话，众生不会信受，所以要开三乘方便，"当知诸佛方便力故，于一佛乘分别说三"④。

三乘是方便，是权；一乘是实。佛说一佛乘法时，运用了种种的因缘、譬喻、言辞和方便，这些都是权，其目的是为了显示一乘真实，这就叫开权显实。

佛对不同根性的众生，施设不同的权便。对上根众生，就直接说一乘为实、三乘为权的道理，这就是《方便品》中所说。

佛对中根众生，就不能这样直接说法了，而要借助种种譬喻。如来举火宅喻说，比如有一老人带着孩子及仆人在家中，有一天家中起火，而孩子们不知道要跑出去，老人就说：屋外有羊车、鹿车、牛车，快出去拿吧，不然你们会后悔的。孩子们争相拥出。孩子们问父亲：三车在哪里？父亲就给他们每人一辆大白牛车。三车是权，如同三乘，大白牛车为实，如同一乘。众生由此可以开悟一佛乘。这就是《譬喻品》。

佛又举穷子喻说，比如有个小孩，从小离开父亲出走了，后来讨饭途中被父亲发现，父亲通过许多方法使这位穷儿子相信自己的父亲原来是个大富翁，并最终把家业付了儿子。这个付家业就如同显示实相。众生由此就可以对一佛乘起信解。这就是《信解品》。如来又举药草喻说，比如地上的三草二木，都得依靠唯一的大地来生长，依靠同一团大云雨来滋润，是一地一雨所成。三草二木是权，一地一雨是实。众生由此可以体悟到一佛乘的所成就功德。这就是《药草喻品》。到这里，他们具备了接受一佛乘的条件，可以授记了，所以佛向他们授将来一定能成佛的记别。这就是《授记品》。

对于下根众生，更必须一步一步诱导开示。佛举化城例说，比如有个导师要带领众生经过险恶道到珍宝所，众生畏难，导师就化出一城，告诉众生说：宝所要到了，就在前面。众生努力前行到了化城，导师就灭了化城，告诉大家说：珍宝所就在附近，刚才的城是为方便而化现的。珍宝所为实，化城是权。下根众生由此可以趣入一佛乘。这就是《化城喻品》。三乘众生都具备了接受一佛乘的条件，因此如来继续向他们授记。

供养的意义

在明白了如来所开示的一佛乘法、实相道理之后，我们已经知道众生所处的三乘境界并不是究竟佛乘，众生必须离权趣实，将来一定能够成佛。但是，我们在现实生活中应该如何修持呢？要供养佛、供养菩萨、供养法师、供养《妙法莲华经》，这就是众生在日常生活中必须坚持下去的，这种修持的积累，必定有大功德。

首先必须供养佛，为什么呢？因为佛是觉悟者，具有无上正等正觉，具足一切种智，能向众生开示诸法实相，能宣说《法华经》。佛又有大秘密神通力、大方便力，把众生带到究竟佛乘，化度众生脱生死海。对佛的供养，必须供养十方三世一切诸佛，特别要供养释迦牟尼佛。释迦如来寿量无限，不可思议，他成佛无量百千万亿那由他劫以来，就一直在说法，又在我们所住的娑婆世界说法度众生，同时也在其他无数国土中度脱众生。供养释迦如来的人，只要听到这个佛寿无量的消息之后，就能得到无数功德。如果又能信解如来寿量无限，哪怕是一念信解，就能得到无数功德。如果又能懂得其中的深刻含义，就能得无数功德。

那么，如何供养佛如来呢？方法很多，《方便品》后面的偈颂中列举了一些，从佛那里听到佛法后，能布施、持戒、忍辱、精进、智慧、禅定，这是法供养。也可以在佛灭度后，起塔供养舍利子，以七宝庄严舍利塔。甚至是孩童聚沙成塔，也是供养了佛。也可以造种种佛像。对佛塔庙宇、宝像画像以华香幡盖供养，奏出美妙的音乐来供养，唱梵呗来供养，都是对佛的供养，都能成佛道。

其次必须供养菩萨。佛讲《法华经》，实际上是对菩萨而说的，《方便品》讲到"诸佛但教化菩萨，欲以佛之知见示众生故，欲以佛之知见悟众生故，欲令众生入佛之知见故"⑤。为什么呢？因为菩萨根性最利，在三乘众生中最容易趣入一佛乘，所以佛向菩萨说法，先被佛授记。

在众多的菩萨中，特别应该供养观世音菩萨，因为观世音菩萨能够解救众生出苦海，一旦众生受难，只要称念观世音菩萨的名号，不管你在什么地方，观世音菩萨立刻就来救难。特别应当供养普贤菩萨，因为他能够守护奉持《法华经》的众生。

第三应该供养法师。在现在的末法时代，人们常常通过法师，通过善知识来接受佛教思想，了解佛法真谛，即使众生自己有所悟，也必须通过法师的印证。

《法师品》中说："比丘、比丘尼，及清净士女，供养于法师，引导诸众生，集之令听法。"⑥法师能在如来灭度后宣讲《法华经》，因为他具足大慈悲心，柔和忍辱心，了知诸法皆空。法师能向众生传授佛智慧。

佛之所以提出供养法师的问题，也是因为释迦牟尼自己就供养过仙人，即提婆达多，提婆达多当时是位善知识。释迦牟尼是如何供养的呢？仙人需要什么，都随时供给，又为仙人采果子、打水、拾柴、做饭，甚至以自己的身体作为床座给仙人躺坐。供养的利益如何呢？佛说："由提婆达多善知识故，令我具足六波罗蜜、慈悲喜舍、三十二相、八十种好、紫磨金色、十力、四无所畏、四摄法、十八不共神通道力，成等正觉，广度众生。"⑦

既然佛都曾供养过善知识，并得到大利益，众生更应该对法师勤加供养了。

第四应该供养《法华经》。释迦牟尼在过去的无数劫中一直在追求《法华经》，毫无懈怠，后来供养提婆达多，听受了这部经典，现在释迦牟尼又向菩萨们宣说这部经，也使众生都得以听到。《法华经》揭示了诸法实相的道理，揭示了一佛乘为究竟佛乘，这部经是佛法的秘密宝藏，最高经典。供养《法华经》，就等于供养了佛如来，就能得大利益。

对《法华》的供养，形式和方法很多，对这部经像对佛一样恭敬，以鲜华、璎珞、各种香料、各种庄严供具来供养，这是一类供养，以物供养。也可以对经卷恭敬合掌，这也是一种供养，心供养。还可以信受和奉持此经，朗读和念诵此经，讲解和宣说此经，抄写此经等等，都是供养。这种供养，哪怕只是供养经中的一句一偈，哪怕心中只要闪过一念供养的心，都是十分了不起的，都会受到众佛菩萨的护念赞叹。多宝塔中的多宝如来全身舍利就是这样的，谁要是宣讲《法华经》，他就会随七宝塔从地下涌现出来，大加赞叹：善哉！善哉！普贤菩萨只要听到谁在念诵这部经，就会乘六牙白象王去安慰他的心，去恭敬围绕。

供养《法华经》还可以使众生六根得清净。眼根清净，能够看到一切世界的一切事物和众生；耳根清净，能听到三千大千世界中的一切声音；鼻根清净，能闻到三千世界中的内外各种香气；舌根清净，能为一切众生说法；身清净，就能显现三千世界中一切众生；意根清净，能理解佛法的无量无边的意义。

所以众生不论在什么地方，什么时候，都应该供养此经。

依法修行

在听到《法华经》后，在信受、理解、奉持这部经之后，众生还应该依照经中教义而修行。前面说的供养，本质上讲也是一种修行，但作为僧人来说，还应该修持四安乐行。这四安乐行实际指身、口、意、誓愿四方面的修行，通过这四方面的修行，而得四种安乐。

首先是身安乐行，要像菩萨一样，要达到菩萨的忍辱境界，应该按照菩萨的亲近原则去亲近众生，亲近诸法实相。在亲近众生的时候，有些可以亲近，有些则不可以亲近。当官的不能亲近，外道不可亲近，二乘人不可以亲近；可以亲近善知识，亲近法师。亲近禅观，观诸法实相，是亲近实相。这样得到的是身安乐。

其次是口安乐行，应该说他人善，不说他人恶，对一切都没有毁誉，口就得清净安乐。

第三个是意安乐行，每个人的心中不但没有那些嫉妒、欺诳等不良心态，还应该有一个同情的心怀、慈悲的心怀、崇敬的心怀。对众生要同情，悲其痛苦，对佛如来要视作慈父，对菩萨要敬若大师。这样就能得意安乐，心中清净。

第四誓愿安乐行，就是要使自己的行为有助于信受《法华》的人，要行大慈大悲，实现度脱一切众生的宏大目标。

按此四法修行，就能助发内心的佛种，得大利益，趣入佛道。

顿与渐

顿和渐这个问题比较复杂，可以是发心的顿渐、修行的顿渐、觉悟的顿渐。从佛说法的角度看，还有说法的顿渐。这里讲顿渐，这些含义兼而有之。

众生在信解《法华》，并且在供养和修行之后，所得功德很大，那么成佛是顿成还是渐成呢？两者都有。

文殊菩萨提到的龙女成佛的例子，就是顿悟的典型。龙女八岁就刹那间而发菩提心，须臾而成正觉。顿发心，顿成佛。顿修顿悟，顿悟顿修。不但如此，龙女向佛献上宝珠，忽然间她的女身变成了男身。这种情况，只在那些信受《法华经》，供养佛如来的利根众生身上才会发生。

对于绝大部分的人来讲，即钝根众生，还是需要在长期的修行之后，才可能成佛，就像舍利弗所讲的："佛道悬旷，经无量劫勤苦积行，具修诸度，然后乃成。"⑧这是因为这些众生心中的污垢太厚，难以体会诸法实相。佛向这些钝根众生说法时，也是应机渐说，使众生渐渐开悟，所以要开方便门，要说种种譬喻，要设三乘权教。如果一开始就讲不可思议的诸法实相，这些众生也不会明白。就像国王给有战功的军士赏赐，总是赏给财物珍宝，国王头上那颗唯一的至尊无上的明珠却不轻易给。如果给出去的话，那么国王的眷属肯定要惊奇，难以置信。所以只在最后把此珠给了有最大战功的人。

《法华经》更强调的还是渐成佛，而不是速成佛，这是根据五浊恶世中众生根器的实际情况而定的，并不是不讲顿悟。所以佛授记成佛的，都是在后世成佛。摩诃迦叶授记在未来世成佛，大目犍连、须菩提、摩诃迦旃延等大菩萨也是在来世成佛；五百罗汉也是来世一定能成佛；学无学人也授记，来世能成佛。在得授记到将来成佛的过程中，必须勤加修行，并不是说得知自己定能成佛就可以放弃精进努力了。佛告诉罗睺罗的母亲耶输陀罗比丘尼说：你必须在未来百千万亿佛法中修菩萨行，渐渐具足佛道，最后得成具足千万光相如来。这就明确指出了成佛是个渐修渐悟的长期过程。

还有一个问题，就是众生为什么能够成佛？不管是顿是渐，但众生终究会成佛，这成佛的内在根据是什么？是佛性，众生心中的佛性，或佛种。从佛性的角度讲，众生和佛是平等一如的，所以《法华经》讲平等智。诸法实相，或者一佛乘，如果从佛性论的角度来理解，就是佛性，两者都是同一层次的终极性概念。智者大师认为诸法实相和佛性并不矛盾，并不是《法华经》不讲佛性。这是非常精辟的论断。

愿我们恭敬诸佛菩萨，供养《法华》，精进努力，证悟实相，同趋一佛乘。

注释：

①《法华经·安乐行品》。

②《法华经·药草喻品》。

③《法华经·序品》。

④《法华经·譬喻品》。

⑤《法华经·方便品》。

⑥《法华经·法师品》。

⑦⑧《法华经·提婆达多品》。

参考书目

1.《正法华经》，竺法护，《大正藏》第九卷。

2.《妙法莲华经》，鸠摩罗什，《大正藏》第九卷。

3.《添品妙法莲华经》，阇那崛多、达摩笈多，《大正藏》第九卷。

4.《法华玄义》，智颛，《大正藏》第三十三卷。

5.《法华文句》，智颛，《大正藏》第三十四卷。

6.《摩诃止观》，智颛，《大正藏》第四十六卷。

7.《观音玄义》，智颛，《大正藏》第四十六卷。

8.《观音义疏》，智颛，《大正藏》第四十六卷。

9.《法华玄义释签》，湛然，《大正藏》第三十三卷。

10.《法华文句记》，湛然，《大正藏》第三十四卷。

11.《止观辅行传弘决》，湛然，《大正藏》第四〇卷。

12.《十不二门》，湛然，《大正藏》第四十六卷。

13.《十不二门指要钞》，知礼，《大正藏》第四十六卷。

14.《别理随缘二十问》，知礼，《大正藏》第四十六卷。

15.《观音玄义记》，知礼，《大正藏》第四十六卷。

16.《观音义疏记》，知礼，《大正藏》第四十六卷。

17.《法华经安乐行义》，慧思，《大正藏》第四十六卷。

18.《法华玄论》，吉藏，《大正藏》第三十四卷。

19.《法华义疏》，吉藏，《大正藏》第三十四卷。

20.《法华游意》，吉藏，《大正藏》第三十四卷。

21.《妙法莲华经玄赞》，窥基，《大正藏》第三十四卷。

22.《法华玄赞义决》，慧沼，《大正藏》第三十四卷。

23.《华严一乘教义分齐章》，法藏，《大正藏》第四十五卷。

24.《法华宗要》，元晓，《大正藏》第三十四卷。

25.《高僧传》，慧皎，中华书局一九九二年版。

26.《中国佛教思想资料选编》，第二卷第四册，石峻等，中华书局一九八三年版。

27.《中国佛教思想资料选编》，第四卷第一册，楼宇烈，中华书局一九九二年版。

28.《妙法莲华经方便品要解》，《吕澂佛学论著选集》卷二，吕澂，齐鲁书社一九九一年版。

29.《中国佛教史》，第二卷，任继愈，中国社会科学出版社一九八五年版。

30.《中国佛教》，中国佛教协会，知识出版社一九八九年版。

31.《现代佛教学术丛刊》第五十五、五十六、五十七、五十八册，张曼涛，大乘文化出版社一九七九年版。

出版后记

星云大师说:"我童年出家的栖霞寺里面,有一座庄严的藏经楼,楼上收藏佛经,楼下是法堂,平常如同圣地一般,戒备森严,不准亲近一步。后来好不容易有机缘进到藏经楼,见到那些经书,大都是木刻本,既没有分段也没有标点,有如天书,当然我是看不懂的。"大师忧心《大藏经》卷帙浩繁,又藏于深山宝刹,平常百姓只能望藏兴叹;藏海无边,文辞古朴,亦让人望文却步。在大师倡导主持下,集合两岸近百位学者,经五年之努力,终于编修了这部多层次、多角度、全面反映佛教文化的白话精华大藏经——《中国佛教经典宝藏》,将佛教深睿的奥义妙法通俗地再现今世,为现代人提供学佛求法的方便途径。

完整地引进《中国佛教经典宝藏》是我们的夙愿,

三年来，我们组织了简体字版的编审委员会，编订了详细精当的《编辑手册》，吸收了近二十年来佛学研究的新成果，对整套丛书重新编审编校。需要说明的是此次出版将丛书名更改为《中国佛学经典宝藏》。

佛曰：一旦起心动念，也就有了因果。三年的不懈努力，终于功德圆满。一百三十二册，精校精勘，美轮美奂。翰墨书香，融入经藏智慧；典雅庄严，裹沁着玄妙法门。我们相信，大师与经藏的智慧一定能普应于世，济助众生。

东方出版社

图书在版编目（CIP）数据

法华经 / 董群 释译 . —北京：东方出版社，2018.9
（中国佛学经典宝藏）
ISBN 978 - 7 - 5060 - 8648 - 6

Ⅰ.①法…　Ⅱ.①董…　Ⅲ.①大乘—佛经②《法华经》—译文③《法华经》—注释
Ⅳ.① B942.1

中国版本图书馆 CIP 数据核字（2015）第 267710 号

本书中文简体字版权由上海大觉文化传播有限公司独家授权出版
中文简体字版专有权属东方出版社

法华经
（FAHUA JING）

释 译 者：董　群
责任编辑：王梦楠
出　　版：东方出版社
发　　行：人民东方出版传媒有限公司
地　　址：北京市朝阳区西坝河北里 51 号
邮　　编：100028
印　　刷：北京市大兴县新魏印刷厂
版　　次：2018 年 9 月第 1 版
印　　次：2020 年 10 月第 2 次印刷
开　　本：880 毫米 ×1230 毫米 1/32
印　　张：14
字　　数：249 千字
书　　号：ISBN 978 - 7 - 5060 - 8648 - 6
定　　价：68.00 元
发行电话：（010）85924663　85924644　85924641